전북대 고고문화인류학과 BK21플러스 사업단 총서시리즈 2020_1

문화자원과 지역사회

전북대 고고문화인류학과
BK21플러스 사업단 총서시리즈 2020_1

문화자원과 지역사회

임경택 | 조성실 | 김은정 | 문예은 | 조나영 | 김미숙 | 김진오 | 유상춘 | 우진영

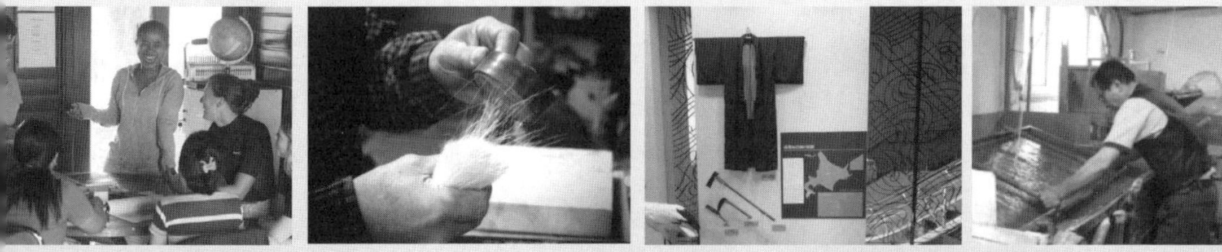
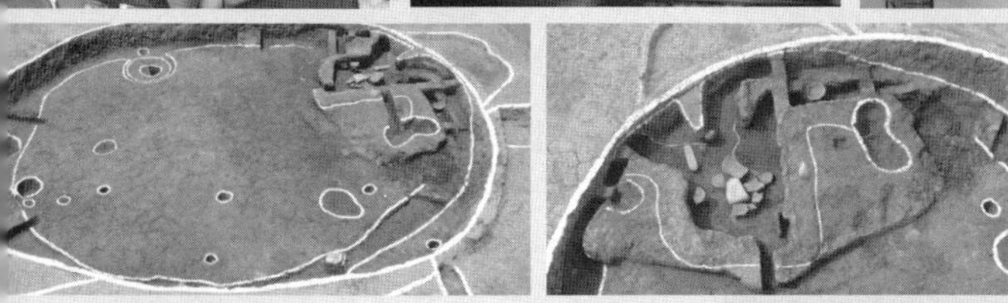

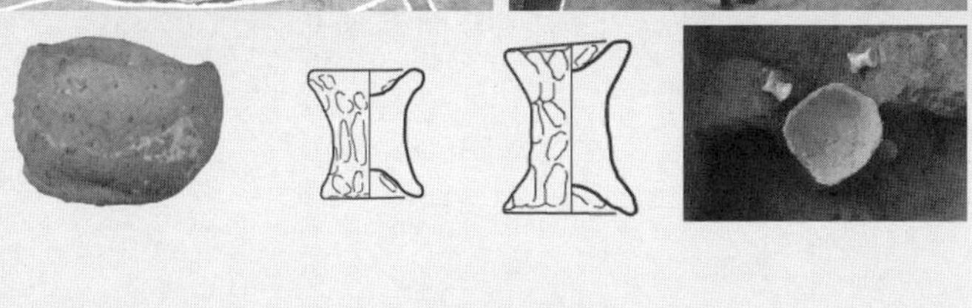

전북대학교출판문화원

| 발간사 |

전북대학교 고고문화인류학과 BK21플러스 '문화융합 지역발전 전문인력 양성사업단'의 7년 여정이 어느덧 끝을 향해가고 있다. 그동안 우리 사업단은 어젠다로 내세운 문화융합, 지역발전, 유·무형문화유산 등의 연구주제를 바탕으로 학술적 성과를 축적하는 한편 이와 관련한 전문 인력을 꾸준히 양성하여 한국연구재단 BK21사업목표에 부합하는 소기의 성과를 달성하였다고 본다. 그 마침표로서 본 사업단은 '문화자원과 전통지식'을 발간하여 3단계 BK21플러스 사업의 대장정을 마치고자 한다.

본 저서는 총론 '문화자원에 대한 환기', 1부 '문화자원과 전통지식의 전승과 활용', 2부 '지역문화의 활용과 지역사회'로 나뉜다. 총론에서는 문화자원에 대한 재정의와 문화자원에 대한 새로운 연구시각이라 할 수 있는 문화자원학에 대해 고찰하고, 그 문화자원학을 실천하는 방법과 그 실천의 사회적·실용적 의의와 학술적 의의에 대해 살펴보고 있다. 특히 문화자원을 '자연과 더불어 대대로 생활해 온 사람들에 의해 구축된 지식체로, 생태학적, 사회경제적, 문화적 환경에 관련된 실천적, 도구적, 그리고 표준적 생활양식'이며, 또한 지역사회의 다양성을 촉진하며, 지역자원에 가치를 부여하고 지역자원을 재생산시키는 가치와 기능을 지니고 있다고 정의하였다. 그리고 이 문화자원을 연구하는 학문으로서 문화인류학에서 추구해 온 민족지적 방법을 문화자원학으로 발전시킬 것을 제안하고 있다.

이 새로운 학문방식은 서구 근대지식의 틀을 벗어나고 풀뿌리 민주화를 지향하는 방식으로 추진되어야 하며, 진정한 공동체는 그 문화자원의 공유 기반 위에서 가능한 것이라 보고 있다. 이러한 문화자원학은 자연자원관리과 개발, 지역사회의 정체성 확립과 발전, 전략적 자본주의에 대한 대응방식으로 그 효과를 발휘할 것이고, 학술적으로도 서구근대과학과 등치시킬 수 있으며, 교차와 융합을 유도하는 새로운 패러다임을 제시할 것이라 분석하고 있다.

1부 '문화자원과 전통지식의 전승과 활용'에서는 유·무형문화유산에 대한 고찰을 중심으로 각각의 문화유산이 갖는 특징과 속성, 이를 활용한 현장의 사례들을 소개하고 있다. 먼저 '전통공예의 전승과 변화: 전북지역 모필장의 생애와 전통지식을 중심으로(조성실)'는 모필 제작 과정을 살펴보며 문화유산이 갖는 속성을 밝히고자 한 글이다. 전통공예를 살아있는 문화유산으로 간주하여 붓 만들기의 과정과 변화를 총체적으로 살펴보고 필장의 지식체계와 전통지식의 특징을 기술함으로써 문화자원의 전승과 변화 양상을 분석하였다. '마한 주거지 출토 의례용기에 관한 일고찰(김은정)'은 호남지역 마한 주거지에서 출토된 의례용기를 검토하고 그 의미를 파악한 글이다. 그동안 마한 주거지에서는 의례 관련 유물이 출토되어왔으나 적극적 연구가 이루어지지는 못하였다. 필자는 이 글을 통해 주거지 출토품 중 모형토기와 조형토기를 검토하여 마한의 신앙과 의례를 살펴보면서 유·무형융합연구를 시도하였다. '여성의 '일상'에서 전통 문화 '유산'으로: 문화자원으로서 자수의 전승으로(문예은)'는 경제부흥과 세계화에 따른 사회적 요인이 여성들의 수공예 활동에 미친 영향에 대해 탐구한 것이다. 필자는 우리나라 근현대시기 급변하는 사회·문화적 배경 속에서 여성들이 능동적으로 삶에 대처하며 가시적 주체로 성장해 나간 사례를 자수장, 침선장, 매듭장을 중심으로 분석하였다. 마지막으로 '전주미래유산 제도를 통해 보는 문화자원의 활용(조나영)'은 미래유산 제도를 통해 전주시가 근·현대문화유산을 보존하고 활용하는 방식을 밝혀보고자 한 글로, 전주미래유산을 일상생활과 밀접하게 연관되어있는 생활유산적 성격의 문화자원으로 간주하여 이에 대한 미래지향적 가치에 대해 살피고 있다.

2부 '지역문화의 활용과 지역사회'는 지역사회의 문화자원들이 각각 어떠한 방식으로 활용되고 있는지 국내외 사례를 통해 살펴본 논문들로 구성하였다. '일본 홋카이도 아칸아이누고탄의 새로운 민족문화관광(김미숙)'은 홋카이도 동부의 쿠시로시 아칸 호수 온천지역에 위치한 '아칸아이누고탄'을 중심으로 아이누들이 경제적 자립을 위해 구축한 새로운 민족문화 이미지와 이에 대한 관광 상품을 분석하였다. '인도네시아 발리의 자원봉사관광(김진오)'은 발리의 관광지형이 다채롭게 변화하면서 생겨난 자원봉사관광을 사례로 참여지향적 관광의 사회문화적 현상을 알아보고자 한 것이다. '진안홍삼축제와 지역사회(유상춘)'는 농촌지역 축제가 경제 분석 위주의 단편적 해석차원에 머물고 있는 현상을 비판하면서 지역민의 삶과 연계된 사회문화적 측면의 축제분석을 시도하고자 한 것이다. 필자는 축제의 주체별 참여과정과 지역민에게 있어서 축제의 의미, 축제를 통해 지역민이 갖는 정체성과 자부심에 대해 세밀히 고찰하였다. 마지막으로 '부여지역 백제 폐사지 보존과 활용방안(우진영)'은 부여지역에 남아 있는 백제 폐사지 활용에 대한 탐구로서 군수리사지, 정림사지, 왕흥사지, 능산리사지, 동남리사지, 부소산사지, 전천왕사지, 외리사지를 중심으로 고고학 유산의 유적 관리 문제점과 활용 방안을 제시하였다.

본 총서에 실린 글들은 대부분 3단계 BK21플러스 사업 과정 중 이루어낸 성과이며 필진도 본 사업단의 참여교수, 신진연구인력, 참여대학원생 혹은 과거 BK21사업에 참여했던 대학원생들로 구성되어 있다. 교수와 대학원생들이 여러 차례의 토론을 거쳐 저서의 방향을 설계하고 내용을 구성한 이 책이 향후 지역사회에서 문화자원을 연구하고 활용하고자 하는 기관 및 연구자에게 도움이 되기를 기대한다. 끝으로 본 총서를 발간하는 데 애쓴 BK21플러스 사업단 관계자들과 전북대학교출판문화원 관계자—편집자 이진영, 남주희 선생님, 그리고 행정적 지원을 아끼지 않으신 구자생, 한지연 선생님—모두에게 깊은 감사를 드린다.

2020. 8.

저자들을 대표하여 임경택

| 목차 |

지역문화의 활용과 지역사회 III

Ⅰ. 총론

총론
: 문화자원에 대한 환기

임경택 | 전북대 고고문화인류학과 교수

1. 문화자원이란 무엇인가?

문화자원이란 아직 학문적으로 완전히 확립된 개념은 아니지만 21세기에 들어와 몇 가지 방면에서 사용되기 시작했다. 문화를 자원으로서 사회적으로 운용해보고자 하는 '문화'의 새로운 파악 방식이다. 지금은 많은 대학에 '문화자원학과'가 설치되어 있는 일본의 경우만 보더라도, 2000년에 도쿄대학대학원에 설치되었고, 2년 후에 그것을 모태로 한 '문화자원학회'가 탄생하였고, 2004년에 국립민족학박물관에 '문화자원연구센터'가 설치되었을 정도이다.

그렇다면 '문화자원'이란 무엇인가? 우선 일본의 대학 커리큘럼을 통해 그 구체적인 내용을 살펴보면, 도쿄대학의 경우, 다양한 '문자'와 '형태'를 실마리로 삼아 문화의 근원을 되돌아봄으로써 새로운 정보를 찾아내고, 사회로 환원시키는 방법을 연구한다고 했다. 그리고 문화자원학회의 설립취지서에는 '문화자료란, 어느 시대의 사회와 문화를 알기 위한 실마리가 되는 귀중한 자료의 총체이고, 박물관이나 자료창고에 수장할 수 없는 건물이나 도시의 경관, 또는 전통적인 예능이나 제례 등, 유형무형의 것'을 포함하여 일컫는데, 이것들이 '사장되고, 소비되고, 활용되지 않은 채 잊혀져 가고' 있으므로 이 '파묻혀 있는 방대한 자료의 축적을, 현재 및 미래 사회에서 활용할 수 있도록 재생·가공하여, 새로운 문화를 키우는 토양으로 자료를 자원화하고 활용가능하게 하는 것이 필요'하다고 했다. 한편 오사카의 국립민족학박물관의 연구센터에서는, 문화자원이란 '다양한 유형의 물건이나 정보, 신체화된 지식·기법·노하우, 제도화된 인적·조직적 네트워크나 지적 재산 등, 사회적 운용을 위해 개발가능한 자원으로 간주되는 것'이라고 했다.

문화자원학(Cultural Resource Studies)		
형태문화자원	전승문화자원	보호·계승·활용
• 고고학 • 미술사 • 공예사 • 건축사 • 경관사 • 문화재학 • 박물관학 등	• 문화인류학 • 언어학 • 민속학 • 종교학 • 예술학 등	• 논리/윤리적 기반 • 정보학 • 지적 재산법 • 세계경제론 • 문화경영학 • 관광학

<그림1> 일본 문화자원학회가 규정하는 문화자원학

이러한 문화자원의 정의에는 기본적으로 인간이 낳은 유형·무형의 모든 산물(자료)을 사회적으로 운용하기 위해 개발가능한 자원으로 간주하고자 하는 생각이 내포되어 있다. 다시 말하면 문화자원이란 인간이 역사 안에서 만들어낸 유형·무형의 문화적 산물을, 새로운 문화를 키워내는 토양으로서 사회적으로 활용(운용)할 수 있는 개발가능한 자원으로 간주하고자 하는 방식을 가리킨다고 할 수 있다.

'자원'이란 자료가 널리 이용·활용 가능해진 상태를 의미한다. 왜 그 상태를 굳이 '자원'이라고 부를 것인가? 문화자원은 과거에는 사람들의 입에 회자된 흔적이 거의 없고, 오늘날에도 문화와 자원을 결부시키는 것에는 많은 사람들이 당돌하다는 인상이나 위화감을 느끼는 듯하다. 즉 인간이 역사 안에서 만들어 온 유형·무형의 문화적 산물 중에서 구체적인 물건에 대해서는 쉽게 이미지화할 수 있지만, 그것을 자원으로 이용가능하게 한다고 하면, 한편으로는 문화를 이·활용(소비)하는 것은 당치도 않다는 소리가 나올 수도 있고, 또 다른 한편으로는 관광객 유치라고 하는 지극히 즉물적인 이용으로 파악되어 '신체화된 지식·기법·노하우·제도화된 이적·조직적 네트워크'와 같은 것은 무시되기 십상이다.

이 대목에서 다시 한번 '문화'라는 말의 정의와 용도에 대해 생각해 보자. 문화는 지극히 다양한 의미를 지닌 말이지만, 'culture'의 번역어로서의 의미로만 좁혀서 생각한다면, 크게 두 가지를 들 수 있을 것이다.

① 사회를 구성하는 사람들에 의해 습득·공유·전달되는 행동양식 또는 생활양식의 총체

② 학문·예술·종교·도덕 등, 주로 정신적 활동을 통해 만들어진 것

이 가운데 전자는 문화인류학이나 사회학적인 관점에서 문화를 넓게 사회를 구성하는 기능면에서 파악하는 관점으로서, 특정의 인간집단·사회를 다른 집단과 구분하는 정체성의 핵심이 되는 특성이라고 할 수 있다. 후자는 문화를 인간의 지적·정신적 산출물로 파악하는 관점이다. 이 두 관점의 관계는 후자의 의미를 지닌 문화(협의의 문화)는 전자의 의미의 문화(광의의 문화)를 토양으로 삼아 생겨나는 것이지만, 그 성과가 다시 사람들에 의해 습득·공유·전달되어 협의의 문화가 갱신되는 상호관계를 맺고 있다고 생각한다.[1]

이처럼 문화를 광의·협의의 두 가지 측면에서 파악하여, 그 상호관계 안에 단순히 구체적인 문화적 사상事象(사물과 현상)의 생성뿐 아니라 그 성과가 지역 등 특정의 인간집단의 생활이나 행동 양식에 영향을 끼치고, 지역의 개성 형성으로 이어지는 것까지 포함하는 문화의 생성을 보는 것이라면, 새로운 문화를 키우는 토양으로서 개발가능한 '자원'이 되는 문화자원이란, 인간이 만든 개개의 문화적 사상 그 자체라고 하기보다는, 그 상호관계를 낳는 문화적 시스템이라고 할 수 있을 것이다. 즉 문화자원의 본질은 문화적 사상과 그것들을 공유·계승하고, 또한 그것들을 지속가능한 발전의 기반이 되는 '구조'에 있다고 보아야 할 것이다.

그렇다면 이러한 문화자원을 새롭게 인식하고 연구하는 이유는 어디에서 찾을 수 있을 것인가? 최근의 세계는 글로벌화에 가속도가 붙

1 다만 '지역'이라는 한정된 범위 내에서 생각하는 경우, 이 양자의 관계가 반드시 그렇게 단순하게 말할 수 있는 것은 아니라는 점을 주의해야 한다. 왜냐하면 후자의 협의의 문화를 만들어낸 개인 또는 집단이 반드시 그 지역의 사람들만이라고 할 수는 없기 때문이다.

어 급속도로 진행되고 있는데, 그 가운데에서 문화의 차이가 사라지기는커녕, 오히려 상호마찰이 더욱 두드러지고 있는 모습을 보이고 있다. 이러한 상황에서, 서로 다른 문화의 공존을 실현하기 위해서는 무엇보다도 차이를 서로 존중할 뿐만 아니라, 서로에게 유용하다고 인식하는 것이 중요하다. 그러한 유용성의 활용은 세계유산의 관광 이용이나 전통 약물의 약품으로의 응용, 전통공예의 최첨단 기술에의 응용 등을 통해 이미 시작되었는데, 어는 한 편의 일방적인 이용이 편협한 내셔널리즘의 발생이나 경제적 이익의 수탈이라는 문제도 발생시키고 있다. 문화의 차이도 인류 전체가 공유하는 자원으로서, 그 가치와 유용성을 평가하는 자세를 함양하는 것이야말로 글로벌 사회에서 긴급을 요하는 과제이고 그래서 문화다양성에 대한 인식이 더욱 중요해지는 것이다.

이 문화자원이라는 말의 대극점에 문화재Cultural Properties가 있을 수 있다. 하지만 문화재 개념으로는 완전히 파악할 수 없는 부분이 있음을 부정할 수 없다. 그것을 문화자원이라고 부르자고 주장하는 바이다. 유네스코에서도 문화유산을 유형유산과 무형으로 대별하고 있고, 이를 문화자원에 대응시켜 보면 아래의 〈그림2〉와 같다. 특히 지역에는 다양한 문화자원이 존재하고 있고, 우리가 현재 살고있는 가까운 전주와 전북권에도 과거와 현재의 문화유산이 많이 존재한다. 이것들을 사회적으로 운용가능한 자원으로 삼아 지역활성화나 시민생활에, 그리고 관광이나 신산업 창출 등에 활용하기 위해서라도, 종래에 단순히 문화라고 부르던 것을 습득·공유·계승해 온 구조, 그리고 타문화와의 만남 속에서 새롭게 생겨난 관심이나 자극 등에 기초하여 새롭게 형성된 네트워크 등, 문화적 환경 시스템으로서

<table>
<tr><th colspan="2">문화자원의 범위</th><th>UNESCO의 문화유산</th></tr>
<tr><td colspan="2" rowspan="2">가시적인 또는 가시화하기 쉬운 자원
• 물건 자체
• 문자·수치·도상·화상·영상 등의 자료
• 그로부터 생겨난 2차 자료, 3차 자료 등</td><td>Tangible Cultural Heritage
• instruments
• objects
• artifacts
• cultural spaces</td></tr>
<tr><td>Immovable Cultural Heritage
• sites
• landscape, etc.</td></tr>
<tr><td>신체화된 자원
• 지식
• 기술
• 노하우 등</td><td>제도화된 자원
• 인적 네트워크
• 조직
• 제도
• 지적 재산권</td><td>Intangible Cultural Heritage
• oral traditions and expressions
• performing arts
• social practices, rituals, and festive events
• knowledge and practices
• traditional craftsmanship</td></tr>
</table>

<그림2> 유네스코의 문화유산과 문화자원

의 문화자원에 주목할 필요가 있다. 하지만 수많은 전통적 문화자원들이 오늘날에 이르러 유명무실해지거나 또는 도시화·정보화의 거센 물결에 휩쓸려 사라져 가고 있으면서, 한편으로는 새롭게 생겨나고 있는 것들이 아직 소수인 까닭에 파악하기 어려운 것도 많다. 광의의 문화자원을 발견하거나 파악하고, 그것들을 재생시키고 새롭게 창조하고 생성하기 위해서는, 협의의 문화자원을 깊이 관찰하고 관여하면서 그 안에서 '서로 주고받는' 행위를 통해, 문화자원(협의)의 배후에 있는 문화자원(광의)을 파악하고 나아가 그것을 유효하게 활용해야 한다고 생각한다. 즉 문화자원이 지속가능한 형태로 지역사회에

서 운용되기 위해서는 상기한 바와 같이 문화자원을 구성하는 기본적 요소를 검토할 필요가 있다.

문화자원에 대한 이러한 관점을 문화인류학 내부로 돌려 생각해 보자. 문화인류학자들이 수집하고 축적시켜 온 다양한 자료나 정보, 도구 등의 물질 자료, 필드노트, 메모, 스케치, 사진, 영상, 음성·음향 기록, 문서류 등은 민족 또는 민속을 기술한 것이라는 의미에서 일반적으로 '민족지' 또는 '민속지'라 불러왔다. 그러나 이 표현이 함의하는 '외부의 관점에 의한 기술'의 정당성을 둘러싼 여러 가지 의문이, 포스트구조주의의 논의와 함께 1980년대부터 제기되어 왔다. 외부연구자의 기술은 객관적이라고 할 수 있는가? 기술하는 측과 기술당하는 현지측과의 관계는 대등한가? 전자는 정치·경제·문화적으로 지배적이지는 않았던가? 수집된 정보와 자료는 기술하는 측에 점유되어 현지로 환원되어 왔는가? 등등이 주요 논점이었다. 문화자원은 이러한 의문에 대해 하나의 방향성을 제시할 수 있지 않을까? 즉 '민족지'로부터 '문화자원'으로 용어를 전환함으로써, 그 의문들을 풀어낼 수 있는 하나의 열쇠가 될 수 있을 것이라는 의미이다. 왜냐하면 문화자원에는 다음과 같은 의미가 함의되어 있기 때문이다. '문화자원은 기본적으로 현지인들의 소유물이고, 자문화뿐만 아니라 타문화를 이해하기 위한 자원이며, 나아가 인류 공통의 재산이자 인간 지혜의 보고이다.'

문화자원을 달리 표현하면 '자연과 더불어 대대로 생활해 온 사람들에 의해 구축된 지식체로, 생태학적, 사회경제적, 문화적 환경에 관련된 실천적, 도구적, 그리고 표준적 생활양식'이라 할 수 있을 것이다. 또한 지역사회의 다양성을 촉진하며, 지역자원에 가치를 부여하고 지역자원을 재생산시키는 가치와 기능을 지니고 있다.

이러한 정의는 얼핏 경제적 가치만을 강조하는 듯하지만, 문화자원은 사람들의 삶의 지혜가 담긴 인문지人文知의 한 형태로도 파악할 수 있다. 또한 문화자원이란 인간을 포함한 다양한 생물이 상호 관계하면서 환경과의 사이에 맺는 관계에 대해, 문화적인 전달을 통해 세대에서 세대로 전해지고 축적되어 온 지식과 신념의 누적적 총체이다. 또한 문화자원은 단순한 지식체계 또는 생활양식으로서가 아니라, 지역주민들이 가지고 있는 지식과 신념과 실천의 통합적 체계로 정의할 수 있는 것이므로, 무질서에서 질서를 창출하는 보편적 지적 과정의 결과라는 의미에서 근대과학과 대등한 패러다임이 될 수 있다.

하지만 서구과학적 지식과 달리 자연을 통제하는 것을 목표로 하지 않으며, 일반적인 관심과 적용원칙(이론)에도 관심이 없다. 문화자원은 예측을 검증하는 능력이 제한적이며 지식이 축적되는 속도 면에서 과학보다 현저히 느리다. 왜냐하면, 문화자원은 정성적이고, 직관적인 구성요소가 있고, 전체론적이고, 마음과 물질이 분리되지 않고 함께 생각되며, 도덕적이고 영적인 요소를 갖추고 있는 데다가, 시행착오에 의한 실증적 관찰과 사실의 축적에 기초하고 있기 때문이다.

그리고 무엇보다 문화자원은 전문연구원이 아닌 자연환경의 사용자가 생성한 데이터를 기반으로 하고, 한 지역의 정보에 대한 긴 시계열의 시간 데이터에 기초하고 있다. 나아가, 문화자원을 서구의 근대과학과 더 명확히 구별할 수 있는 주요 근거는 사회적 맥락에 관한 것이다. 문화자원은 단순한 지식과 실천시스템이 아니다. 그것은 지식, 실습 및 신념의 통합시스템이다. 문화자원의 사회적 맥락에는 구전口傳되는 역사, 장소의 명칭 및 영적 관계를 통한 상징적 의미, 생태가 그 일부가 되는 서구과학과는 다른 뚜렷한 우주론 또는 세계관, 공동체 구성원과 다른 존재에 대한 상호성과 의무에 기초한 관계, 지식과 의미의 공유에 기초한 공동 자원 관리조직(집단)의 차원이 포함되어 있다.

여기에서 문화자원의 얼굴에 대해 다시 한번 생각해 보자. 문화자원은 크게 여섯 가지 정도의 얼굴을 가지고 있다고 생각한다. 첫째, 종과 주변환경과의 관계를 이해하는 것으로서, 경험적 관찰과 정보의 집합이라는 측면이다. 그 안에는 환경의 개별 구성요소의 인식, 명명 및 분류에 의해 생성된 사실적이고 구체적인 관찰이 포함된다. 둘째, 관리시스템의 측면이다. 그 안에는 자원의 윤리적이고 지속가능한 사용을 위하여 자원 관리 및 지역 환경에 적응하는 방법에 중점을 두고 있다. 셋째, 과거 및 현재 환경 사용에 관한 사실적 지식을 드러내 준다. 넷째, 윤리와 가치의 얼굴인데, 이는 신념체계와 사회조직 사이의 가치 진술과 그 연결을 보여준다. 즉 환경과 인간의 관계에 관한 가치 표현을 나타내 준다. 다섯째, 문화에 생명을 주는 과거의 언어와 이미지의 역할이다. 이 얼굴에는 주민들의 문화와 정체성의 생존, 재생산 및 진화에 이바지하는 장소에 존재하는 이야기, 가치 및 사회적 관계가 반영되어 있다. 또한 '갱신의 장소로서 문화경관의 회복적 이점'을 강조한다. 여섯째, 우주론을 보여 준다. 이 문화기반의 우주론을 통해 인간과 자연(동식물)의 관계를 이해할 수 있고, 또한 사회적 관계, 공동체 구성원에 대한 의무 및 관행에 직접적인 영향을 미치는 방식을 이해할 수 있다.

2. 문화자원학의 실천

글로벌화가 진행되고 있는 상황에서, 세계 각국·각 지역 차원에서 축적된 지식·기술을 어떻게 글로벌한 상황하에서 유효하게 활용할 수 있을 것인가에 대해, 특정 국가나 민족 또는 기업 등의 주장이나 이익에 영향을 받지 않고, 중립적인 입장에서 평가하기 위한 학문 분야의 필요성이 부각되고 있다. 바로 그 지점에 '문화자원학'이라는 새로운 학문영역이 등장했다. 즉 세계 각국·각 지역의 문화를 '문화유산', '문화재'라는 말에 항상 붙어다니는 가치평가로부터 해방시켜, 새로운 가치를 창조하기 위한 '문화자원'으로 새롭게 파악함으로써, 인류 문화의 종합적이고 다각적인 연구와 보호·활용법의 개발을 지향하는 새로운 영역이 출현한 것이다. 그 학문은 궁극적으로 이른바 '다문화 공생'을 일보 전진시켜 '다문화 공용'이라는 과제를 제시하고 있다.

따라서 문화자원학의 실천은 글로벌화가 진행되는 현대사회에서 지극히 유용한 것이다. 예를 들면, 문화자원학은 경제개발이나 글로벌화의 진전으로 소멸의 위기에 빠져 있는 각국·각지의 '문화자원'의 보호·계승·활용이라는 과제에 대해 학문적 입장에서 진지하게 상대하지만, 그 연구가 진전되면, 편협한 내셔널리즘의 발생이나 문화자원을 둘러싼 경제적 이익의 수탈 등의 문제를 해결하는 데에도 공헌하게 될 것이다. 또한 지역의 문화자원의 글로벌한 활용책을 국가나 기업에 제언하거나, 해당 주민의 권한에 충분한 배려를 한 자원관리 운영방책의 입안 등을 학문적인 근거에 기초하여 실시하는 것이 가능해진다. 이와 같은, 실제 사회에 대한 참여가 상정되는 것이 문화자원학의 특색 중 중요한 부분이다.

그렇다면 문화자원을 연구하는 '문화자원학'은 왜 필요하며, 어떻게 실천되어야 하는가? 종래의 전문체계로는 역사와 현대의 연구가 상호분리되기 십상이었다. 문화자원학에서는 이것들을 융합한 미래적 사고를 지향한다. 그러므로 과거의 유형유산을 다루는 '고고학'과 현재까지 남아있는 유형·무형의 전통문화유산을 다루는 '문화인류학'과 '민속학'이 문화자원학의 기초가 될 수 있다. 나아가 현대에 생겨난 새로운 문화자원을 이해하고, 현대사회에서의 문화자원의 역할과 활용 방법을 생각함으로써, 과거와 현재의 결부를 배우면서 미래를 생각하는 것이 문화자원학의 지향점이 되는 것이다.

해방 이후의 급속한 근대화가 추진된 한국에서, 사람들의 생활과 자연환경과의 일상적인 관계에는 큰 변화가 초래되었고, 생태계의 건전성이나 지속가능성의 쇠퇴가 심각해지고 있다. 문화자원은 일상생활을 통해 획득·전승되어 온 것이라 여겨지고 있지만, 가까운 자연환경과의 관계의 기회나 장이 급속도로 상실되어 가는 지역에서는, 문화자원이나 그에 뿌리내리고 있는 문화의 쇠퇴가 예상된다. 더구나 구전 전통으로 보존되어 온 것들은 소멸의 위기감이 더욱 고조되고 있으며, 기록의 형태로 남아있다 하더라도 소실될 가능성이 매우 높다. 사멸 위기의 지역 자료나 지역생활에 대한 우려는 산업화 이후 오랫동안 한국사회에서 존재해 왔다. 문화재로 지정하여 박제처럼 보존하거나, 관광상품으로 만들어서라도 보존하려는 노력을 해 온 것이 사실이다. 특히 원형archetype을 보존하는 것만이 유일한 처방전처럼 여겨져 온 것 또한 부정할 수 없다. 문화자원에 대한 통찰이 결여된 보존 대책은 사멸 직전의 형해화로 귀결되는 경우가 많았다. 이러한 조류의 배경에는 로컬리티locality만을 강조하는 기존의 인문학이나 지방의 문화자원 등에 대해 일반-특수 모델 안에서 특수성만을 강조하려는 경향이 존재해 왔다. 문화자원에 대한 탐구가 해결책이 될 수 있는 이유는 문화자원학에서는 처음부터 특수하지 않은 지식 또는 문화란 아예 존재하지 않는다고 보고 있기 때문이다. 그래서 지방에서 소멸하는 것들에 대한 평가를 뒤집어서 없어지는 속도를 늦추거나 관광상품화하는 등의 대응 지점을 바로 지금 필요한 지식의 출발점으로 설정한다.

그리하여 문화자원학은 지역 인구를 유지하고 생존에 필요한 자원을 유지하는 데 중요하게 활용할 수 있다. 사회조직 자체가 지역 환경, 인간-자연의 관계 및 이러한 관계와 문화가 의존하는 실용적인 기술에 대한 집단의 생태 적응 반응이라고 할 수 있다. 즉 문화자원은 무엇보다도 '전통적인' 것이다. 전통은 어느 특정의 토지, 환경, 장소 안에서 보통은 몇 세기에 걸쳐 발달해 온 것이고, 그 토지의 환경에서 그 토지에 의존해 살고있는 사람들 사이에 세대를 넘어 전승되어 온 것이다. 생존이라는 가혹한 실천안에서 수 세대에 걸쳐 검증되어 온 사유의 소산인 것이다. 그리고 문화자원은 곧 생태학적 지식이다. 여러 전통은 사람들이 그 환경을 나눠 갖는 수백 종의 동식물에 관한 상세한 지식까지 포함하고 있다. 삶의 적소niche에 관한 가장 정확한 정보인 것이다. 전통은 일반적으로 역사적 경험에서 도출된 행동과 실천의 사회적 태도, 신념, 원칙 및 관행의 형태로 전달되는 문화적 연속성을 의미하는데, 사회는 시간이 지남에 따라 변화하고 새로운 관행과 기술을 지속적으로 채택하여 기존의 관행에 많은 변화가 적용된다. 그런데 좀 더 상세하게 검토해 보면, 전통 안의 생태학적 측면은 종교적, 미적, 사회적 측면과 불가분이란 사실을 알게 된다. 종교와 예술과 생태학은 하나이다. 그러므로 전통은 실천과 신념이 통합된 복합적 시스템을 표상하고 있다는 의미에서 생태학적이다. 즉 그것은 도구나 공예, 예술품, 의례의 복식, 의례의 노래나 춤, 그 지역의 음식 등은 모두 어떤 사람들 사이에 공유되고 있는 관념이 구체화된 것이다. 전통은 사람들이 살고있는 세계의 사물에 대한 전통적인 이해방식의 기반이 되는 가치나 신념을 포함하고 있다.

이러한 이유로 인해 문화자원학은 조금 과격한 표현이지만, 제국지식의 빈 항목 채우기를 거부한다. 전술한 바와 같이 문화자원학은 근대과학의 부속물이 아니라 등치 가능한 것이다. 대등한 입장에서 양자를 교차·융합시키는 작업이 곧 탈식민화이다. 그동안 한국 사회 안에서 이루어진 조사연구들을 살펴보면, 제국적 지식의 틀에서 크게 벗어나지 못한 점을 지적하지 않을 수 없다. 우선 일제강점기에 조선총독부가 실시한 '생활상태조사'나 해방 이후에 정부 주도로 수행된 민속조사나 생활사 조사 등도 제국의 학문틀 또는 지식 항목을 중심으로 조사되었다. 대부분이 생활권이나 생태조건과는 관계가 없는 행정구역을 단위로 실시됨으로써, 지역의 특성이 무시되는 경우가 발생했다. 해방 후에 국적으로 실시된 문화자원 조사의 대표적인 예로 『한국민속종합조사보고서』(1969~1981)와 『한국민속대관』(1982)을 들 수 있는데, 분류기준을 보면 서구 근대학문에서 인간의 생활을 연구하는 항목이 그대로 적용되고 있다. 그리고 자 연과 인간의 관계가 거의 무시되고 있는 점 또한 근대 서구지식의 틀을 벗어나지 못하고 있음을 증명하고 있다. 두 조사보고서의 분류항목을 살펴보자.

〈한국민속종합조사보고서〉		
1편	사회	부락생활, 가족 및 친족생활, 통과의례
2편	민간신앙	가족 및 부락신앙, 무속신앙, 점복 및 주술, 풍수, 신흥종교, 민간의료 및 금기
3편	산업기술	농업, 축산, 양잠, 수산, 수렵 및 채집
4편	의·식·주	의생활, 식생활, 주생활
5편	민속예술	음악과 무용, 연희, 민속공예
6편	세시풍속 및 놀이	세시풍속, 민속놀이
7편	구비전승	민요, 설화, 수수께끼·속담

〈한국민속대관〉	
제1권	생활환경과 배경, 사회생활, 의례생활
제2권	일상생활, 의생활, 식생활, 주생활
제3권	민간신앙, 기타신앙, 종교
제4권	세시풍속, 전승놀이, 취미
제5권	민속예술, 생업기술, 공예
제6권	설화, 민속시가, 민속언어

문화재관리국이 주관한 이 조사에는 자연 즉 생태에 관한 언급이 전혀 없고, 두 조사가 대동소이한 분류기준으로 실시되었음을 알 수 있다. 이 분류기준이야말로, 지역의 생활이나 사회집단 등을 거의 고려하지 않고, 당시 이 조사를 주관한 문화인류학과 민속학의 학문적 대상이 되는 기준으로 실시된 것이다. 이러한 조사로는 지역주민들의 생태적 삶을 제대로 담아낼 수 없다는 것은 자명하다. 문화자원의 관점은 이러한 서구학문적 기준이 아닌, 주민들의 삶을 기준으로 조사하고 연구함으로써 지식의 탈식민화를 촉진하는 계기를 마련해 준다.

문화자원학은 풀뿌리 민주화를 지향하고, '국가처럼 보기'를 지양한다. 제2차 세계대전 이후에는 '국민국가'가 국제관계의 기본이 되어, 전 세계가 국민국가 건설에 매진했다. 그 배경에는 국가의 근대화를 추진하기 위해서는 문화적 동질성이 높고, '국민'으로서의 의식을 공유하는 것이 효율적이고 안정적이라는 판단이 있었다. 그리하여 국어교육이나 역사교육, 기념물의 건립, 매스컴을 통한 '상상의 공동체'의 구축이 기도되었다. 그리고 그 과정에서 특정의 문화자원이 '전통으로 창조'되는 한편, 거꾸로 '망각'되는 역사도 나타났다. 이는 문화자원을 국가 단위로 수집하면 고유성을 상실하고, 상품성만 고려할 위험성을 여실히 보여 준다. 이러한 문제는 문화재 또는 문화유산에서 극명하게 드러난다. 왜 모든 문화재는 한민족의 문화유산이어야 하는가? 여기에는 국가주의와 국민주의가 응결된 국민국가주의라는 망령이 감돌고 있기 때문일 것이다. 우리의 삶이 국가주의로 포장된 지점을 찾아내어 그것을 벗겨내는 작업이 필요하다. 그것이 바로 지식의 민주화, 삶의 민주화의 참모습이 아닐까? 이 또한 문화자원학이 해결의 돌파구를 마련해 줄 것이다.

진정한 '공동체'는 바로 이러한 지식의 공유 기반 위에서 가능하다고 생각된다. 문화자원은 개인과 집단이 생산하지만, 커뮤니티를 기반으로 하고 커뮤니티의 존립에 필수적이기 때문이다. 그러므로 문화자원 연구를 통해 획득하는 지식들은 연구자들이 일반 시민을 계몽하기 위한 것이 아니다. 그것은 조사나 연구의 대상이 되는 주민들이 연구자들과 함께 공유함으로써 자신들의 공동체라는 또 하나의 전통지식을 재구성하는 제재가 되어야 한다. 실제로 문화자원은 지역 인구를 유지하고 생존에 필요한 자원을 유지하는 데 종종 이용되어 왔다. 또한 공유와 참여를 통해 지역주민들의 지지를 얻는 프로그램은 더 큰 수용가능성과 장기적인 지속가능성을 가질 수 있다.

3. 문화자원학 실천의 의의

문화자원학 또는 문화자원 연구를 실천하는 것이 지닌 의의를 사회적·실용적인 차원과 학술적 차원에서 생각해 보자. 우선 사회적·실용적 차원이다.

첫째, 문화자원의 많은 부분이 현대의 자연자원 관리와도 관련이 있다. 고대의 자원관리자가 개발하고 사회 및 문화적 수단에 의해 시행되는 규칙들은 여러 가지 면에서 서구과학의 처방만큼이나 좋은 효과를 가져온다. 또한 지역공동체가 보호지역을 공동으로 관리하는 경우, 보존 교육을 위한 문화자원의 사용은 매우 큰 효과를 발휘할 수 있으며 이 보호지역은 지역사회가 전통적 생활양식을 지속할 수 있도록 보존의 이점을 제공함으로써 설립될 수 있다. 즉 문화자원의 사용은 개발 기관이 환경, 천연자원 및 생산 시스템에 대한 보다 현실적인 평가를 제공하는 데 도움을 줄 수 있다. 계획과정에 현지인들이 참가하면 개발의 성공 가능성도 더욱 높아질 것이다. 그리고 생계를 위해 지역자원에 의존하는 사람들은 외부에서 온 평가자보다 개발의 실제 비용과 이점을 더 정확하게 평가할 수 있다. 지역에 대한 그들의 검증을 거친 심층 지식은 어떠한 경우에도 영향 평가의 필수 요소가 될 것이다. 이처럼 문화자원은 삶의 방식에 대한 실질적인 측면을 지니고 있기 때문에, 전통적인 환경지식 시스템에 대한 지각적인 조사에서 새로운 지식이 도출될 수 있는 가능성을 품고 있다. 따라서 문화자원에 대한 새로운 인식은 이러한 지식을 보유한 자기 문화에 대한 인식을 향상시킬 수도 있다.

둘째, 문화자원은 무엇보다도 '지역에서 생각하고, 글로벌하게 행동Think Locally, Act Globally'의 근거가 될 수 있다. 우리는 그 장면을 생태위기에 대한 대처방식에서 발견할 수 있다. 오늘날 우리는 기후변화를 비롯하여 '생태 위기'가 우려되는 시대에 살고 있다. 공업화와 기술 문명의 도래는 개발만능주의를 낳고 지구촌의 생태자원을 고갈시키기에 이르렀다. 지나친 난개발로 생태계는 복원 능력을 잃었으며 인류는 과학기술발달의 대가로 생존의 위협에 직면해 있다. 대기오염, 지구온난화와 기후변화, 유전자 변형식품 등등 생태계의 이상 징후를 걱정하는 목소리가 드높다. 생태 위기는 한국뿐만 아니라 전지구적global 문제로 부각하고 있다. 근대화 이전에 인간은 자연에 '적응'하며 살았고, 자연의 이치에 순응하며 농경을 시작하고 문명을 이룩했다. 하지만 근대화는 인간과 자연의 관계를 근본적으로 바꾸어 놓았다. 과학의 발달로 자연의 비밀을 이해하게 되자, 인간은 자연을 편의에 따라 원하는 대로 '가공'할 수 있었다. 마침내 인간은 인간 자신을 생물학적으로 복제하고 생산할 수 있는 지경에 이르렀다. 생태 위기는 과학과 진보를 맹신한 인간 스스로 초래한 위기이다. 이같은 전지구적 생태 위기를 극복하는 데에도 문화자원학은 크게 도움이 될 것이다. 지역에 뿌리를 두고 지역과 세대와 경계를 뛰어넘는 새로운 삶의 모델과 전망을 제시해 줄 것이다.

셋째, '전략적 자본주의'에 대한 대응과 관련된 점이다. 국제화 또는 세계화라는 말 대신에 글로벌화라는 말이 등장한 1990년대 이후,

특히 동서냉전체제의 와해로 인한 시장경제의 세계적 파급과 제3차 산업혁명이라 일컬어지는 인터넷을 중심으로 하는 정보통신기술의 유비쿼터스화가 급속도로 진전되었다. 즉 글로벌화는 슈퍼모던super modern으로서의 벡터를 지니고 있었다. 그 결과, 시간과 공간이 '압축'되었고, 지역의 정체성이 희박해져 갔다. 문화인류학자인 마르쿠제는 '비-장소non-place'가 가는 곳마다 확산되고 있다고도 하였다. 그와 함께 정보지체현상도 대폭 압축되어 세계 어디에서도 동질의 정보를 얻을 수 있게 되었다. 그리하여 지역의 문화자원들도 상품화의 물결에 쉽게 노출되게 되었다. 하나의 예를 들어보자. 어느 선주민족 사이에 약초에 관한 전통지식이 몇 세대에 걸쳐 전해져 오고 있었다. 그런데 최근의 과학 발달과 디지털 기술에 의한 아카이브화 등 세계표준화가 급속도로 진전되었다. 그로 인해 '전통문화'가 반영구적으로 보존되고, 재생가능하게 된 것은 분명하다. 그러나 한편으로, 종래에 전통지식 또는 문화자원으로 전해져 오던 지혜를 전수해 주던 장로의 권한이 '학교'라는 외부기관으로 이행되고, 장로의 권위가 저하되어 기존의 사회질서가 혼란을 겪게 되거나, 선진국의 제약회사에게 신약개발의 이익을 탈취당하는 등의 문제가 심각해지고 있다. 생물다양성협약의 당사자국회의에서 선주민족의 지적 재산권이 논점이 된 것도 바로 그런 이유에서였다. 원주민 관광촌 또한 마찬가지이다. 그 안에 전시되는 인간의 삶은 실제와는 전혀 관계없이 벗어나 오로지 관광자원으로만 이용되는 것이다. 인권단체들이 그것을 '인간동물원'이라고 비판하는 데에는 이러한 전략적 자본주의의 그림자가 드리워져 있기 때문이다. 이처럼 문화자원 또는 전통지식의 상품화는 이제 어디에서나 볼 수 있는 현상이며, 그것이야말로 외부로부터의 시선('고귀한 야만' 등)을 거의 확신범처럼 이용 유용하는 '전략적 자본주의'의 전형적인 예라고 할 수 있다. 그러나 글로벌한 사람 물건 자본의 흐름 속에서, 당사자의 전략이나 선택의 범위를 훌쩍 넘어, 거꾸로 전통문화 또는 전통지식의 상품화가 그들의 존엄을 유린할 위험성도 부정할 수 없는 것이다. 다시 한번 강조하지만, 관광화와 상품화는 인간의 삶을 전시용 상품으로 전락시켜, 삶을 그 토대로부터 분리시키는 결과를 초래하기 십상이다. 쇠퇴와 소멸의 위기담론을 고조시켜 경제적 효과만을 부각시키게 되면, 그 과정에서 인간의 삶이 흔적조차 찾기 힘들 정도로 파괴될 위험성을 내포하게 된다. 목표로 삼은 경제적 효과가 지속적으로 나타나지 않으면 결국 지역 주민들이 자신들의 삶의 거처를 버리게 되는 최악의 결과를 초래할 지도 모를 일이다. 문화자원은 그야말로 주민들의 삶의 식량이지 거대 자본의 상품화의 소재가 될 수 없다는 것이 중요한 전제이다. 문화자원학은 바로 그 지점을 주목하고 있다.

넷째, 개발과 환경, 자원관리에 대한 새로운 시각을 제시한다. 자연자원의 사용은 효율성, 추가성, 커뮤니티 참여의 세 가지 이유로 보존 계획 및 자원 평가에 매우 유리하다. 자원 사용자는 종종 표준 과학조사에서 가능한 것보다 훨씬 더 큰 규모로 더 오랫동안 자연과 상호작용해 왔다는 사실을 기억해야 한다. 문화자원학은 기존의 과학지식에 추가할 수 있을 뿐만 아니라, 특히 다른 우주론적, 윤리적 틀 안에 있을 때 완전히 다른 현실의 그림을 제시할 수 있다. 경영의 결과에 대한 지식이 부족한 경우 이러한 대안적 서술이 큰 가치를 발휘할 수 있다. 또한 천연자원에 의존하는 커뮤니티는 자원 가용성 또는 품질에 영향을 미치는 요소에 대한 통찰력을 빠르게 개발할 수 있다.

나아가 이러한 정보는 사용자들 사이에서 공유될 수 있고 실질적인 지식으로 발전될 수 있다. 문화자원학은 보존론자와 자원관리자 사이에서 사용될 수 있지만, 문화자원학에 의해 연구된 문화자원은 인간과 자연의 공생적 특성을 강조하는 환경개념을 발전시킨다. 환경과의 공진화와 생태계의 운반능력을 존중하는 지역개발에 대한 접근방식을 제공한다. 이 지식 기반의 현지 경험에 적합한 장기경험적 관찰은 환경의 적절한 사용과 통제를 보장하며 지역주민이 환경 변화에 적응할 수 있도록 해 준다. 그리하여 세계 인구의 대부분에게 기본적인 요구를 충족시키는 주요 수단을 제공하고 기상현상 해석, 의학적 치료, 물 관리, 의류 생산, 항법, 농업 및 축산, 식량 취득, 생물학적 분류 시스템 등등, 이 지식에 의존하는 사람들에게 명백한 혜택 이외에도, 인류에게 전체적으로 새로운 생물학적 및 생태학적 통찰력을 제공해 줄 것이다.

이어서 학술적 의의에 대해 살펴보자. 첫째, 문화자원학을 통해 자연과 인간을 구분하는 서구 근대의 이분법적 한계를 극복할 수 있다. 최근에 많이 논의되고 있는 인문학의 위기를 극복하는 열쇠도 제공할 수 있지 않을까 생각한다. 인문학의 위기를 넘어 새로운 지평을 여는 길은 우선적으로 분과학문들 사이의 장벽을 낮추고 궁극적으로는 인문/사회/자연과학 등 기존의 지식체계를 가로지르는 새로운 종합을 실현하는 것이다. 헝클어진 시간의 낱알들이 하나의 실타래에 묶일 때 비로소 우리의 삶이 그 의미를 가지듯이, 우리의 앎도 개별 지식이 유기적으로 결합된 하나의 전체를 이룰 때 비로소 삶을 견인하는 생명력을 얻을 수 있다. 학문의 세분화가 전문성을 기르는 지름길일지는 모르나, 인접 학문에 대한 무지와 몰이해를 낳고 지식의 자유로운 소통을 가로막는 폐단도 동시에 지니고 있다는 점을 잊어서는 안 될 것이다. 즉 앎에 대한 우리의 태도가 우리의 삶의 형태를 망각하고 있었던 것이다.

19세기 이후 심화된 인문학과 자연과학의 분리는 오늘날 지식의 파편화를 야기시켰으며, 그에 따라 학문 분과들 사이의 소통이 단절되고 심지어 서로 대립하기에 이르렀다. 자연과학의 발달에 힘입은 기술발전과 경제성장은 인간에게 엄청난 물질적 이익을 안겨주었지만, 그와 동시에 인간성의 상실과 정신적 가치의 위축을 가져다 주었다. 오늘날 한국 인문학의 위기는 이와 같이 인간과 자연을 분리하는 이분법적 사고방식에 바탕을 둔 서양의 학문체계를 고스란히 수용한 한국의 학문 현실과 따로 떼어놓고 생각할 수 없을 것이다. 문화자원학의 정의를 생각하면, 이와 같은 인간과 자연을 분리시키는 이분법적 한계에 정면으로 도전하는 일임을 쉽게 알 수 있을 것이다. 즉 문화자원학은 우선 생태학적 지식으로서의 성격을 지니고 있어서, 자연과 인간의 관계에 대한 지식과 신념의 총체를 추구한다. 나아가 무질서에서 질서를 창출하는 것과 동일한 보편적 지적 과정의 결과라는 의미에서 근대과학과 대등한 패러다임이라 할 수 있다. 이 지점에서 두 번째의 학술적 의의가 발생한다.

둘째, 문화자원학은 서구 근대과학과 등치되고 교차 융합을 이룰 수 있다. 과학은 객관적이고 정량화가 가능하며, 실제로 지식 창출 또는 평가의 토대가 되지만, 문화자원학은 일회적이고 부정확하며 익숙하지 않은 형태로 보일 수 있다. 그래서 때로는 문화자원학이 마치 과학적 '진리'에 도전하는 것처럼 보이기도 하지만, 그때의 문화자원학의 유용성은 신화로 의심되거나 기각된다. 문화자원학은 민족과학지식이나 세계관, 주술, 의례, 예술, 사회적 규범, 생업기술 등, 지역 주민들이 환경과의 사이에 교환하는 관념적, 사회적, 물질적인 교류를 질서지우는 루트 메타포root metaphor를 추출하려고 하는 것이다. 그러한 연구전략을 추진하면 근대과학도 '자연 대 문화' 등의 이원론적인 세계관, 합리주의나 객관주의 등의 가치관으로 기초가 형성된 패러다임으로서 상대화된다. 따라서 근대과학은 다양한 지식 중의 하나로서 문화자원학과 동일한 지평 위에서 논의되게 되고, 인간에게 보편적인 인지구조를 객관적으로 밝힌다는 특권적인 지위를 포기하게 된다. 실제로 문화자원학은 다양한 문화자원과 근대과학을 동등한 지적 소산으로 대조적으로 비교하거나, 각각의 지식체계의 기저에 있는 패러다임을 상호번역하려는 해석학적이고 상대론적인 경향을 강하게 띠게 된다. 이러한 의미에서 문화자원학은 다양한 문화자원이 근대과학과 대등한 세계이해를 위한 패러다임이라고 인정하고, 그 이질적인 패러다임과 대화하려고 하는 시도할 수 있는 근거를 제공하는 것이다.

셋째, 문화자원학은 기존의 과학지식에 추가할 수 있을 뿐만 아니라, 특히 다른 우주론적 틀 안에 있을 때 완전히 다른 현실의 그림을 제시할 수 있다. 예를 들어 생태위기에 대해 생각해 보자. 생태 위기는 삶과 문명에 대한 발상의 전환을 요청한다. 생태계의 복원을 위해서는 근대화 이전에 자연에 적응하며 살던 옛 지혜를 다시 찾아야 한다. 문화자원학 연구는 인간이 자연과 조화를 이루며 사는 생태주의적 가치관에 입각해 있다. 그래서 문화자원에 관한 연구를 통해 기계문명과 도시문화의 폐해를 줄이고 자연과 함께 사는 건강하고 정직한 삶의 의미를 복원해 낼 수 있을 것이다. 그렇기 때문에 문화자원학과 과학적 추론이 상호지지적이든 아니든 모순되는 증거조차도 가치가 있다. 여러 작업 가설 내에서 문화자원학에 기반한 관찰 및 설명을 사용하면, 서구의 기대 또는 논리에 의해 제한되지 않는 다양한 예측, 해석 또는 설명 가능성을 고려할 수 있다. 그리고 기존의 지식 기반 정보를 통합한 가설은 예상치 못한 통찰력을 향한 길을 이끌어 낼 수 있을 것이다.

文化

Ⅱ. 문화자원과 전통지식의 전승과 활용

地域

전통공예의 전승과 변화
: 전북지역 모필장의 생애와 전통지식을 중심으로[1]

조성실 | 전북대 고고문화인류학과 BK21사업단

1. 머리말

이 연구는 필자가 '윤두서 자화상의 비밀'이라는 텔레비전 방송을 시청한 데서 비롯됐다.[2] 해당 프로그램은 제목 그대로 공재 윤두서가 그린 자화상의 제작기법과 그림에서 드러나는 시대사상 등을 밝히는

1 이 원고는 "붓 장인을 통해 본 전통공예의 전승과 변화"라는 제목으로 『실천민속학』(2013)에 게재된 논문을 수정·보완한 것이다.

2 2011년 5월 26일에 방영된 KBS 역사스페셜 69회 "윤두서 자화상의 비밀"

내용이었는데 그중 필자의 관심을 끈 부분은 '어떤 붓으로 수염을 그렸는지' 제작진이 추적해가는 장면이었다. 인터뷰에 응한 한국화가는 '먹을 오래 머금을 수 있는 흡수력을 지닌 붓이어야 이 가늘고 긴 수염을 끊지 않고 한 번에 그릴 수 있다'고 했고 제작진과 전문가의 실험 끝에 그것은 바로 쥐 수염으로 만든 붓, 서수필鼠鬚筆로 밝혀졌다. 파격적 구도와 극사실주의적 묘사로 후대 평론가들의 극찬을 받으며 우리나라 초상화 가운데 최고 걸작으로 꼽히는 윤두서의 자화상. 이 작품도 '쥐 수염 붓' 없이는 세상에 나올 수 없었던 것이다. 명인 곁에는 명장이 있기 마련인데 안타깝게도 우리 역사에서 명장에 대한 대우는 그리 후하지 못했다. 서예가나 화가들은 작품을 통해서나마 이름을 남겼지만 그러한 작품 활동을 가능케 한 도구 생산자에 대한 기록은 찾아보기 힘들다. 이러한 분위기는 현재도 마찬가지여서 장인에 대한 인식과 처우는 열악한 편이며 무형문화재로 지정되지 않는 이상 그들에 대한 사회적 관심과 학술연구는 미비한 상태다.

붓은 문자 발명 이후 인류 역사를 기록해 온 필기구로서 그 중요성은 종이에 버금갈 정도였다. 볼펜이 널리 보급되기 전까지만 해도 관공서, 약방, 서당 등 필기할 일이 많은 곳에서는 주로 붓을 사용했다. 한국 전통 회화나 서예 분야뿐만이 아닌 일상생활에서 꽤 중요한 도구였고 다양한 방면에서 사용되었음에도 불구하고 이제껏 붓에 대한 학술적 관심은 그다지 크지 않았다. 기존 연구들 가운데는 붓을 문방사우의 일부로 간주하고 이에 대한 기원과 제작법 등을 주로 고대 문헌자료를 통해 살펴본 것도 있고[3] 사물로서의 붓보다는

---

3 박문열, 2000, "모필에 관한 연구", 『인문과학논집』 20: 415-444.

이를 만든 붓 장인에 초점을 두거나 필방筆房이라는 공간을 위주로 그 사회문화적 배경과 생활상을 조사한 내용도 있다.[4] 한편 국가기관이 발간한 붓과 관련한 기록물도 있다. 꽤 오래전이기는 하나 문화재관리국(현 문화재청)에서는 필장에 대한 무형문화재보고서를 발간한 바 있고,[5] 국립중앙과학관은 붓 만들기 과정을 겨레과학기술로 접근하여 이에 대해 기록하였다.[6]

붓에 대한 연구가 손에 꼽힐 정도로 미미한 상황에서 이 같은 선행연구들은 저마다 나름의 의미를 지니고 있을 것이나 연구자의 관점에서 몇 가지 아쉬움을 남겼다. 첫째 문화유산을 유기적으로 바라보지 않았다는 점이다. 붓은 인류의 문화유산으로 한 자루가 만들어지는 과정에서 사람(장인), 재료, 지식과 기술, 감각, 환경(사회문화적 환경, 자연환경) 나아가 만든 이의 정신까지 여러 요소들이 서로 간에 긴밀히 연결된다. 이러한 과정을 총체적으로 바라보지 않는다면 문화유산을 제대로 이해하고자 할 때 큰 어려움이 있을 것이다. 둘째는 전통공예의 변화과정을 잘 드러내지 않았다는 점이다. 붓 제작은 살아있는 유산인 무형문화유산으로 전승주체 즉 사람이 중심에 있기 때문에 그 내용은 시간의 흐름에 따라 변할 수밖에 없는 특성을 갖는다. 여러 세대를 거쳐 전승되는 과정에서 각각의 장인들은 본인의 창조성과 독창성을 발휘하여 기술적으로나 예술적으로 선대와

4 이동희, 2011, "근대 전주지역의 필방", 『근대 전주, 전주인들의 예술세계』 제12회 전주학 학술대회 발표 자료집, 전주역사박물관.

5 김종태, 1990, 『필장』, 대한민국 문화공보부 문화재관리국.

6 정동찬 외, 2001, 『겨레과학기술 조사연구. 9 : 붓과 벼루』, 국립중앙과학관.

다른 양상을 보인다. 또한 장인의 의지와 상관없이 자연환경이나 사회문화적 환경의 변화로 인해 어쩔 수 없이 공예기술은 변화의 과정을 겪기도 한다.

연구자는 선행연구에서 드러난 한계점을 극복하고 전통공예를 살아있는 문화유산으로 간주, 붓 만들기의 과정과 그 변화를 총체적으로 살펴보고자 한다. 이에 본고에서는 먼저 연구의 대상과 방법을 소개하고 전통 붓 제작과정에서 나타나는 장인의 지식체계와 특징을 기술할 것이다. 특히 전승주체인 사람, 즉 붓 장인이 가진 전통지식에 대해 자세히 탐구하면서 전통공예의 전승과 변화 양상을 알아보고자 한다.

2. 전북의 필장筆匠

본고는 전통공예의 전승과 변화과정을 붓 장인을 통해 알아보고자 하는 데 목적이 있다. 연구자는 연구의 대상으로 완성된 붓, 즉 유형적인 것에서 그치지 않고 '이를 만든 사람'과 '그가 가진 붓 만들기의 전통지식을 포함한 모든 과정'까지 설정하였다.

장인의 감각과 기술은 선천적으로 타고난 부분도 있지만 가정환경이나 사회적 환경, 생의 역사에서 일어났던 크고 작은 사건들로 인해 후천적으로 습득된 부분도 있다. 따라서 그들 삶에 대한 이해가 반드시 선행되어야 하며 그 후에 그들이 가진 전통지식에 대한 분석이 이루어져야 한다. 연구자는 장인들의 삶의 과정에서 일어난 다양한 사건과 그들을 둘러싸고 있는 사회문화적 배경 및 변화에 주목하면서 붓 만들기의 전승과 변화 과정을 살펴보고자 하였다. 이에 전라북도의 두 붓 장인을 만나 그들을 면담하고, 참여관찰하면서 제작의 전 과정을 동영상으로 담아 그 내용을 이해하고자 했다.[7] 붓 장인의 생애사를 조사하는 과정에서는 붓을 만들게 된 계기나 계보, 가정환경, 사회적 환경, 생애사에서 일어났던 크고 작은 사건들 등을 주로 질문하였다. '구술자의 생각을 안다는 것은 그가 처한 현실 상황과 문화적 전통 등에 바탕을 둔 그의 인식세계 전반을 이해하는 일'이다.[8] 따라서 연구자는 붓 장인을 만나 제작 과정을 조사하는 데에서 더 나아가 그들의 생애사를 채록하고, 그 속에서 드러나는 장인으로서의 가치관과 정신을 탐구하고자 하였다. 이는 즉 장인의 인식세계를 이해함으로써 전통공예의 현재적 양상과 의미 등을 총체적으로 파악하고자 함이다.

연장자 순으로 그들을 소개하자면, 먼저 전북 김제의 채○○(1923년생, 남, 이하 채 장인)은 금산사金山寺 앞에서 필방을 운영하고 있으며 고령의 나이임에도 불구하고 여전히 장인으로서 왕성한 활동을 펼치고 있다. 그는 언론에도 꽤 노출이 된 지역의 '유명 인사'로 그의 붓은 김제시의 특산물 대우를 받는다. 금산사 우체국에서는 그가 제작한 붓을 전국에 판매하고 있다. 늘 한복을 입은 채 긴 수염을 늘어뜨리고 필방에 온 손님을 맞이하는 그에게서 누구나 '전통 붓 장인의 풍모'를 느낄 수 있다. 그는 전남 함평 출신으로 미륵불 신앙

7 연구자가 조사한 바에 의하면 전라북도 지역에서 일평생 전통 붓을 제작해온 이는 본고에 소개된 채○○과 곽○○ 두 사람뿐이다.

8 함한희, 2000, "구술사와 문화연구", 『한국문화인류학』 33(1):8-9.

을 따라 김제 금산사 앞에 정착하게 되었다. 매일 새벽 금산사에 가서 미륵불에게 절을 하고 내려오는 것으로 하루를 시작한다. 함평에서 살던 1940년대 중반 무렵 마을의 한 필장에게 붓 만드는 것을 배웠다. 워낙 서예를 좋아하여 붓에 관심을 갖다가 아예 제작기법을 배웠다고 한다. 붓 만들기에 입문한 또 다른 계기는 종교에 있다. 불교에서 특히 붓을 많이 쓰는데 본인이 종교에 헌신하면서 붓 만들기에 더 정진하였다는 것이다. 그러다보니 자연스럽게 붓 만드는 일이 생업이 되었고 공예품경진대회에서 수상한 후 그의 붓이 지역특산품으로 지정되기도 하는 등 지금껏 필장의 삶을 살고 있다. 스스로도 '붓으로는 성공했다'고 자랑스럽게 이야기한다.

곽◯◯(1951년생, 남, 이하 곽 장인)은 전주시 노송동에서 오랫동안 필방을 운영하였으며 현재는 완주군으로 거처를 옮겼다. 전라북도 무형문화재 모필장으로 지정된 그는 3대 째 필상筆商의 가업을 잇는 중이다.[9] 원래는 충남 천안이 고향인데 6.25 때 피난하면서 온 가족이 전북 완주에 정착하게 되었다. 그의 집안은 할아버지 대부터 가내수공업으로 붓을 만들었다. 과거에는 필장筆匠이 필상의 일을 겸하였는데 그의 부친과 곽 장인도 붓을 다 만들고 나면 며칠 동안 전국을 돌며 팔고 다녔다고 한다. 지펜이 나오기 전까지는 필상의 일도 벌이가 꽤 괜찮았다. 그러나 지금은 미술가나 서예가 외에는 붓을 찾는 이가 별로 없다. 시대가 변하면서 필장의 수도 줄었고 그는 몇

9 채◯◯과 곽◯◯도 붓 보따리를 들고 전국으로 붓을 팔러 다녔으나 지금은 필방에서만 판매하고 있다. 형태는 약간 변했지만 지금도 필상과 필장의 일을 겸하고 있다.

남지 않은 붓 장인 중 한 사람이 되었다.

곽 장인은 10살에 그의 아버지로부터 처음 붓 만드는 것을 배웠다. 10살 이전에도 어깨 너머로 할아버지와 아버지, 삼촌들, 인부들의 작업을 지켜봤으나 본격적으로 배우기 시작한 것은 그 무렵이었다. 맨 처음 그에게 주어진 임무는 바닥에 흩어져있는 털을 추리는 일이었다. 물론 바닥에 떨어진 털은 버려지는 것(털을 추리면서 떨어져나간 질 나쁜 털)이었지만, 붓 제작의 주재료인 동물 털을 직접 손으로 만져보면서 감각을 익히는 일이 무엇보다 중요하였기에 부친은 가장 먼저 그에게 '어차피 버려질 것이지만 한 번 추려보라'고 시켰던 것이다. 그는 붓 만드는 여러 단계 가운데 털을 추리는 것을 가장 힘들고 지난한 일이라 여긴다. 이 과정은 어려우나 매우 중요하기에 소홀히 할 수 없다. 붓 제작 과정에서 이처럼 '털을 다루는 일'은 모든 단계의 핵심이며 선별작업에서부터 '추리고, 섞고, 다리고, 빗기'까지 꽤 오랜 시간을 필요로 한다. 맨 처음 배웠고 그로부터 수십 년이 지나 이제는 익숙해질 법도 한데 여전히 털 추리는 일은 그에게 까다로운 작업이다.

붓을 만들 때 곽 장인은 주로 찬송가를 듣는다. 그는 술과 담배를 전혀 하지 않는데 종교적인 이유 때문이기도 하지만 그보다는 술 담배를 하면 손이 떨려서 미세한 손 감각을 요구하는 붓 만들기 작업에 방해가 된다는 것이다. 이를테면 음주나 흡연은 붓 장인인 곽 장인에게 '금기'에 속한다. 술과 담배는 정신집중에 방해가 되는 요인일 뿐이다. 작업 시 찬송가를 듣는 이유도 마음의 상태를 정갈하게 하기 위함이라고 볼 수 있다. 김제의 붓 장인이 매일 새벽 절에 다녀온 뒤 붓 제작을 하는 이유도 이와 같다. 비록 종교는 다르지만 두 장인이 붓 제작에 임하는 태도와 정신의 본질은 같다. 이처럼 붓 만들기는 마음을 가다듬는 데서부터 시작된다.

3. 전통 붓 제작 과정과 특징

1) 재료 선택: 나무와 동물 털 고르기

대부분의 전통공예가 그러하듯 붓 제작에 있어서 재료의 선택은 매우 중요하다. 이 장에서는 붓 만들기의 방법과 과정을 설명하기에 앞서 장인이 가진 재료 선택에 관한 전통지식을 비중 있게 다루어 보고자 한다. 붓을 제작할 때 사용하는 재료는 크게 두 가지, 붓촉을 만드는 동물 털과 붓 자루를 만드는 나무로 구분된다. 먼저 나무에 대해 언급해보자면, 붓의 자루 부분은 주로 대나무로 만든다. 두꺼운 붓을 만들 때는 오죽烏竹이나 왕죽王竹을 쓰지만 보통은 신우대를 사용한다. 산죽山竹은 대를 말리는 과정에서 갈라지기 때문에 붓의 재료로는 쓸 수가 없다.

곽 장인의 경우 붓 자루로 쓸 대나무를 완주군 소양면 야산에서 직접 베어온다. 대나무를 고를 때는 표면의 색깔을 기준으로 한다. 보통 3년 이상 묵은 대나무는 색이 어둡고 때가 많이 탄 것처럼 보이는데 이는 붓 자루의 재료로 적합하지 못하며 주로 하얗고 때가 타지 않은 1년 정도 된 대를 사용한다. 선별 기준으로 대의 길이도 중요하다. 대가 너무 길면 휘어지기 때문에 붓의 자루로 적합하지 않다.

시기상으로는 겨울에 벤 대나무가 가장 좋다. 여름이나 봄에 물이 올랐을 때 대를 베면 보관 시 좀이 슬어서 붓 재료로 쓰지 못한다.

3년 이상 묵은 대나무를 선호하지 않는 이유는 이미 언급한대로 색이 어둡기도 하거니와 붓을 만드는 도중 대가 터지고 갈라지기 때문이다. 또한 오래된 대는 속에 살이 차올라서 구멍이 작아지기 때문에 작업하기가 사납다. 곽 장인은 오랜 시행착오를 거쳐 그 해에 나서 자란 가볍고 새파란 대나무가 붓 자루의 재료로 적당함을 알게 되었다. 대나무를 선별하고 다루는 부분에 대해서는 아버지로부터 물려받은 전통지식보다 그가 스스로 터득하고 깨우친 면이 더 많다.

붓 만들기에서는 붓촉의 주재료인 동물의 털을 고르는 일 또한 중요하다. 이때는 주로 촉각과 시각을 이용한다. 필장들은 털을 손으로 만져보거나 그 색상을 직접 보면서 좋은 재료인지 아닌지를 판단한다. 두 장인에 의하면 지구상에 존재하는 모든 동물의 털은 붓촉의 재료가 될 수 있다. 그 중 가장 많이 사용하는 것은 염소 털[羊毛]이다. 염소의 털은 지역과 기후, 성별에 따라 그 성질이 다르다. 강원지역과 제주지역의 털은 붓 재료로 잘 쓰지 않는다. 강원도의 경우 눈이 많이 오고 제주도는 바람이 많이 불어 동물의 털이 거칠고 색이 고르지가 않기 때문이다. 반면 호남지역의 염소는 붓 만들기에 적합한 털을 가졌다. 기후가 온난하고 바람이 많이 불지 않아 털이 거칠지 않고 색이 고르다는 이유에서다. 여기서 털이 고르다함은 털의 처음과 끝의 색이 한결같이 희다는 것을 말한다. 털의 색에 따라 붓의 품질이 크게 달라지는 것은 아니나 붓촉의 색이 얼룩덜룩하지 않고 처음부터 끝까지 똑같아야 상품가치가 높아진다. 붓촉의 색이 밝지 않으면 먹이 스며든 정도를 가늠하기가 힘들고 보기에 좋지 않다는 이유로 소비자들에게 외면 받는다.[10]

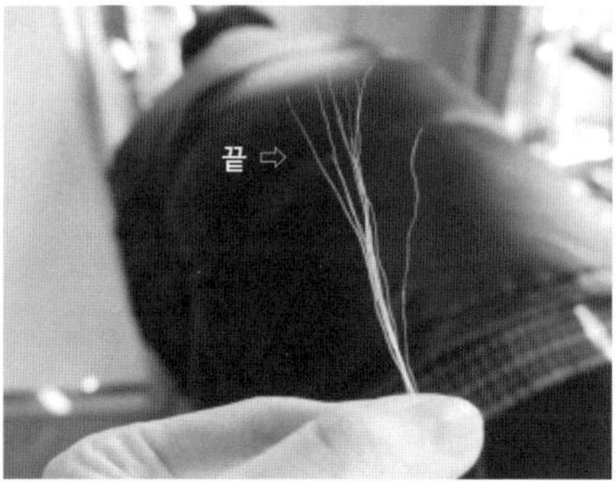

<사진 1> 숫염소 털, '끝'이 길다.

동물의 털을 선택할 때는 암수의 구분도 중요하다. 특히 채 장인은 붓을 만들 때 암놈의 털은 쓰지 않는 게 좋다고 강조한다. 수놈의 털은 윤기와 빛깔이 좋으나 암놈은 그렇지 못하기 때문이다. 예외인 동물이 있는데 바로 노루이다. 노루는 수놈보다 암놈의 털이 붓 만들기에 더 좋다. 그런데 두 붓 장인이 모두 공통된 재료선별 기준을 갖고 있는 것은 아니다. 곽 장인의 경우에 주로 수놈의 털을 쓰기는 하지만, 사실 암놈이든 수놈이든 아무거나 좋으면 재료로 쓸 수 있다고 본다. 수놈의 털이 더 좋다는 것은 인정하지만 암놈의 털 가운데서도 좋은 부위가 있으면 사용해도 무방하다는 것이다. 붓 장인이 수놈의 털을 더 좋다고 하는 이유는 털의 '끝이 길기' 때문이다. '끝'은 털의 가는 부분을 일컫는 명칭이다(사진 1 참조). 끝의 길고 짧음에 따라 붓이 완성되었을 때 붓촉의 모양이 완전히 다르게 나타난다. 끝 부분이 길고 얇은 털을 사용해야 더 좋은 붓이 탄생되는 것이다.

---

10 붓촉의 색이 매우 새까맣지만 유난히 인기가 있는 붓이 있다. 바로 아기의 배냇머리로 만든 배냇붓이다. 배냇머리는 부드러우면서도 질기고 끝이 잘 돌아가서 특히 합죽선에 글씨를 쓸 때 아주 좋다고 한다. 그렇지만 털이 너무 가늘고 미끄러워 배냇머리로만 붓을 만들면 글씨가 제대로 써지지 않는다. 배냇붓을 만들 때 검정색으로 염색한 다른 동물 털을 반드시 섞는 이유는 이 때문이다. 한편 어른의 머리카락은 이미 가위로 잘린 상태라서 끝 부분에 단면이 있고 갈라지기도 하므로 붓으로

재료 선별에 대한 곽 장인의 전통지식은 어렸을 때부터 붓 만드는 과정을 지켜보며 자랐던 성장배경에서 자연스럽게 생겨난 것이었다. 특히 그의 아버지가 붓을 만들던 시절에는 피물상皮物商에게서 직접 동물의 가죽을 통째로 구입, 일일이 털을 칼로 잘라내어 사용하였다. 따라서 곽 장인은 암놈과 수놈의 털을 구분하는 기준이나 부위에 따라 털의 질감과 길이, 색 등이 다름을 자연스럽게 익힐 수 있었다.

붓을 만들 때 염소 털이 주로 사용되기는 하나 두 장인이 언급한 대로 어떤 동물 털이든 붓의 재료가 될 수 있다. 앞서 설명한 염소와 노루를 비롯하여 족제비, 쥐, 소, 말, 돼지 등 다양한 동물의 털이 붓 만들기에 사용된다. 노루의 경우에는 겨드랑이에서, 족제비와 말은 꼬리 부분, 쥐는 수염, 그리고 소는 귓속에서 털을 채취한다. 가장 보편적인 붓 재료인 염소 털은 등허리의 것을 주로 사용하나 만드는 이에 따라서 수염, 겨드랑이, 배, 다리 등 다른 부위의 털도 종종 이용된다. 또한 사람의 머리카락으로도 붓 제작이 가능한데 이때는 태어나 한 번도 머리카락을 자르지 않은 만 1세 무렵의 아기 배냇머리만을 사용한다(각주10 참조).

염소 털은 주로 서예 붓과 사군자 붓을 만들 때 사용된다. 장액붓[獐掖筆]은 이름 그대로 노루 겨드랑이털로 만든 붓을 말하며, 간찰簡札을

만들 수 없다. 곽 장인의 필방에는 가끔 배냇붓을 만들고자하는 일본인들이 방문한다. 일본에는 아기의 배냇머리를 모아두었다가 붓으로 만들어 성인이 된 후 선물하는 풍습이 있는데, 간혹 한국을 방문하는 일본인들 중에 비교적 수공비가 저렴한 한국의 필방에서 '배냇붓(태모필)'을 만들어 가는 경우가 있다. 최근에는 한국인들도 배냇붓을 많이 제작해 간다고 한다.

쓸 때 사용한다 하여 간찰붓이라고도 부른다. 주련필柱聯筆[11]을 만들 때는 족제비 꼬리털을 쓴다. 서수필鼠鬚筆은 쥐 수염으로 만든 붓을 일컫는데 단청을 입힐 때 사용하는 단청 붓이 이에 해당한다. 소 귓속 털, 말꼬리 털, 개털, 돼지 털 등은 염소 털, 노루 털, 족제비 털 등과 달리 부수적으로 사용되는 편이며 이를 붓 제작의 재료로 사용하게 된 것은 비교적 최근의 일이다.[12]

<표 1> 붓 제작에 주로 사용하는 털의 종류와 특징 (곽○○이 구술한 내용을 바탕으로)

동물	털을 채취하는 부위	특징	붓 종류
(흰)염소	모든 부위의 털을 다 사용하나, 주로 등허리 부분에서 채취	– 가장 보편적인 붓의 재료	다양한 종류의 붓 제작 가능 주로 서예 붓, 사군자 붓
노루	겨드랑이	– 장액(獐掖)붓(간찰(簡札)붓이라고도 함)의 주재료 – 수놈보다 암놈의 털이 더 좋음	장액붓 (혹은 간찰붓)
족제비	꼬리	– 주련필(柱聯筆)의 주재료	주련필(柱聯筆) 황모붓
쥐	수염	– 단청붓(단청을 입힐 때 쓰는 붓)의 주재료 – 붓 한 자루 제작에 쥐 40마리 이상 필요함 – 탄력이 좋음	서수필(鼠鬚筆) 단청붓
소	귓속	– 고급 붓을 만들 때 쓰는 재료	

11 주련(柱聯)은 기둥이나 벽 위에 장식으로 써서 붙이는 글귀를 말한다.

12 특히 곽○○이 소장하고 있는 말 꼬리 털 대부분은 멕시코 산 말에서 채취한 것으로 인근의 공장에서 구한 것이다.

동물	털을 채취하는 부위	특징	붓 종류
말	꼬리[馬尾]	– 족제비 털과 비슷하지만, 상품 가치는 더 낮음 – 일부 상인들이 족제비털이라고 속여 팔기도 함 – 현재는 멕시코산을 주로 사용	
아기 배냇머리		– 배냇붓(태모필)의 주재료 – 합죽선에 글씨쓰기 좋은 붓	배냇붓 (태모필)

2) 붓촉과 자루의 제작

붓은 붓촉의 제작 방식에 따라 크게 '지짐붓'과 '묶음붓'으로 나뉘며 이 둘의 외관상 차이는 없다. 지짐붓은 한국 고유의 전통 방식으로 만든 붓을 말한다. 지짐붓을 만들 때는 먼저 화롯불에 쇠판을 달구고, 그 위를 밀[13]로 여러 차례 '지진다'. 그러면 밀에서 나온 쫀득한 액이 접착제 역할을 하면서 털을 한데 모아준다. 실로 털을 묶어 붓촉을 만드는 묶음붓은 일본에서 유래하였다고 전한다. 〈표 2〉은 붓촉과 붓 자루의 제작 과정을 정리해 놓은 것이다. 얼핏 그 과정이 간단해 보이지만 붓 한 자루를 만드는 데 손이 200번은 넘게 가야 한다. 대나무를 베고 말리는 과정까지도 포함시킨다면 붓 한 자루가 완성되기까지 짧게는 며칠, 길게는 한 달 여의 시간이 걸린다. 붓을 만들 때 반드시 〈표 2〉의 제작과정을 순서대로 따르는 것은 아니다. 때에 따라서 다리미질을 더 많이 하기도 하고 빗질을 추가하는 등 필요에 따라 특정 단계를 몇 번이고 반복한다. 붓촉과 붓 자루 중 어

---

13 밀은 벌똥을 모아 만든 것으로 지짐붓을 만들 때 접착제 역할을 한다.

느 것을 더 먼저 만들어야 한다고 정해진 바는 없다.

<표 2> 붓 제작 과정 (지짐붓)

붓촉 제작 과정	가죽에서 털 제거하기 → 털 빗기 → 뒤쪽 맞추기 → 털 늘어놓기 → 다리미로 눌러 기름기 제거 → 호(촉) 쪽 맞추기 → 체로 추려내기 → 털 빗기 → 털 섞기 → 털 빗기 → 종이로 말기 → 지진 밀을 밀대로 털의 끝 부분에 밀어 넣기 → 심소(붓촉의 속 부분) 완성 → 의체(붓촉의 겉 부분) 만들기 → 의체로 심소 감싸기 → 다듬기 → 물에 담그기 → 빗질 → 끝 보기
붓 자루 제작 과정	대나무 베기 → 말리기 → 대나무에 황토 칠하기 → 굽기 → 대 펴기 → 대 자르기 → 치죽하기 → 대속파기 → 각통 만들기 → 붓자루에 각통 끼우기 → 아교바르기 → 붓촉 끼우기

① 털 손질하기

털 손질은 붓 만들기의 전체 과정 중 앞 단계에 속한다. 붓 장인은 가죽에서 털을 제거한 다음 전용 빗으로 여러 번 빗질을 하는데 이때 털의 반절 이상이 떨어져 나간다. 좋은 붓을 제작하기 위해서는 붓을 만드는 사이사이에도 계속해서 빗질을 해주어야 한다. 빗질을 많이 하면 할수록 질 나쁜 털이 떨어져나가 붓촉이 부드러워지기 때문이다. 이때 사용하는 빗은 강철이나 놋쇠로 만든 붓 전용 빗이다. 플라스틱으로 만든 빗은 단단하지 못해서 엉켜있는 털을 빗을 수 없다. 국내에는 이 특수 빗을 제작·판매하는 곳이 없어서 곽 장인의 경우 일본의 제품을 사용하거나 직접 만들어 쓴다.

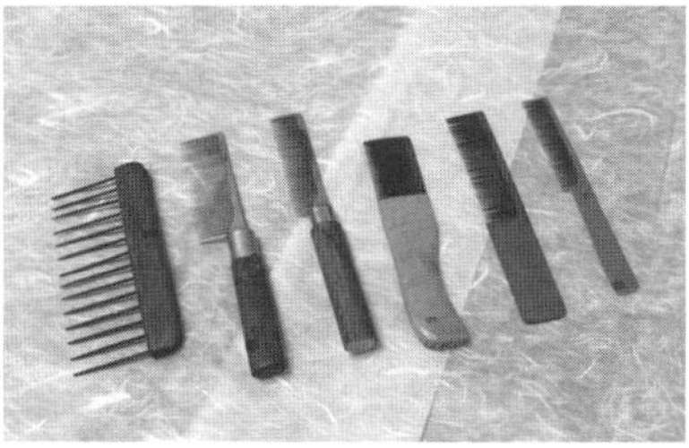

<사진 2> 곽○○ 장인이 털을 손질할 때 사용하는 빗. 맨 왼쪽 빗은 직접 제작함.

<사진 3> 강철처럼 강한 재질로 빗살을 만들어야 털을 빗을 때 손 모양처럼 엉키지 않는다.

털을 손질할 때 사용하는 또 다른 도구는 체이다. 체는 원래 가루를 곱게 치거나 액체를 거르는 데 쓰는 물건이지만 붓 제작에서는 털을 추릴 때 사용된다(사진 4 참조). 이 도구 역시 따로 제작·판매하는 곳이 없어서 붓 장인들은 체를 직접 만들어 쓴다.

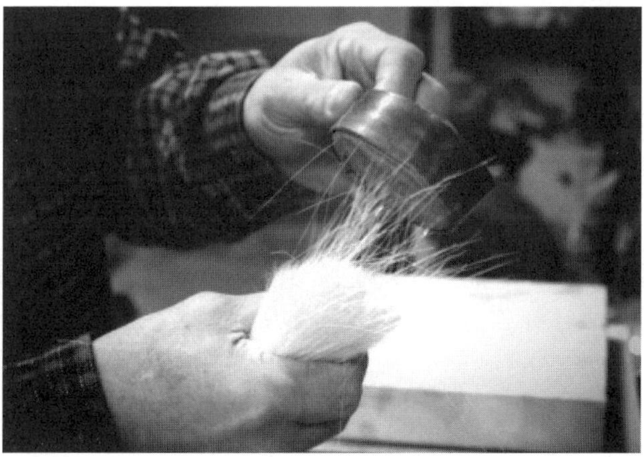

<사진 4> 체를 이용하여 털을 추리는 모습

털을 다루는 일은 매우 예민한 일이어서 거친 일을 많이 하여 손이 투박하거나 성격이 섬세하지 못한 이들은 붓 만드는 일을 하기 어렵다고 한다. 기름기가 많고 미끄러운 털을 손으로 잡아 빗질을 하거나 추릴 때는 엄지와 검지에 힘이 많이 들어간다. 장인들은 빗질 중 빗으로 살을 찍는 실수를 하게 되어 가끔 다치기도 하는데, 과거 붓 제작을 배우던 시절에는 손에 굳은살이 수도 없이 박혔으나 이러한 상처도 이제는 요령이 생겨 거의 생기지 않는다.

털을 손질할 때는 손에 정전기가 잘 일어난다. 이를 방지하기 위해서 손에 자주 입김을 불어넣어준다. 정전기가 심할 경우에는 분무기로 물을 뿌려 이를 잠재운다. 40여 년 전 곽 장인의 가족이 가내수공업으로 붓을 제작했을 당시에는 분무기가 없어서 걸레나 스펀지에 물을 축여 손에 묻혀가면서 사용했다. 여름철에는 손에 땀이 많이 나기 때문에 자주 손을 씻어가면서 털을 손질했다.[14]

② 붓촉 만들기

붓의 촉은 각통 부분에 닿는 곳은 두껍고 끝으로 갈수록 가늘어지는 삼각형 모양이어야 한다. 붓촉의 모양을 제대로 살리기 위해서는 털을 추리는 단계에서부터 신경을 써야한다. 이미 설명한 바와 같이 털은 처음과 끝의 굵기가 미세하게나마 다르다. 털의 가는 끝부분이 한 방향으로 모여야 하는데 손질의 과정에서 자칫 뒤섞이기도 한다. 뒤섞인 털은 끝 보기 단계에서 칼을 사용해 빼주는 것으로 해결한다.

14 여름은 붓 만드는 작업을 하기에 그다지 좋은 계절이 아니다. 덥지만 선풍기나 에어컨을 사용할 수도 없다. 털이 다 날아가 버리기 때문이다.

붓 만들기 과정에는 붓촉이 거의 완성될 즈음 물에 적신 뒤 입 속에 넣고 서너 차례 빨아보는 단계가 있다. 입으로 붓촉을 빠는 이유는 붓촉이 제대로 만들어졌는지 아닌지를 입술의 감각으로 가늠할 수 있기 때문이다. 손끝으로는 미처 감지하지 못하는 붓촉의 상태를 미세한 촉감을 가진 입술로 판단할 수 있는 것이다. 연구자는 붓 장인을 면담하는 도중 붓을 구입하려는 예술가들도 입으로 붓을 빨아본 후 붓의 상태를 확인하는 장면을 종종 목격했다. 소비하는 입장에서도 붓의 좋고 나쁨을 알아보고자 할 때 입술의 감각을 이용하는 것이다.

<사진 5> 완성된 붓

한편 붓 제작과정에서는 온도를 조절하는 일 또한 중요하다. 이미 설명한 바와 같이 지짐붓을 만들 때에는 화롯불에 달군 쇠판을 얹은 뒤 그 위를 벌똥을 녹여 만든 밀로 문질러 쫀득쫀득한 액이 나오게 한 다음 그 액을 손질해놓은 털의 끝부분에 밀대로 밀어 넣는다. 그러면 벌똥에서 나온 쫀득한 액체들이 굳으면서 접착제 역할을 하고 털을 하나로 묶어준다. 털 속으로 밀을 집어넣을 때 기술이 제대로

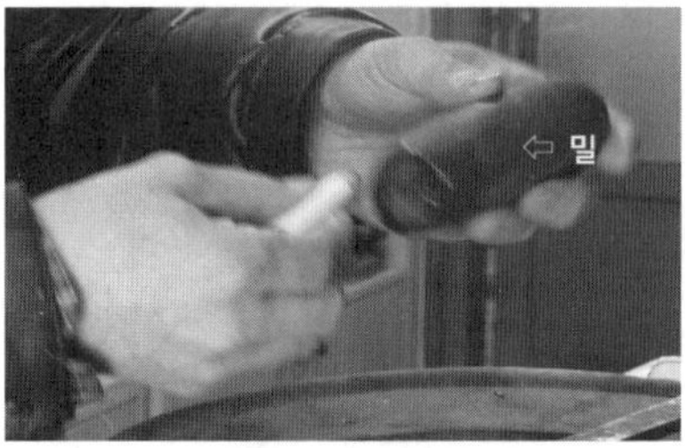

<사진 6> 손질한 털에 밀을 바르는 모습

<사진 7> 밀을 손질한 털에 밀어 넣고 있음

발휘되지 않으면 털끼리 잘 붙지도 않을뿐더러 붓촉의 모양도 이상해진다. 밀을 털 속에 너무 많이 밀어 넣어도, 너무 적게 밀어 넣어도 안 된다. 털의 끝 부분만 살짝 붙게 하는 것이 관건인데 동물의 털마다 성질이 다르기 때문에 이를 조절하는 것이 쉽지 않다. 염소 털과 돼지털 그리고 아기의 배냇머리는 기름기가 많고 밀을 잘 받지 않는 성질이어서 이를 가지고 지짐붓을 만들 때에는 밀이 '바글바글 끓을 정도'로 뜨거운 상태에서 작업해야 한다. 이와 반대로 노루 털은 밀이 미적지근한 상태에서도 잘 달라붙는다. 지짐붓을 만드는 과정은 너무나 어렵고 복잡하여 지금은 이 방법을 잘 사용하지 않는다. 그러나 채○○과 곽○○은 묶음붓과 지짐붓 만들기를 병행하며 지금도 우리 고유의 붓 제작 전통의 맥을 이어가고 있다.

③ 붓 자루 만들기

붓 자루를 만드는 작업은 붓촉 제작에 비해 간단한 편이다. 인근 산에서 베어 온 대나무는 며칠 동안 말린 후 황토와 모래를 섞은 흙에 문지른 다음 불로 구워낸다. 굽는 작업을 하는 이유는 나중에 붓 자루가 갈라지는 것을 방지하기 위해서다. 구운 대나무는 사용하기 알맞게 잘라낸다. 그 후 대나무 속을 파는 치죽 작업을 한 다음 각통을 만들어 끼운다. 다 만든 붓 자루에 붓촉을 끼우면 붓이 완성된다.

4. 붓 장인이 가진 전통지식의 속성

1) '어깨너머' 교육, 선대로부터 습득한 전통지식

곽 장인의 경우 선대부터 가내수공업으로 붓을 만들어왔기 때문에 태어나면서부터 자연스럽게 붓을 접했다. 이미 설명했듯이 그의 부친은 그가 아주 어렸을 때부터 털을 다루는 방법을 터득할 수 있게 하였고 덕분에 그는 붓 만들기 과정 중 가장 까다롭다는 일을 능수능란하게 다루게 되었다. 그가 습득한 방법들은 특정 기관을 통한 교육과정에 따른 것이 아닌 '어깨너머로 배운' 지식이며 그 지식들은 머리가 아닌 몸이, 즉 신체의 모든 감각기관이 총동원되어 체화된 것이다. 특히 붓의 주재료인 동물 털을 선별하는 전통지식은 상당 부분 선대로부터 전승되었다.

곽 장인이 가진 전통지식의 속성은 붓 만들기의 주재료인 염소 털과 대나무를 구분하는 방식에서 나타나는 생태인식을 통해 확연히 드러난다. 자연을 대하는 그의 인지체계는 다른 이들에 비해 훨씬 세분화되어 있고 보다 정교하다. 이 장에서는 그가 염소 털을 구분하는 감각·기술을 예로 들어 설명해 보고자 한다. 과거에는 피물상에게서 직접 염소 가죽을 통째로 구입하여 필요한 만큼 특정 부위의 털을 잘라 사용하였기에 어느 부위의 털이 어떠한 성질을 갖고 있고

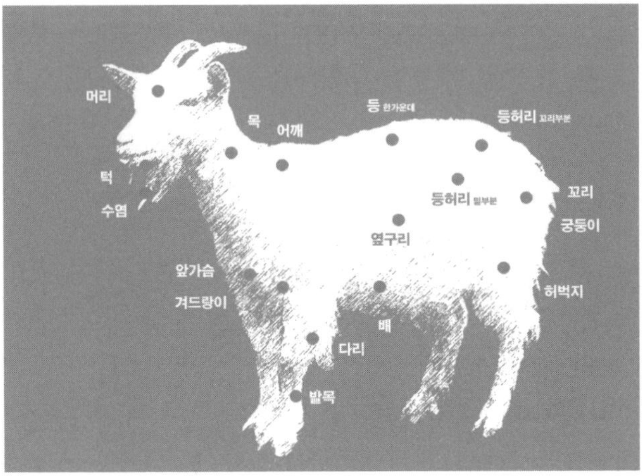

<그림 1> 염소 부위별 털의 종류

붓으로 만들었을 때 어떤 결과가 나타나는지의 '지식'이 자연스럽게 체화될 수 있었다. 염소 털을 종류별로 세분화시키면 16가지가 된다. 〈그림 1〉은 곽 장인의 구술내용을 토대로 연구자가 그린 것이다. 다양한 부위에서 각기 성질이 다른 염소 털을 채취할 수 있다(표 3 참조). 곽 장인은 16가지에서 더 세분화하여 50여 가지까지 분류하기도 한다. 비전문가인 연구자에게 염소는 그냥 염소일 뿐인데, 장인에게는 50여 종의 붓 재료를 지닌 염소인 것이다.[15]

곽 장인의 경우 붓 제작은 대부분 주문에 의해서 이루어진다. 서예가가, 미술가가, 아마추어가, 프로가 요구하는 붓은 품질과 기능이

15 전부 다른 부위의 털을 보여줘도 연구자의 눈에는 똑같아 보였다. 겨우 서너 가지 종류로 나눌 수 있을 뿐이었다.

다 다르다. 가격에 따라서도 달라진다. 이때 그가 가진 감각기술이 제대로 발휘된다. 그는 어느 부위의 털을 어떻게 적절히 섞어 활용해야 소비자가 원하는 붓을 만들어낼 수 있는지 잘 알고 있다. 레비스트로스는 부리야트족族이 곰 한 마리를 고기 7가지, 피 7가지, 지방 9가지, 머리 12가지, 쓸개 17가지, 털 2가지로 나누어 각기 다른 치료 상의 목적으로 쓰는 것을 언급하면서, '야생에 사는 미개인들의 지적욕구가 문명사회의 인간들보다 훨씬 조화롭다'는 점을 강조하였다.[16] 부리야트족의 생태인식 체계가 그들이 사는 환경에 맞게 생성되었듯이 곽○○ 역시 그의 생애에서 맞닥뜨린 여러 환경적 요인들로 인해 염소 털을 대하는 인지체계가 다른 이들에 비해 정교하게 발달하였던 것이다.

염소의 털을 세분하는 감각기술은 곽 장인만이 가진 독특한 전통지식으로 다른 붓 장인들도 다 숙지하고 있는 내용은 아니다.[17] 같은 분야의 장인일지라도 각자가 가진 기술이나 비법이 다 같을 수는 없다. 특히 필공예의 경우 정해진 교본이나 특정 교육기관 없이 가족 내에서 혹은 도제식으로 그 기술이 전승되어 왔기 때문에 각각의 장인마다 지니고 있는 붓 제작의 지식들이 약간씩은 다르다. 이러한 다름은 각 장인이 살아온 시기, 지역, 환경 그리고 가치관 등의 차이에서 기인한다.

---

16 레비스트로스, 안정남 옮김, 1996, 『야생의 사고』, 한길사, 52-61.

17 연구자는 붓에 대한 조사를 시작한 이후 전라북도의 필장뿐만이 아닌 다른 지역의 필장들도 만나 인터뷰 하였다. 연구자가 만난 필장 중 염소 털을 세분하여 다양하게 사용하는 이는 곽 장인 한 사람뿐이었다.

<표 3> 염소 부위별 털의 종류와 특징 (곽○○의 구술을 토대로 연구자 정리)

부위	특징
겨드랑이	가장 좋은 품질의 붓을 만들 수 있는 재료
앞가슴	겨드랑이 털보다는 품질이 좀 낮지만 쓸 만한 부위의 털. 길이에 따라서 다름
옆구리	앞가슴 털과 비슷함
배	보통붓을 만들 때 사용하는 부위이다. 좋은 편.
다리	다리의 윗부분 털은 탄력성이 좋다. 까끌까끌하고 거침
궁둥이	탄력이 좋으나 거칠다. 짧은 털, 붓 중간에 넣는 것, 좋은 붓에만 넣는다.
등허리 꼬리 부분	연습용 붓에만 사용하고 고급붓에는 사용하지 않음
등허리 밑 부분	털이 거칠고 꼬불꼬불함
등 한 가운데	양이 가장 많이 나오나 품질은 안 좋음
어깨	탄력성이 좋은 털
목	서예 붓 만들 때는 별로이다. 그림붓 만들 때 주로 사용한다. 앞뒤가 다름
머리	그림붓 만들 때 주로 사용한다. 많이 안 씀
발목	꺼끌꺼끌하고 끝이 좋지 않음
허벅지	품질이 좋지 않아 싸구려 붓 만들 때 주로 사용
수염	길이가 길어서 액자붓(크기가 큰 붓)을 만들 때 주로 사용
발목 끝 부분 짧은 털	쓸모없는 털, 원래 안 쓰지만 양 채우려고 씀

2) 교류를 통해 쌓인 장인의 전통지식

상술하였듯 두 필장의 생애를 살펴보면 전북에서만 머물지 않고 여러 지역을 이동하며 붓 만들기의 전통지식들을 습득하여왔다. 채 장인은 전남에서 곽 장인은 충남에서 전라북도로 이주한 경우이다. 특

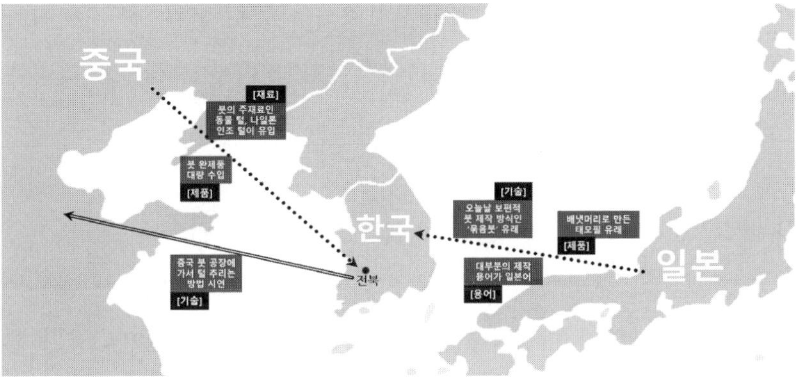

<그림 2> 곽○○ 필장의 생애사 속에서 발견되는 '한·중·일 붓과 붓 제작 교류'

히 곽 장인의 경우 중국을 왕래하며 붓 만들기의 기술을 전파하기도 하고 새로운 재료나 방식을 국내에 들여오기도 하였다. 〈그림 2〉를 보면 붓 관련 '한중일 교류'가 드러나는데 이처럼 붓 재료, 완성된 제품, 관련 기술과 용어, 도구 등 인접한 국가와 밀접한 관계를 맺고 있음을 알 수 있다.

5. 전통공예의 변화양상과 그 의미

이제껏 두 붓 장인을 통해 전통 붓 만들기의 양상과 특징 및 전통지식의 속성을 살펴보았다. 대부분의 전통공예 분야가 처한 현실과 마찬가지로 붓 만들기 역시 사회문화적 혹은 자연·환경적 변화에 따라 제작 환경이 변화되어 가는 추세이고 때에 따라선 장인이 오랜 시간

축적해온 그만의 전통지식들이 소멸되어 가기도 한다. 이 장에서는 전통공예의 변화되는 측면을 살피고 이러한 현상이 가지는 의미에 대해 설명해보고자 한다.

1) 새로운 것과의 싸움, 그리고 전통지식의 소멸

오늘날 붓 장인뿐만이 아닌 전통 방식으로 무언가를 만드는 대부분의 장인들은 날마다 값싼 중국산과 싸운다. 전북 지역의 필방만 해도 중국산 붓을 판매하지 않는 곳은 한 군데도 없다. 곽 장인은 중국에서 값싼 붓들이 자꾸 수입되어 필방을 운영하는 데 어려움을 겪고 있다. 그는 값싼 중국산 붓의 품질이 매우 떨어진다는 것을 잘 알기에 무조건 싸다고 구입하는 현상을 안타까워한다. 채 장인과 곽 장인이 운영하는 필방을 제외하고 전북지역 대부분의 필방에서는 우리 고유의 전통 붓인 지짐붓이나 국내의 붓 장인이 직접 만든 붓을 취급하지 않고 있다. 수지 타산이 잘 맞지도 않을뿐더러 장인이 만든 비싼 붓을 찾는 이도 드물기 때문이다.

채 장인은 컴퓨터로 인해서 붓의 사용이 줄어들었다고 생각한다. 지방문紙榜文을 쓸 때 과거에는 반드시 붓으로 적었는데, 이제는 컴퓨터에 입력한 후 프린트기로 출력만 하면 직접 쓴 것보다 더 잘나오기에 사람들이 더 이상 붓글씨를 쓰지 않는다는 것이다. 새로운 필기도구가 등장하고 컴퓨터를 주로 사용하게 되면서 붓의 쓰임이 크게 줄어들었다는 것은 붓 장인의 수가 줄어든다는 것뿐만이 아닌 그들이 가진 전통지식 또한 점차 사라짐을 의미한다. 오늘날 젊은 붓 장인들은 국내에서 더 이상 흰 염소 털을 구하기가 어렵게 되자 중국 공장에서 가공된 털 묶음다발을 구입하여 붓을 제작한다. 이러한 현상은 그들이 자연그대로의 염소 털을 마주할 기회조차도 없애고 있다. 또한 플라스틱 붓 자루와 나일론으로 만든 인조털이 공장에서 대량 쏟아져 나오면서 대나무와 동물 털을 선별하는 것에 대한 전통 지식이 이들에게는 중요하지 않은 것으로 취급되고 있다.

2) 타협하기: 편리한 방식으로, 새로운 재료로

전통 붓의 제작 환경이 상당히 빠르게 변화하는 추세 속에서 두 붓 장인은 여러 상황들에 의연히 대처하고 있다. 이들은 옛것만을 무턱대고 고집하지 않으며 새로운 환경에 적응하면서 더 좋은 품질의 붓을 만들고자 애쓴다. 두 사람 모두 제작 방식이나 사용하는 도구가 과거의 것과 똑같을 필요는 없다고 보는 입장이다. 그보다는 좋은 붓을 만들기 위해서라면 새로운 방식을 적극적으로 받아들여야 한다고 주장한다. 이는 장인이 물건 제작에 임하는 철학에서 비롯된 것이기도 하다. 좋은 물건은 '사용하는 이가 만족하는 것'으로, 장인은 그들의 요구를 잘 수용할 줄 알아야 하며 이때 옛 방식의 원리는 따르되 현실적 상황에 맞게 그 방법이나 사용되는 재료는 얼마든지 바뀔 수 있다는 것이다.

붓 제작 과정 중 드러나는 장인의 유연함은 다음의 사례를 통해서도 잘 이해된다. 곽 장인은 서예 붓을 주로 만드는 전통 붓 장인으로 알려져 있지만 서양화 붓, 화장 붓, 동양화 붓 등 대부분의 붓 종류를 만들 줄 안다. 50년 이상 붓을 제작해오면서 이런 저런 종류의 붓을 시험 삼아 자주 만들어 보았기 때문이다. 한번은 동양화를 그리는 화가가 그를 찾아와 '호랑이 그림을 그리고자 하는데 이에 맞는 붓을 만들어 달라'고 하였다. 그는 호랑이의 털이 섬세하게 묘사되는 붓을 만들기 위해 가지고 있는 모든 동물 털을 꺼내어 이런 저런 붓을 만들어 보았다. 여러 번의 시행착오를 거쳐 만들어낸 붓은 온갖 동물 털이 섞인 붓촉에 유화 붓 자루를 끼워 만든 것이었다. 겉으로 보기엔 동양화 붓인지 서양화 붓인지 도무지 알 수 없는 이상한 형태의 붓이 탄생했다. 그렇지만 의뢰했던 화가는 아주 만족하며 돌아갔다고 한다. 붓 자루로 대나무를 쓰지 않은 것은 화가가 잡기 불편하다는 이유에서다. 소비자가 원하는 형태의 붓을 여러 방법을 동원하여 맞춰줄 수 있었던 것은 그가 가진 다방면적 기술과 동물 털을 다룰 줄 아는 전통지식 덕분이었다. 이처럼 그는 삶의 과정에서 터득한 전통지식을 기본 바탕에 두고 상황에 맞게, 필요에 따라 여러 방식을 사용하면서 소비자가 가장 원하는 붓을 만들어 내고 있다.

두 붓 장인이 최근 들어 지짐붓보다는 묶음붓을 더 많이 제작하는 상황도 '타협'의 과정으로 볼 수 있다. 이미 설명한 바대로 지짐붓은 묶음붓보다 훨씬 복잡한 제작 과정을 거치며 준비해야하는 도구도 더 많지만 털이 단단히 달라붙는다는 장점이 있다. 묶음붓은 제작과 준비 과정이 간단하지만 실을 제대로 동여매지 않으면 사용 중 털이 빠져나가기도 하는 단점이 있다. 이렇듯 두 방식은 서로 장단점이 있으나 장인들은 제작의 편리함을 선택했다. 그러나 이들은 한편으론 지짐붓을 만들 줄 아는 이가 점점 사라지고 이에 대한 전통지식 또한 소멸되어 감을 안타까워하고 있다.

3) 전통공예의 의미 변화: 붓의 전통문화화 혹은 예술품화

한때 붓은 '일상적 도구'였으나 오늘날에는 '예술 활동을 할 때만 사용하는 도구'이자, 그 자체가 예술품(공예품)이 되어버렸다. 이러한 현상은 일상적 생활용품의 '전통문화화'로도 설명할 수 있다. 즉 붓은 생활 속에서 사용되는 필기도구라는 기능적 측면을 잃고 '전통적인 물건'이라는 상징성을 얻었다. 붓 하면 자연스럽게 전통문화가 떠오르고, 붓을 만드는 장인은 한복을 잘 차려입고 긴 수염을 기르고 있는, 마치 과거에서 튀어나온 듯한 인상을 지닌 노인이 연상된다. 김제의 붓 장인 채○○은 바로 이러한 이미지를 갖고 있다. 김제시는 '전통' 특산품으로 그가 만든 붓을 내세우고 있고, 이 때 그가 풍기는 전체적인 인상은 김제의 지역정체성을 알리고 지역홍보를 위한 수단으로 활용되는 데 큰 도움이 된다. 미륵 신앙을 따라 김제 금산사에 정착하고 종교적인 목적으로 붓 만들기를 시작하여 지금도 금산사에 새벽마다 기도를 하러간다는 '스토리텔링'도 채 장인이 만든 붓에 가치를 더하고 있다. 그의 필방 바로 옆에는 금산우체국이 자리하고 있는데 채 장인의 붓은 우체국의 인터넷 쇼핑몰을 통해 전국으로 판매된다. 이처럼 김제 금산붓의 경우 그 기능적 측면이 점점 사라져가고 볼펜이라는 필기도구와 홍수처럼 밀려들어오는 값싼 중국산에 밀려 자칫 사라질 위기에 처할 뻔도 했으나 21세기 시대적 상황에 맞게끔 잘 포장된 '스토리'와 새로운 판매경로, 지자체의 관심 등이 잘 어우러져 지금까지도 그 명맥을 유지하고 있다.

그러나 이같은 상품화가 추진되는 과정에서 장인이 가진 전통지식들은 소홀히 취급되고 있다. 전통 붓의 맥을 제대로 유지하고자 한다면 채 장인 다음 세대의 필장들도 금산붓을 만들 수 있는 기틀을 마련해야 하며 이는 그가 가진 전통지식의 계승을 위해 노력할 때 가능할 것이다.

6. 맺음말

본 연구는 붓 장인을 통해 전통공예의 전승과 변화의 과정을 살펴보고자 한 것이다. 연구자는 전통 붓을 만드는 장인들이 그들의 전통지식을 붓 제작에 어떠한 식으로 반영하며 변화하는 시대 상황에 어떻게 반응하는지를 알아보았다. 기존 연구가 붓의 제작 과정과 그 쓰임새를 중심으로 전개되었던 반면 본 연구는 붓을 만든 장인, 즉 사람을 중심에 두고 그가 가진 전통지식의 구체적 내용은 무엇이고 전통공예가 어떠한 방식으로 전승되고 변화하는지 총체적으로 밝히고자 하였다.

연구자는 전라북도의 두 필장을 소개하면서 붓을 만들 때 이용되는 신체의 감각과 이를 습득하게 된 배경, 제작 과정, 그리고 이때 사용되는 도구에 대해 설명했다. 또 재료를 선정하는 것과 관련한 전통지식을 비중 있게 다루면서 그 중요성을 강조하였다. 4장에서는 붓 장인이 터득한 전통지식의 속성에 대해 이야기 하였다. 장인의 전통지식은 각각의 장인이 살아온 삶의 과정과 지역 및 시기의 차이, 환경, 가치관 등에 의해 달리 습득된다는 특징을 갖는다. 연구자는 붓 제작에서 드러나는 장인의 전통지식을 그가 살아온 삶의 과정과 연결 지어 이해하고자 노력했다.

한편 장인의 전통지식은 새로운 문물의 등장으로 소멸 위기에 처하기도 하는데 장인들은 이를 곱지 않게 여기다가도 때로는 변화의 물결에 동참하기도 한다. 즉 시대의 흐름에 따라 취할 것은 취하고 버릴 것은 버리는 등의 유연함을 보인다. 그러한 과정에서 새로운 문화가 현대적으로 재탄생되어 또 다음 세대로 전승되는 것이다.

오늘날 지자체는 해당 지역의 전통문화에 대해 매우 적극적인 관심을 갖는다. 두 붓 장인이 거주하는 전라북도의 경우만 하더라도 전통문화를 주제로 한 각종 축제와 행사들이 넘쳐나고 또 이를 활용한 관광자원 개발에 열을 올리고 있다. 그러나 전통문화를 전승하고 있는 다양한 분야의 장인들에 대한 제대로 된 정책은 세워져 있지 못한 형편이다. 특정 분야의 기능보유자들이 제대로 대접받지 못하고, 그들이 가진 감각·기술 전통지식이 온전히 보존되지 못한다면 전통의 맥은 얼마 못 가 단절되고 말 것이다. 전통지식의 보존은 사실 개인적인 차원에서 아무리 노력해도 실패하는 경우가 많다. 장인들이 그들의 감각과 기술을 전수하고 보존하려고 하여도 생계 문제에 부딪히거나 시대적인 상황이 이를 허락지 않을 수도 있기 때문이다. 이때 정부나 지자체 차원에서의 정책 마련은 전통지식의 전승과 보전에 큰 도움이 될 것이다. 붓 장인을 통해 본 전통공예의 전승과 변화 연구가 장인이 가진 전통지식의 중요성을 다시금 인식하게 하는 계기가 되었으면 한다.

| 참고 문헌 |

김종태, 1990, 『무형문화재 보고서-필장』, 대한민국 문화공보부 문화재 관리국

박문열, 2000, "모필에 관한 연구", 『인문과학논집』 20, 청주대학교 인문과학연구소

레비스트로스, 안정남 옮김, 1996, 『야생의 사고』, 한길사

이동희, 2011, "근대 전주지역의 필방", 『근대 전주, 전주인들의 예술세계』 제12회 전주학 학술대회 발표 자료집, 전주역사박물관

전북대학교 20세기민중생활사연구소, 2012, 『무형문화의 새로운 접근과 해석을 통한 전통지식 수집과 아카이브 구축』, 기초토대연구 2차년도 연구결과보고서

정동찬 외, 2001, 『겨레과학기술 조사연구. 9 : 붓과 벼루』, 국립중앙과학관

조성실, 2013, "붓 장인을 통해 본 전통공예의 전승과 변화 - 전북지역 전통 붓 제작을 중심으로", 『실천민속학』 21, 실천민속학회

함한희, 2000, "구술사와 문화연구", 『한국문화인류학』 33(1), 한국문화인류학회

함한희 편, 2007, 『무형문화유산의 현대적 의미 찾기』, 전북대 BK21 eX-RTC사업단

| 기타 참고 자료 |

〈디지털 김제문화대전〉 http://gimje.grandculture.net/Contents/Index?contents_id=GC02601095

〈무형문화유산 아카이브즈〉 http://www.ichpedia.org

〈문화저널〉 2009년 3월 5일 기사, '모필장 채○○'
URL : http://www.munhwajl.com

〈YTN 뉴스〉 2009년 10월 4일 방송, '우리 붓 만들기 50년'
URL : http://www.ytn.co.kr/_ln/0103_200910040723382953

마한 주거지 출토 의례용기에 관한 일고찰[1]

김은정 | 가야고분군 세계유산등재추진단

1. 머리말

'문지방을 밟으면 재수가 없다.', '문지방에 앉으면 복이 나간다.'라는 말을 종종 들으며 자랐다. 턱이 높아 넘어지면 위험하니 조심하라는 뜻이 아니었다. 문지방은 집의 안과 밖을 구분하는 경계이며, 신성하게 여겼기 때문에 밟지 말라는 금기가 따랐던 것이다. 즉, 가족이 함께 거주하는 집안은 삶의 안식처로 안전이 보장되어야 하는 곳인데, 신성시 여긴 문지방을 함부로 했을 때 문제가 발생할 수 있

1 이 원고는 "호남지역 마한 주거지 출토 의례용기에 관한 소고-모형토기와 조형토기를 중심으로"이라는 제목으로 『호남고고학보 61권』(2019)에 게재된 논문을 수정 보완한 것이다.

다는 경고인 것이다.

우리는 고대로부터 집안에는 가족뿐만이 아니라 사람을 지키고 보호하는 신들도 함께 살고 있다고 믿었다. 그것도 집을 수호하는 하나의 신이 아니라 집의 공간마다 각기 다른 신들이 있어서 가족의 안녕을 책임진다고 여겼으며, 이 신들은 중요한 의례의 대상이었다(이두현 외 1975; 황루시 2015).

이와 같이 신에 대한 숭배가 삶의 일부분으로 자리 잡은 것은 생업활동의 풍요와 안전에 대한 인간의 염원에서 비롯되었으며, 농경이 시작된 이후에는 더욱 그러했던 것으로 추정된다. 예를 들어, 고대인들은 새를 곡령으로 파악하여 농경의례와 관련된다고 보았으며(권오영 1999), 일본에서는 곡물의 영혼을 옮기는 주체를 새로 여겨 이를 대상으로 한 농경 제사와 조상에 대한 제사 등을 행하였다(국립중앙박물관 2007).

호남지역 마한 주거지에서는 다양한 유물이 발견 되어 왔다. 취사기(심발·장란형토기·시루 등)·식기(완· 반 등)·저장기(원저단경호·옹·주구토기 등)를 비롯한 일상용기, 의례용기(조형토기·직구장경평저호 등)가 그것이다. 이 외에도 수많은 기종의 토기류가 발견되지만 그 기능을 알 수 없는 것이 많고, 의례용기로 분류되는 토기류 역시 그러하다. 마한의 대표적 의례용기인 조형 토기의 경우도 마찬가지다. 전반적인 형태와 주구부의 존재를 통해 제례 시 액체를 따르던 도구(국립김해박물관 2004;김영희 2013;조현종 외 1997)였을 것이라는 기능이 추정될 뿐이다. 즉, 조형토기가 제의적 성격이 강하거나 지역색이 비교적 뚜렷하다는 점이 알려졌을뿐 보다 구체적인 기능과 역할에 대한 연구는 거의 이루어지지 않았다 해도 과언이 아니다.

의례행위는 어쩌면 인류의 등장과 동시에 지금까지의 여정을 함께 이어오고 있는지도 모른다. 내일에 대한 막연한 두려움이 신앙과 제의를 발생시킨 원동력이었으며, 시기와 지역·환경에 따라 다양한 방식으로 표출되었다고 본다. 하지만 고대로부터 행해진 의례의 방식은 파악해내기 어렵다. 고고학 자료를 통해 분석해내는 것은 더욱 그러하다. 관념적이며 행위를 통해 이루어졌기 때문이다. 의례용기의 구체적인 역할에 대한 연구의 미진함도 이러한 연유에서 비롯된 것으로 이해된다.

하지만 최근까지 축적된 의례용기 자료는 상당수 누적되었고, 주거지 출토 사례도 증가함에 따라 보다 구체적인 접근과 검토가 가능하다고 본다. 따라서 필자는 이 글에서 호남지역 마한의 주거지에서 출토된 의례용기를 중심으로 자료를 분석하고, 깊숙이 묻혀있던 그 의미와 역할에 대해 고민해보고자 한다.

2. 의례용기의 검토와 분석

1) 의례용기의 정의

일상용기가 우리 삶의 근간을 이루는 먹거리와 관련된 토기들(취사기·저장기·운반기·식기·가공기·밥상도구)이라면, 의례용기는 의식이나 일정한 법에 따르는 예식을 진행할 때 사용되는 용기로 정의할 수 있다(김은정 2017·2018). 의례용기는 제례용·공헌용·매장용 등으로 다시 세분되는데, 제례용은 의식을 치를 때 사용하며 공헌용은 특별한 목적의식을 행한 후 그것을 기념하기 위해 바친 것, 매장용은 주

검과 함께 매장시설 안에 넣은 부장용과 시신을 보호하는 관으로 사용된 것이다. 주거지 출토품 가운데 의례용기로 분류되는 것은 대부분이 제례용이었던 것으로 판단되며, 모형토기·조형토기가 대표적이다.

2) 자료의 검토 및 분석

주거지 출토 의례용기는 일상용기와 비교해 보았을 때 현저한 수량 차이를 보이는데, 이는 의례용기가 갖는 상징성 때문인 것으로 추정된다. 호남지역 주거지에서도 마찬가지로 의례용기의 출토양상은 타 지역과 별반 다르지 않으며, 기종 역시 소수이다. 따라서 이 장에서는 호남지역 주거지 출토 의례용기 중 검토 및 분석이 가능한 모형토기와 조형토기를 중심으로 살폈다.

① 모형토기

모형토기는 각종 토기를 작은 크기로 만든 것으로 발류·시루·호류·국자·접시 등이 있고, 간혹 동물의 형상이나 곡옥 및 구슬을 모조하는 등 다양하게 제작되었다. 소형토기 또는 소형토제품 등으로 불리지만 특정 대상을 모방하고 축소시켜 만든 사례가 많으므로 모형토기라는 명칭이 더 합리적이라고 판단된다. 따라서 본 연구에서는 이와 같은 형태의 토기를 모형토기로 통일하여 부를 것이다. 모형토기는 容器로서 비실용적이기 때문에 어린아이의 장난감 또는 제의에 사용되었던 의례용품, 즉 실물을 대신하여 신에게 공헌하기 위해 만들어진 것으로 보는 것이 통상적이다(복천박물관 2006; 김정율 2012).

호남지역 마한 주거지에서는 容器形·動物形 등의 모형토기가

50여점이 발견되었는데(그림 1), 토제구슬이 절반 이상을 차지하고 다음으로는 용기형이 많다. 용기형은 대부분이 일상생활에서 사용되는 그릇이다(전주 동산동유적 71호 주거지, 전주 장동유적 Ⅰ-31호 주거지, 고창 남산리유적 6-가 18호 주거지, 장성 장산리유적 Ⅱ-1호 주거지, 함평 소명유적 27호 주거지 등). 광주 쌍촌동유적 46호 주거지에서는 모형국자가 출토되었고, 광주 선암동유적 윗마을 142호에서는 모형시루가 발견되기도 했다. 동물형 중 새를 형상화(조형토기[2])한 것은 몽촌토성 동문지, 부여 궁남지, 논산 마전, 광주 신창동 저습지 유적 등에서 출토된 목제 새모양조각품과 형태상 비견할 수 있다. 이들 모형토기는 手捏法으로 제작되었으며, 5㎝ 내외의 소형이 대부분이다. 이른 시기의 패총유적(해남 군곡리, 보성 금평, 군산 남전 유적 등)에서 다량 출토되는 특징을 보이며, 모형토기의 제작은 점차 감소되는 경향이다.

용기형			동물형		기타(구슬 등)
		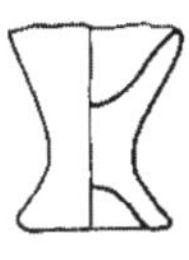		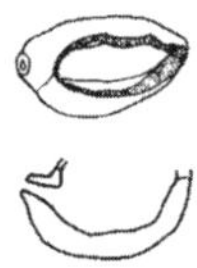	
동산동 71호	소명 64-2호	남전 A-4호	산월리 나-1호	남전A 4호	동림동 80호

<그림 1> 모형토기 각종

2 해남 군곡리 패총의 조형토기는 4.5㎝로 소형에 해당되는데, 이와 비슷한 형태가 군산 남전유적 A지구 4호 주거지에서 출토되었다. 이처럼 소형에 해당하는 것은 원삼국 이른 시기에 다른 모형토기와 함께 사용되다가 점차 크기와 용도가 변화한 것으로 보인다.

② <u>조형토기</u>

(1) 조형토기의 검토

조형토기는 새를 모티브로 하여 제작된 특수 기능의 토기로 보는 것이 일반적이다. 새가 소재로 사용된 유물로는 농경문 청동기에서부터 각종 청동기류, 종장縱長판갑 등의 철기류·토기류·목제품 등이 있다. 그리고 각 유물에 따라서 새의 모양이 조금씩 다르게 표현된다(국립김해박물관 2004).

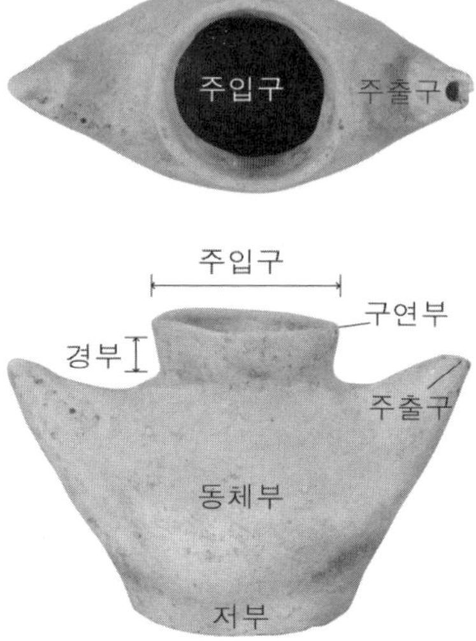

<그림 2> 조형토기 세부 명칭

마한지역에서 새를 모티브로 한 유물로는 조형토기가 대표적이다. 조형토기는 주로 주거지와 토광묘(익산 간촌리유적 3호, 영광 군동유적 A-6호)·옹관묘(정읍 신면유적 B-5호, 고창 예지리유적 1호) 등의 무덤에서 출토되며, 광주 동림동유적에서는 구(52호)에서도 발견된 바 있다. 마한의 조형토기는 영남지역의 鴨形土器와는 형태적 측면에서 다르다. 영남지역 출토품은 오리모양이 사실적으로 표현되어 있는 반면, 호남지역에서 출토되는 조형토기는 형태가 상징적으로 단순화되어 있다.

호남지역 주거지에서는 조형토기가 20여점 가량 발견되었는데(표 1), 대부분이 깨진 채 출토되어 편으로 남아 있는 경우가 많다. 주거지 출토 조형토기의 기형은 무덤 등에서 출토된 것과 별반 차이를 보이지 않고 있어, 일상용과 매장용을 특별히 따로 제작했을 가능성은 적어 보인다.

마한 주거지 출토 조형토기는 그림 2·3과 같다. 출토된 사례가 많지 않아 그 전모를 파악하는 것이 시기 상조일지 모르지만, 그럼에도 불구하고 이 글에서는 관찰 가능한 몇 가지의 속성에 대해 살피고자 한다. 필요한 경우에는 주거지 이외의 출토품을 비롯하여 분묘 출토 유물도 함께 검토할 예정이다.

<표 1> 조형토기 출토 현황

구분	유적	유구	유적 입지	색조	공반유물	기타
주거지	군산 여방리 남전A	4호 주거지	평지	(회)황색	장란형토기, 소형토기, 파수부토기, 원저단경호	
	김제 대목리	1호 주거지	구릉 정상부	(회)황색	심발, 장란형토기, 호, 시루, 옥용범, 어망추	• 부뚜막 인접 출토 • 4주식
	전주 송천동 A지구	4호 주거지	구릉 정상부	암갈색	장란형토기, 원저단경호, 심발, 완, 주구토기, 옹	• 4주식 • 장타원형 수혈
	전주 송천동 B지구	34호 주거지	구릉 정상부	명갈색	심발, 장란형토기	• 부뚜막 인접 출토
	전주 중인동	5호 주거지	구릉 정상부	적갈색	파수부토기, 원저단경호, 호, 이중구연호, 주구토기	
	전주 동산동 쪽구름	3호 주거지	평지	황색		• 주공 내부 출토

구분	유적	유구	유적 입지	색조	공반유물	기타
주거지	임실 도인리	20호 주거지	구릉 정상부	적갈색	파수부토기, 뚜껑	• 장타원형 수혈
	담양 태목리	56호 주거지	평지	회백색	이중구연호, 주구토기, 심발, 호, 뚜껑, 방추차	
	담양 태목리	Ⅲ-8호 주거지	평지	적갈색		
	담양 태목리	Ⅲ-53호 주거지	평지	적황색	심발, 장란형토기, 호, 완, 원저단경호, 주구토기, 이중구연호, 뚜껑, 옹	
	담양 태목리	Ⅲ-296호 주거지	평지	흑갈색		• 장타원형 수혈 내 출토
	담양 태목리	Ⅳ-65호 주거지	평지	적갈색	심발, 장란형토기, 주구토기, 호	
	광주 동림동	54호 주거지	평지	적갈색	심발, 개, 소호	• 4주식
	광주 선암동	아랫마을 66호 주거지	평지	명(회)갈색	심발, 장란형토기	• 부뚜막 인접 출토
	나주 랑동	7호 주거지	평지	회청색	장란형토기, 와형토제품, 심발, 개, 방추차	• 4주식
	광양 용강리 석정	9호 주거지	평지	적갈색	심발, 장란형토기, 파배	
분묘	익산 간촌리	3호 토광묘	사면부	적갈색	원저단경호	
	정읍 신면	B-5호 옹관묘	사면 말단부 평지	명갈색	호	• 묘광 바닥면
	고창 예지리	1호 옹관묘	사면부	명황갈색		• 옹관 내부
	영광 군동	A-6호 토광묘	사면부	적갈색	철겸, 철도자	• 토광묘 바닥
	나주 용호고분군	14-3호 옹관	구릉 정상부	회색	호	• 대옹 바닥

구분	유적	유구	유적 입지	색조	공반유물	기타
분묘	나주 영동리 고분	5호 옹관				
	영암 금계리	7호 주구토광묘 주구 동쪽	사면부	황갈색	어망추	
	영암 금계리	7호 주구토광묘 주구 서쪽	사면부	회백색		
기타	광주 동림동	52호 구	평지	회색	심발, 완, 뚜껑, 아궁이장식	• 경질
	나주 장등	주변 수습	사면부	암회색		
	해남 군곡리 패총	A지구 C2Pit 4층	패각층	적갈색		
	해남 군곡리 패총	Ⅲ기층(8층)	패각층	적갈색		

조형토기에서는 주입구(조형토기 안에 물을 담을 때 사용)가 대부분 확인된다. 주입구의 구연부는 외반하는 것과 직립하는 것 둘 다 관찰되지만 대부분은 직립하는 형태이다. 외반구연의 조형토기는 직립하는 것보다 경부가 다소 길게 제작되었다. 그 예로 외반구연의 조형토기가 출토된 영암 금계리유적 7호 주구토광묘 주구(동쪽) 출토품과 아산 밖지므레유적 출토 조형토기를 들 수 있다. 전주 중인동·광주 선암동 유적 등에서 출토된 것들에 비해 경부가 매우 길다. 이들 조형토기는 호남지역 출토품과 비교해보았을 때, 형태가 매우

이질적임을 알 수 있다. 금계리 7호 주구토광묘에서는 조형토기 두 점이 발견되었는데, 한 점은 호남지역 출토 조형토기 기형과 비슷하나 나머지 한 점은 밖지므레 조형토기와 별반 차이가 없다. 이는 교류라던가 다른 측면에서 접근해볼 필요가 있으며, 이 사례를 제외하고는 대부분 주입구의 경부가 짧고 마치 양 날개를 펼친 듯 한 기형이 호남지역 조형토기의 기본 모티브이다. 그리고 이러한 형태의 조형토기는 금북정맥[3] 이남 지역에서 전반적으로 제작·사용한 것으로 사료된다.

조형토기의 기면은 대부분 물손질로 정면하여 문양이 잘 관찰되지 않으나 영암 금계리유적 주구토광묘 출토품에서는 격자문이 확인된다. 이를 통해 조형토기의 성형도 마한토기(장란형토기·심발 등)를 만들었던 동일기법(타날)으로 제작했음을 추측해볼 수 있다. 호서지역의 서천 지산리유적 11호 주거지 출토품에서도 이와 같은 양상이 확인된다.

조형토기의 크기는 작은 것에서부터 큰 것까지 다양하지만 주거지 출토품은 10㎝ 내외(전주 중인동유적 5호 주거지, 높이 8.8㎝, 담양 태목리유적 Ⅳ-65호 주거지, 높이 11.8㎝)에 집중된다(그림 3). 하지만 이외의 출토품 중에는 더 작은 것(해남 군곡리패통 Ⅲ기층, 높이 4.5㎝)과 대형(아산 밖지므레유적, 높이 30.2㎝)도 소수 발견된다. 이러한 규모의 차이

3 조선시대 우리 조상들이 인식하던 산맥체계는 하나의 大幹과 하나의 正幹, 그리고 13개의 正脈으로 나누어져 있으며, 10대강의 유역을 가름하는 분수령들을 기본정맥으로 삼고 있어 대부분 그 이름이 강 이름과 관련되어 있다. 금북정맥은 금강의 서북쪽을 지나므로 붙여진 이름이다. 이 산줄기를 분수령으로 하여 북사면으로는 안성천· 삽교천이 흐르고, 남쪽 사면을 따라 흐르는 물은 금강으로 흘러든다(한국학중앙연구원, 한국민족문화대백과, http://encykorea.aks. ac.kr/).

는 주입구의 유무와 경부의 길이, 제작 시기 등에 따라 달라지는 것으로 이해된다. 특히 해남 군곡리유적[4] 출토품이나 영광 군동유적[5]의 소형 조형토기는 호남지역에서 이른 시기의 것으로 보며, 이후에 생산된 조형토기는 좀 더 정형화되고 크기가 커지면서 마한의 전 시기동안 사용된 것으로 판단된다.

조형토기의 경도는 연질 소성된 것들이 많으나 나주 랑동유적 7호 주거지 출토품처럼 경질 소성된 것도 소수 확인된다. 광주 동림동유적 52호 구에서도 경질의 조형토기가 출토된 바 있다. 이들 주거지와 구에서는 조형토기 이 외에도 개·아궁이장식·와형토제배수관 등이 출토되었는데, 이들 공반 유물은 5세기대로 편년된다.[6] 따라서 호남지역의 조형토기는 늦은 시기에 경질화 양상을 띤다 할 수 있을 것이다.

---

4 군곡리 Ⅱ·Ⅲ기층에서는 삼각형점토대토기가 주류를 이루며(1세기대), Ⅳ기층은 유물 출토량이 매우 적어 그 전모를 파악하기 어렵지만 경질무문토기와 경질찰문토기, 회색연질토기가 출토된다(2세기 전반). Ⅴ기층에서는 타날문토기가 주류를 차지하고 있다(2세기 중반). 따라서 해남 군곡리유적은 원삼국시대 초반기로 편년 가능하다(최성락 1993).

5 군동유적(최성락 외 2001)은 기원전 2세기 말~기원후 1세기경으로 편년된다. 3호 주거지의 고고지자기 연대가 A.D ±80+10년으로 측정되어 이를 더욱 뒷받침해 주고 있다.

6 서현주(2006)는 나주 랑동유적 7호 주거지 출토 개를 가장 늦은 단계로 파악하였고, 와형토제배수관은 나주 복암리 3호분 17호 석실 (국립문화재연구소·전남대학교박물관 2001)에서 출토된 것을 통해 5세기 후반 이후로 편년하고 있다.

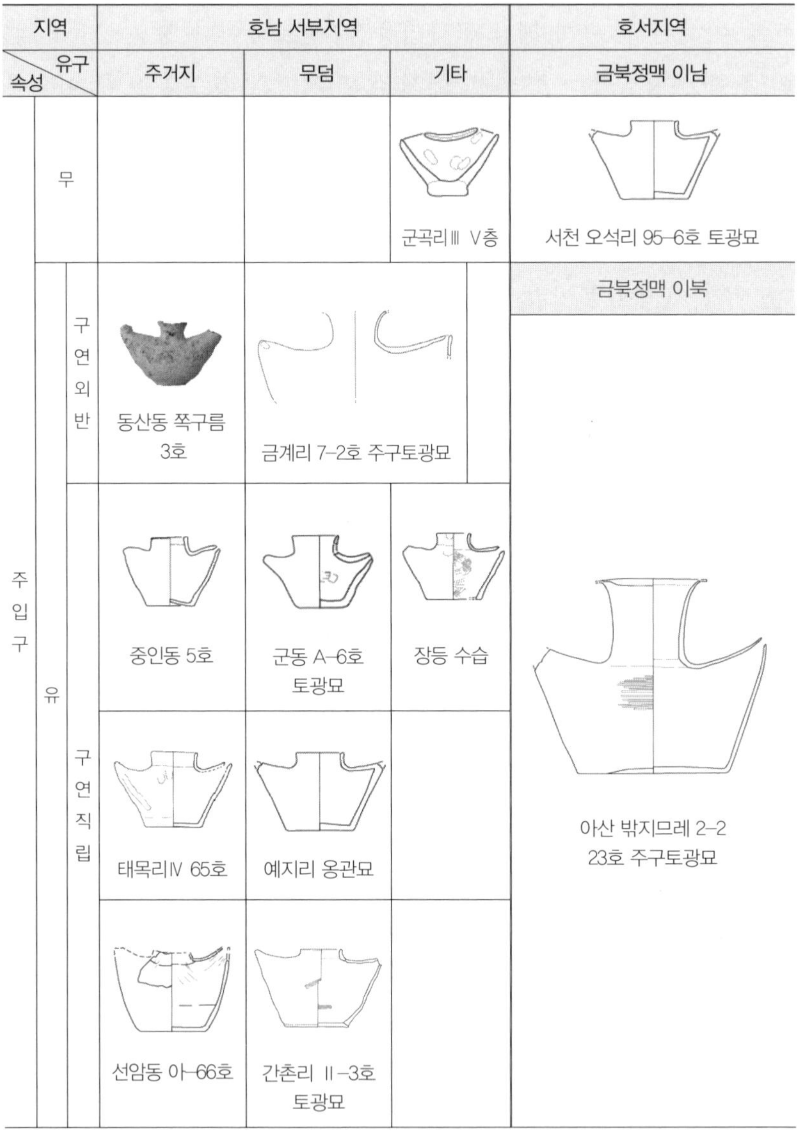
지역
호남 서부지역
호서지역
유구
속성
주거지
무덤
기타
금북정맥 이남
무
군곡리Ⅲ V층
서천 오석리 95-6호 토광묘
금북정맥 이북
주입구
유
구연외반
동산동 쪽구름 3호
금계리 7-2호 주구토광묘
구연직립
중인동 5호
군동 A-6호 토광묘
장등 수습
아산 밖지므레 2-2 23호 주구토광묘
태목리Ⅳ 65호
예지리 옹관묘
선암동 아-66호
간촌리 Ⅱ-3호 토광묘

<그림 3> 조형토기의 형태

(2) 취락과 주거지 내 조형토기의 출토 위치

호남지역의 마한 취락은 구릉과 평지에서 두루 발견되고 있으며, 조형토기는 취락의 이와 같은 입지와 상관없이 구릉과 평지 모두에서 출토된다. 또한 구릉에 입지한 취락유적에서 조형토기가 발견된 주거지의 위치를 면밀히 검토해보면, 대부분이 구릉 정상부 평탄면에 자리하고 있음을 알 수 있다(그림 4). 김제 대목리유적, 전주 송천동유적 A·B 지구, 전주 중인동유적이 대표적이다. 평지에 해당하는 나주 랑동유적에서도 조형토기가 출토된 7호 주거지는 유적 내에서 높은 곳에 위치한다.[7]

따라서 조형토기가 출토된 주거지는 취락 내에서 다른 주거지들보다 조망권이 좋거나 유적 내에서 위치가 좋은 곳에 자리했던 것으로 추정된다.

다음으로 주거지 내 조형토기의 위치를 살펴보면 크게 두 가지로 대별할 수 있다(그림 5). 첫째는 부뚜막과 매우 근접한 곳으로, 대목리 1호 주거지와 송천동 B지구 34호 주거지, 선암동 아랫마을 66호 주거지 출토품이 이에 해당된다. 둘째는 부뚜막과 얼마간의 거리를 두고 떨어진 곳이라 할 수 있다. 중인동·송천동A지구·태목리Ⅳ·랑동 유적이 대표적이며 이들 주거지에서 조형토기는 부뚜막이나 출입구시설이 설치되지 않은 벽가에서 주로 발견되었다.

---

7 담양 태목리유적에서의 조형토기 출토 주거지는 다른 주거지와의 중첩이 심하여 취락 내 분포 양상을 파악하기 어렵다. 따라서 취락 내 조형토기 출토 주거지의 입지와 관련해서는 자료의 축적과 함께 지속적 검토가 요구된다.

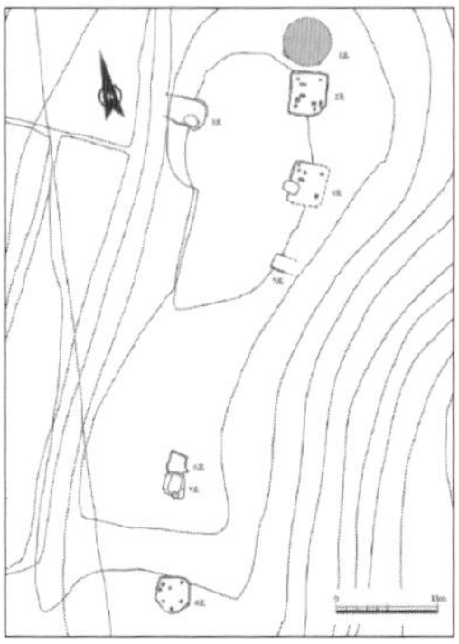

〈김제 대목리유적〉

〈전주 중인동유적〉

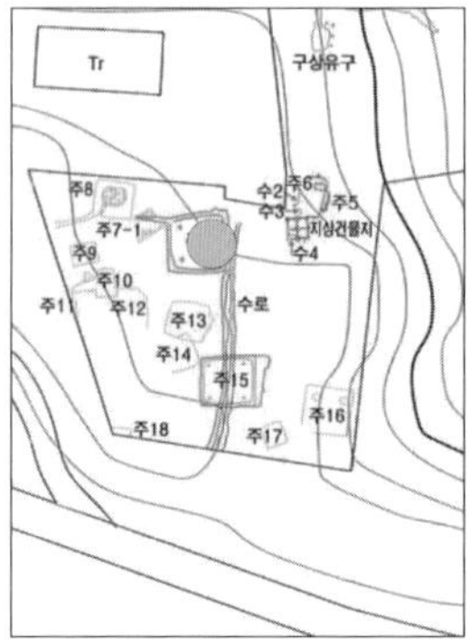

〈나주 랑동유적〉

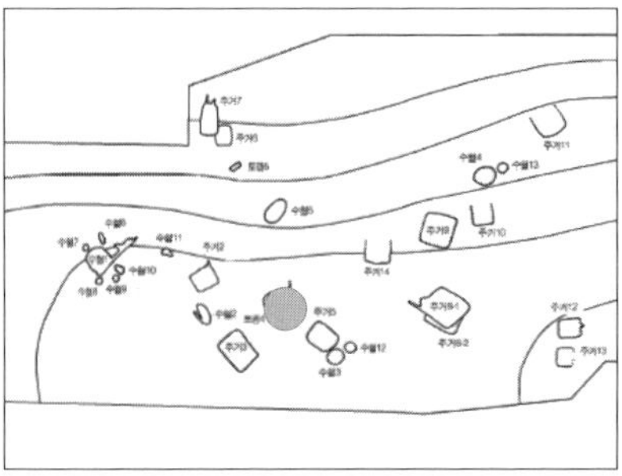

〈전주 송천동유적 A지구〉

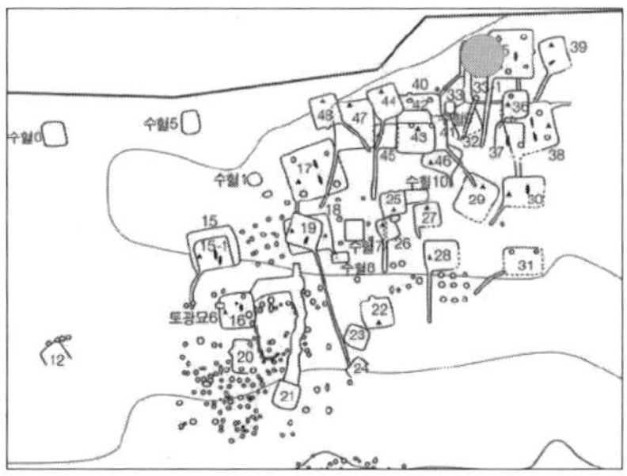

〈전주 송천동유적 B지구〉

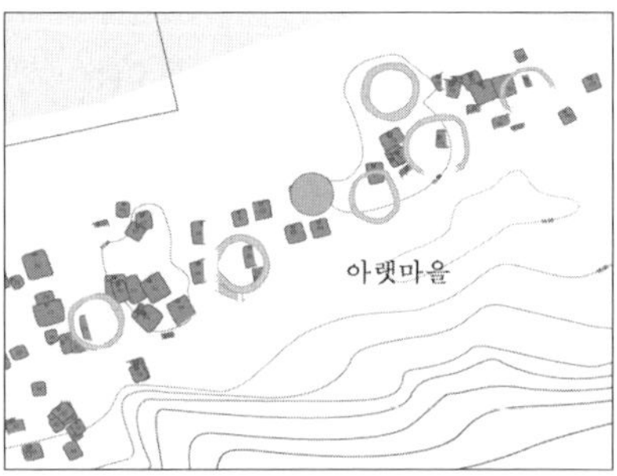

〈광주 선암동유적 아랫마을〉

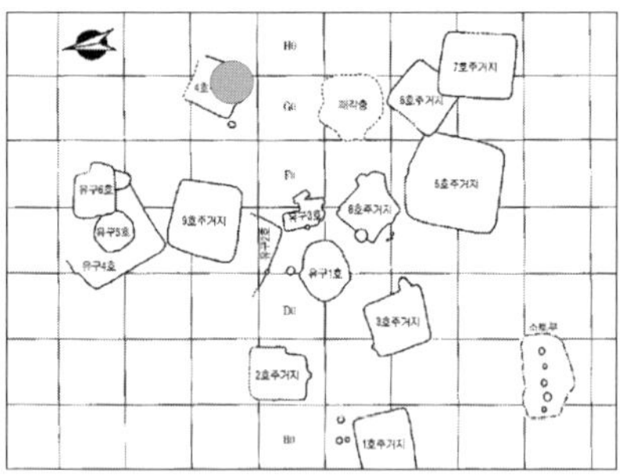

〈군산 여방리 남전 패총〉

<그림 4> 취락 내 조형토기 출토 위치(●)

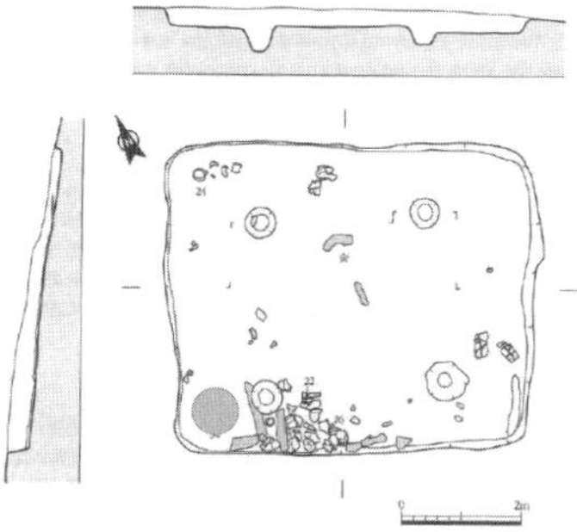

〈김제 대목리유적 1호 주거지〉

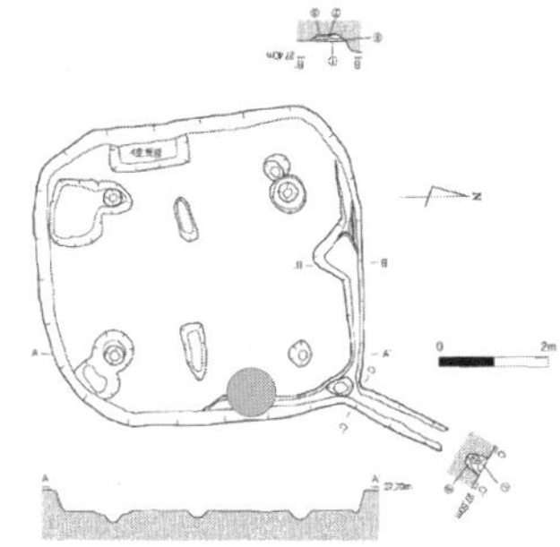

〈전주 송천동유적 A지구 4호 주거지〉

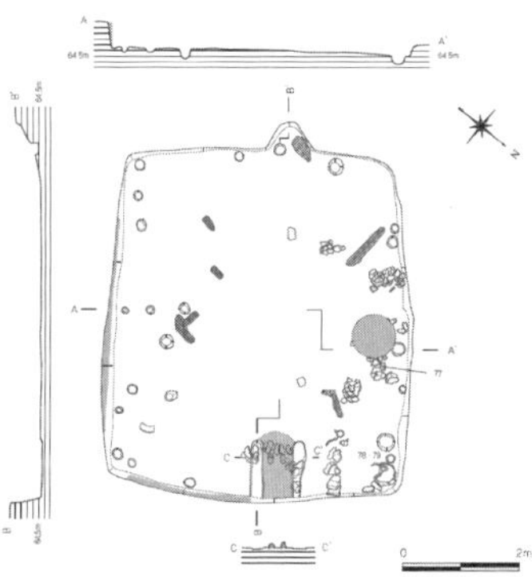

〈전주 중인동유적 5호 주거지〉

〈담양 태목리유적 Ⅳ-65호 주거지〉

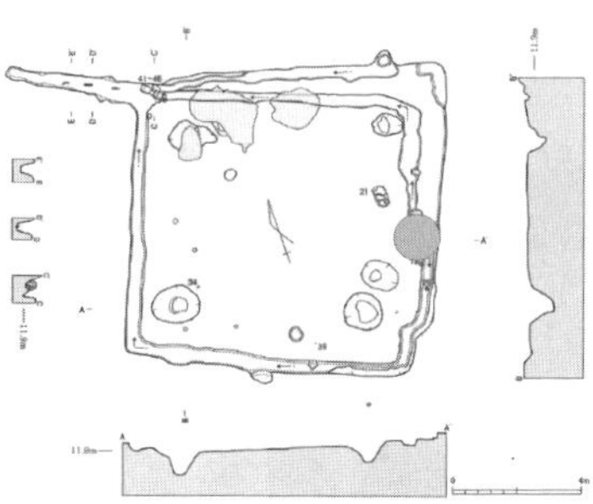

〈나주 랑동유적 7호 주거지〉

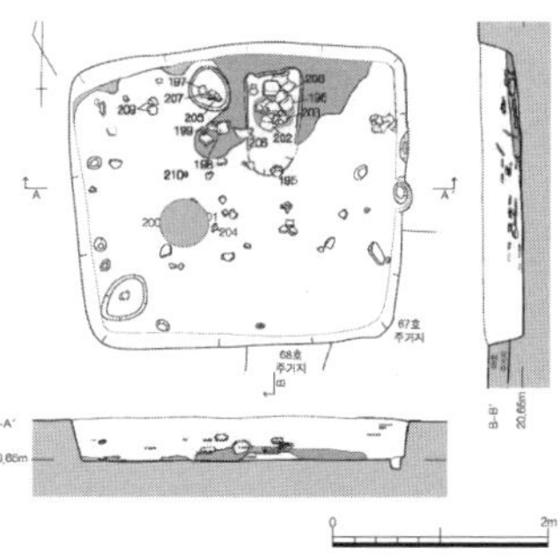

〈담양 태목리유적 55호 주거지〉

<그림 5> 주거지 내 조형토기 출토 위치(●)

3. 마한의 신앙과 의례

동서고금을 막론하고 인간의 생활에서 신과 조상에 대한 경외는 가장 중요한 측면이라 할 수 있다. 특히 농경이 시작된 이래 자연과 조상에 대한 숭배는 삶의 일부분으로 자리 잡게 되는데, 가장 큰 이유로는 생업 활동의 풍요와 안전에 대한 인간의 염원을 들 수 있을 것이다(金垠井 2017). 그리고 사회적 변화는 제사나 의례와 같은 신앙적 관념에도 영향을 주었는데, 막연히 하늘이나 산, 물과 같은 자연이나 특정한 동물을 숭배하던 차원을 넘어서 원삼국시대 이후에는 大地母神· 祖上神·農業神과 같은 機能神의 관념이 자리 잡게 된다(이상길 2007). 즉, 자연신(토테미즘·애니미즘)에서 기능신으로의 변화가 발생한 것이다. 마한 사회에서도 이러한 의례행위는 다양한 측면에서 나타나며, 『三國志』[8]를 비롯한 고대 문헌의 기록에서도 마한의 신앙적 측면을 기술하고 있다.

이처럼 신앙과 의례는 주거·주거공동체·취락공동체의 단위로 발생하였을 것인데, 그 중에서도 필자는 마한의 주거지 내에서 출토된 의례용기를 통해 그 의미를 파악하였다.

1) 주거지 내 용기형 모형토기의 출토와 그 의미

마한 人들은 집안의 가족뿐 아니라 사람을 지키고 보호하는 신들도

8 『三國志』 券30, 國邑各立一人主祭天神, 名之天君. 又諸國各有別邑, 名之爲蘇塗. 立大木, 縣鈴鼓, 事鬼神. 諸亡逃至其中, 皆不還之, 好作賊. 其立蘇塗之義, 有似浮屠, 而所行善惡有異.

함께 살고 있다고 믿었다(林已奈夫 2002;박순발 2006). 집을 수호하는 신은 하나의 신이 아니라 집의 공간마다 각기 다른 신들이 깃들어 있고, 각 영역을 관장하는 신들이 가족의 삶을 보호해 준다고 여겼던 것이다.[9] 즉 家神들은 가족과 집을 보호하고 길흉화복을 관장하는 중요한 의례의 대상이었던 것이다.

주거지에서 출토된 의례용기를 통해 검토할 수 있는 가신 신앙과 의례로는 화덕시설(부뚜막)과 관련하여 살필 수 있다. 특히 부뚜막에서 주로 출토되는 용기형 모형토기[10]는 액막이 등 일종의 부뚜막신앙(박대재 2009)과 관련이 깊어 보인다. 부뚜막은 불을 사용하여 음식을 만드는 곳이기도 하고, 음식을 조리할 때 물을 사용하기 때문에 불과 물이 공존하는 공간이다. 그래서 마한 사회에서는 주거 내 부뚜막과 부엌을 관장하는 신의 실체를 눈으로 확인할 수는 없지만 불과 물을 관장하는 신으로서 부뚜막 신을 모셨을 가능성이 높다. 즉, 부뚜막은 취사와 난방을 위한 시설일 뿐만 아니라 신앙과 관련한 의

---

9 漢代의 명기 五社는 집안에서 행하는 다섯 가지 제사와 관련이 있는데, 오사의 대상은 류(霤:社), 호(戶), 조(竈), 문(門), 정(井) 등이라 한다(林已奈夫, 2002). 竈는 부뚜막신인 竈王으로 알려져 있으며, 지금도 조왕신에게 제를 올리는 민속이 남아 있다(박순발, 2006). 또한 『三國志』魏書東夷傳 弁辰條에 따르면 '귀신에게 제사 지내는 방법은 다르나 문의 서쪽에 모두들 부엌 신(竈神)을 모신다.(祠祭鬼神有異, 施竈皆在戶西)'라고 하여 기원전부터 조왕을 모신 것으로 보인다. 조왕을 모시는 방법은 집집마다 다를 수 있지만 조왕을 모시는 장소는 어느 정도 동일하게 정해졌음을 추정해 볼 수 있다. 즉 변진한 지역에서는 부뚜막을 종교적 숭배의 대상으로 삼았는데 이는 중국도 마찬가지였다. 따라서 마한 사회에서도 삶의 안녕을 기원하는 각종 의례를 주거 내에서 행했을 것이다.

10 모형토기로는 용기형 이외에도 다양하게 출토되고 있으나 고고학 자료를 근거로 부뚜막과 관련지어 살필 수 있는 것은 용기형 모형토기가 대표적이다. 이외에도 장고형이나 기타 모형토기들이 부뚜막과 그 주변에서 발견되고 있지만 소수만이 확인되고 있어서 차후 자료의 증가를 기대해 본다.

식이 행해지던 공간, 음식을 조리하는 공간임과 동시에 신령이 내재하는 신성한 공간이며 정화(부정한 것을 씻어내는)의 장소였던 것이다(金垠井 2017).

호남지역에서는 담양 태목리유적 Ⅲ구역 333호, 전주 동산동유적 71호, 함평 소명유적 27호·64-2호 주거지 등의 부뚜막에서 용기형 모형토기가 발견되었고, 호서지역의 논산 정지리유적 64호 주거지에서도 출토되었다(그림 6). 동산동유적 71호 주거지 출토 모형토기는 부뚜막의 벽체 내에서 발견되었으며, 나머지 용기형 모형토기도 이와 비슷한 맥락에서 확인되었을 가능성이 높다.

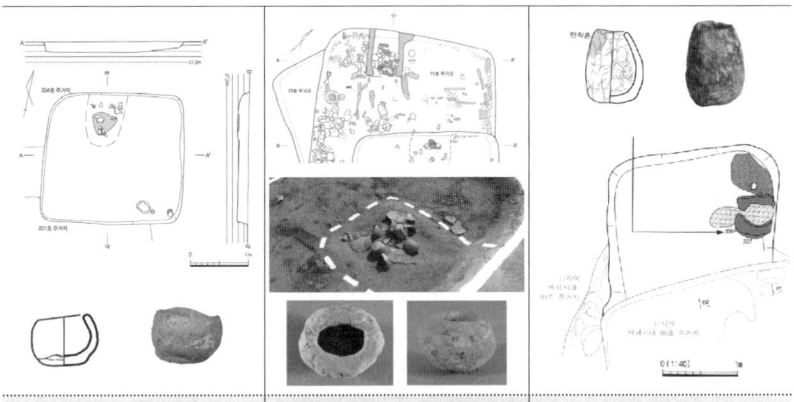

태목리 Ⅲ-333호	동산동 71호	정지리 64호

<그림 6> 용기형 모형토기 출토 양상

용기형 모형토기를 부뚜막 또는 이와 인접한 곳에 배치하는 행위는 부뚜막의 등장과 함께 그와 관련된 신앙이나 믿음의 발생에서 비롯되었으며, 이후 중국 문화의 영향으로 竈王이란 호칭도 생겨난 것

으로 추정된다(박순발 2006). 즉, 화덕시설에서 발견된 용기형 모형토기는 부뚜막 신에게 올리던 井華水를 담았던 그릇을 상징하며, 화덕을 축조하는 과정에서 벽체 등에 매납하였거나 부뚜막 주변에 두었던 것으로 추정된다.[11] 이러한 의식은 화재, 흉년이 들어 식량이 고갈되는 등의 재액을 미연에 방지하고자 하는 염원을 표현한 것이라고 풀이된다. 마한 주거지의 부뚜막에서 비실용기인 모형토기가 확인되는 것은 부뚜막 신인 조왕에게 화재로부터 그들의 안녕을 염원했던 제사 관습이었던 것이다. 최근까지도 전라도와 충청도 일부 지역에서는 조왕신에게 제를 올리는 민속이 남아 있다(광주광역시립민속박물관 2015).[12]

2) 조형토기, 부뚜막중심에서 거주 공간 전체로

앞절에서는 용기형 모형토기를 통해 부뚜막신앙을 살폈는데, 이러한 신앙은 3세기대가 되면 의례구 형태와 방법 등에서 변화가 발생한 것으로 이해된다. 이와 관련해서는 호남지역의 마한 주거지에서 출토되는 조형토기와 부뚜막 뒤쪽에 올려지는 토기(조왕그릇)를 살펴

---

11 해남 신금유적 4호·40호·43호 주거지 부뚜막에서는 철부, 철겸 등의 철기류가 매납된 것이 확인되었다. 부뚜막 안쪽에 철기를 넣어두는 행위 역시 일종의 의례행위와 관련될 가능성이 높지만 그 의미에 대해서는 차후 검토가 필요할 것이다.

12 조왕에 대한 치성은 오늘날까지 이어져 내려오는데, 그 치성방식은 지역마다 조금씩 차이가 있다. 전라도에서는 부뚜막 뒤편에 흙으로 작은 단을 만들거나 큰 솥과 작은 솥 사이에 흙으로 단을 만들어 그 위에 정화수를 담은 작은 중발을 올려놓는다. 이 중발을 전라도에서는 조왕중발, 조왕보세기, 조왕물그릇, 중보시기 등으로 부른다. 중발에는 언제나 물이 채워지며, 이 물은 주부가 이른 아침 우물에서 길러온 물로 갈아준다. 물을 갈고 묵은 물은 아무데나 버리지 않고 깨끗한 곳이나 샘에 버렸다(광주광역시립민속박물관 2015).

볼 필요가 있다. 조왕그릇은 발견된 사례가 많지 않으므로 이 장에서만 간략히 언급하는 것으로 한다.

조형토기의 기능에 대해 다수의 연구자들은 주입구와 주출구의 존재를 통해 액체를 따르던 도구로 파악하고 있으며, '영혼의 전달자'라는 표현처럼 제의적 기능이 강했던 것으로 추정하고 있다(국립김해박물관 2004;김영희 2013;이상균 외 2004). 그림 2와 같은 조형토기는 거의 대부분 금강유역권·만경강권·영산강권·섬진강권 등 호남·호서 지역에서 발견되는데, 이는 조형토기가 지역성이 강한 범마한 양식임을 설명하는 근거가 되기도 한다(김낙중 2012). 호남지역에서는 분묘와 생활유적 모두에서 발견되며, 1세기대(?)부터 5세기대 이후까지도 사용되었다(김영희 2013). 이른 시기의 조형토기로는 해남 군곡리유적 출토품이 있는데, 5㎝ 내외의 소형으로 제작되었다. 군곡리를 비롯한 군산 여방리 남전B유적 출토품은 1~2세기대(?)에 해당하며, 이러한 조형토기들은 가장 이른 시기의 것이다. 이 시기의 조형토기는 모형토기들과 함께 의례용기로 사용되었을 가능성이 높다.

3세기 이후가 되면 조형토기는 이전 시기의 기본 모티브를 유지하면서도 형태는 더욱 정교해지고, 크기는 커진다. 한편 부뚜막에서 발견되는 모형토기는 이 시기에 이르러 간헐적으로 발견된다. 표본의 수가 많지 않아 단정짓기는 어렵지만 이러한 모형토기와 조형토기의 출토 양상은 3세기 이후 가신신앙과 의례의 방법이 이전과는 다른 형태로 변화했음을 시사한다. 예컨대, 이전의 조왕의례가 부뚜막 중심의 모형토기를 통해 상징적으로 행해졌다면, 3세기 이후 의례행위는 부뚜막에서 얼마간 떨어진 곳의 벽가나 선반 등으로 위치

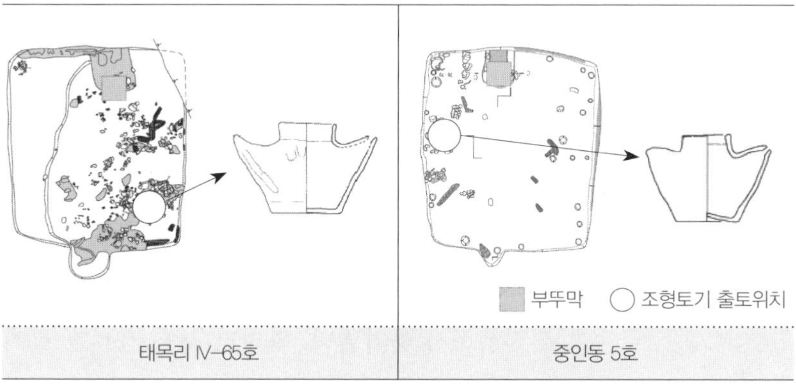

<그림 7> 주거지 내 부뚜막과 조형토기 위치

를 변경하여 행해졌을 것이며 조형토기를 통해 표출되었을 것이다(그림 7).

따라서 3세기 이후가 되면 가신신앙은 부뚜막에만 한정되는 것이 아니라 온 집안의 평안을 관장하는 등 신앙의 영역이 넓어진 것으로 추정된다. 조형토기에는 물과 같은 정화수를 담았을 가능성이 높은데, 이와 같은 정화수는 더러움이나 잡귀의 침입을 막는 기능을 했던 것으로 보인다. 즉, 조형토기에 물을 담아 집안 곳곳에 뿌리는 의식은 화재 또는 물로 인한 재앙을 방지하고 집안의 평안과 안녕을 기원하는 의식과 밀접한 관련을 맺고 있는 것이다(金垠井 2017).

고대 사회에서 새는 풍요와 조령, 영혼의 운반자로 인식된다(권오영 1999). 즉 새는 농경사회에서 인간에게 種穀을 가져다주는 穀靈이며, 지상과 하늘을 연결 하는 매개체로서 영혼의 전달자라는 의미를 내포하고 있다(국립김해박물관 2004). 따라서 새를 형상화한 조형토기에 물을 담아 가신을 섬기는 의식은 현실 세계의 다양한 재난과 불안으로부터 가정과 마을을 지키고자했던 염원의 상징인 것이다. 또한 이러한 가정은 이전 시기와 달리 새와 물에 대한 관념적 세계가 더욱 중요하게 부각되었음을 암시하며, 이는 문헌에 기록된 蘇塗와 같은 공동체 단위의 의례행위와도 모종의 관련이 있을 것으로 추정된다.

한편, 이 글에서는 자료의 현황을 파악하기 어려워 조왕그릇에 대한 검토를 적극적으로 진행하지 못하였다. 하지만 소수 자료를 통해 그 의미를 추정해 볼 수 있다.

조왕그릇은 개별 가정에서 가신에게 안녕을 기원했던 의례용기로 추정되는 물질자료이다. 곡성 오지리유적 10호 주거지 부뚜막 연도부의 상면에서는 완 1점과 모형토기(장고형 토제품[13]) 2점이 발견되었는데(그림 8), 이를 조왕신앙과 관련하여 해석한 바 있다(박미라 2008). 이와 비슷한 사례로는 日本 千葉縣 山武郡 芝山町 壓作 遺跡에서 출토된 완이 있으며, 이 토기의 바닥면에서 '竈神'이라는 묵서(그림 8)가 확인되었다(山武考古學硏究所 1990; 平川南 1999). 이 유적 출토 완은 8세기 중엽경으로 편년되고 있어 오지리유적 출토 완과는 시기적으로 차이가 있다. 하지만 백제의 부뚜막시설과 조왕신앙이 고대 일본에 전파(권오영 2007;박대재 2009)되었을 가능성을 생각하면, 마한의 조왕의례와도 일정 부분 관련이 있을 것이다.

이와 같이 곡성 오지리 10호 부뚜막 출토 토기는 조왕신앙과 관련이 있을 가능성이 있는데, 호남지역에서는 이와 같이 출토맥락이 확

13 장고형 토제품의 기능에 대해서는 臘鼓풍속과 관련하여 흙으로 만든 북을 쳐서 악귀를 쫓아내던 의식과 관련시키기도 한다(박대재 2009).

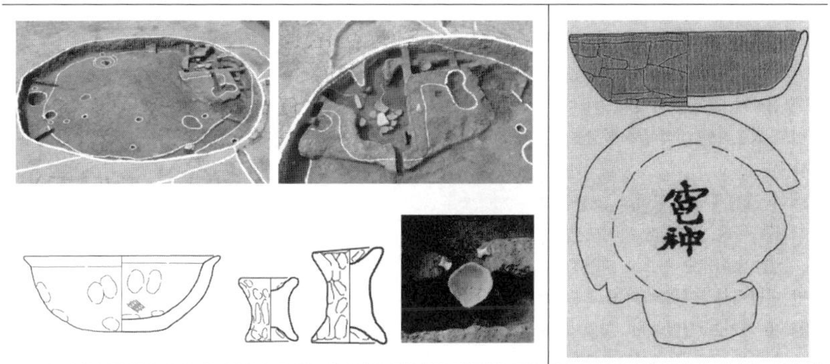

곡성 오지리 10호 출토 조왕토기와 모형토기

日本 千葉縣 壓作遺跡 出土 '竈神' 墨書銘 土器

<그림 8> 조왕그릇의 고고학적 사례

실한 완이 거의 보고되지 않고 있다. 그러나 오지리 출토품과 형태가 동일한 완이 호남지역 주거지에서 일반적으로 발견되고 있다. 기능상 이러한 완은 대부분 식기로 사용되었겠지만 동시에 조왕토기로 병용되었을 가능성이 높다.

결국, 3세기 이후의 가신신앙은 이전처럼 부뚜막이라는 한정된 공간 속에서 의례구의 변화만을 통해 유지되기도 하지만, 의례의 공간이 주거 내 전체(기둥, 선 반, 그릇의 윗면 등)로 확장되었음을 짐작해 볼 수 있다.

3) 가신의 거처

마한 사회에서 주거지는 사람만이 사는 곳이 아니었던 듯하다. 신들도 사람들과 나란히 집에 깃들어 살았던 것으로 추정된다. 현대사회에서도 민속자료를 통해 살펴보면, 안방에는 성주, 작은방에는 삼신,

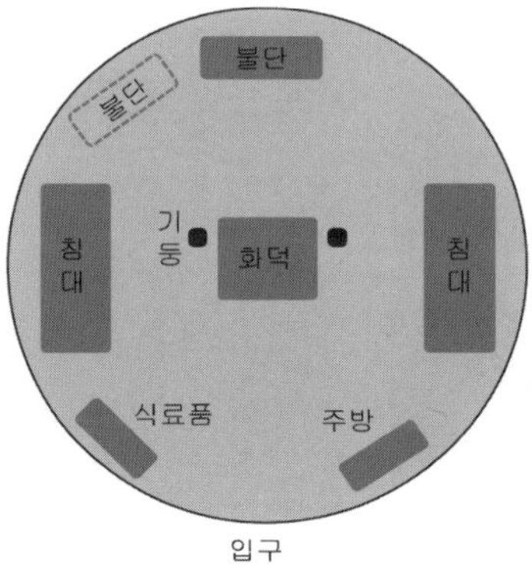

<그림 9> 몽골 게르의 내부구조

사당에는 조상신, 부엌에는 조왕신, 측간에는 측간신, 축사에는 우마신, 곳간에는 도장신, 대문에는 문신, 장독대에는 철륭신 또는 칠성신, 우물에는 용왕신이 자리를 잡고 있음을 알 수 있다(광주광역시립민속박물관 2015).

마한의 가신과 의례는 화덕과 주거 내 일정 장소에서 행해졌으며, 이러한 의례가 행해진 곳이 신들의 거처였던 것으로 판단된다. 즉, 용기형 모형토기나 조형토기가 발견되는 위치가 가신을 모셨던 신전이었던 것이다. 하지만 현재까지의 발굴자료로는 주거 내 신전 위치를 확언하기 어렵다. 다만 유물의 출토양상을 통해 의례의 중심이 되었던 장소를 짐작해볼 뿐이다.

여기서 잠깐 몽골의 전통 가옥인 게르Ger에 대해 살펴보면(그림 9), 게르의 입구는 남으로 향하게 하며, 중앙에 화덕, 정면(가장 안쪽) 또는 약간 서쪽에 佛壇, 벽쪽에는 의장함·침구·조리용구 등을 배치한다.[14] 게르의 내부구조를 마한 주거지의 내부공간배치와 비교하여 관련성을 상정하는 데에는 한계가 있다. 하지만 공간의 배치 및 활용이라는 측면에서는 충분히 검토해 볼 만하다. 환경의 차이가 가옥의 구조나 형태의 차이를 만들긴 하지만, 문명이전의 사회를 살아내기 위한 필수 요소가 단일 공간 내에 밀집해 있다는 점에서는 게르와 마한주거지가 일맥상통한다.

예를 들어 주거 공간 안에 의례 도구 또는 의례의 공간이 있다는 점이다. 마한의 주거지 내부에서는 화덕시설이나 취사기 등이 발견되고 있으며, 마찬가지로 그 안에서 다양한 의식주 생활이 이루어졌음은 당연하다. 따라서 게르의 안쪽에 불단이 있듯, 마한주거지 내에도 가신을 모셨던 장소는 필연적이라 여겨진다. 앞서 언급했듯, 주거지 내에서 조형토기가 발견되는 장소는 게르 내의 신전과 같은 장소인 것이다. 아직까지 마한 주거지에서 이러한 구조물이 발견되지 않는 원인을 인식의 부재 또는 신전을 이루는 구성물이 남아있지 않을 가능성에 무게를 둘 수 있을 것이다.

현재까지의 조형토기 출토맥락(담양 태목리Ⅳ-65호 주거지 등)을 살펴보면, 다른 기종의 토기들과 함께 혼재된 채 발견되는 사례가 있다. 이와 같은 경우는 주거지 바닥면에 게르의 신전과 같은 장소를 시설했다기보다는 주거 상부에 선반을 두어 신성한 공간을 마련했을 가능성이 높다는 판단이다. 또 다른 가정은 장독대에 정화수를 담아 그릇을 올려두었던 우리의 민속 의례처럼 호형토기 등의 그릇 위에 조형토기를 올려 두고 신전으로 삼았을 가능성이다. 즉, 호형토기의 윗부분이 신전이 되었던 것이다. 여하튼 주거 내 신을 모셨던 장소와 구체적인 형태는 단정지울 수 없으나 다양한 접근은 필요하다고 본다. 그리고 이를 명확히 밝혀내기 위해서는 보다 면밀한 조사와 분석이 병행되어야 할 것이고, 향후 이를 염두에 둔 치밀한 발

---

14 NAVER 지식백과, https://terms.naver.com/entry.nhn?docId=1156928&cid=40942&categoryId=32150

굴조사와 해석이 요구된다.

4) 의례용기의 색조 辟邪色에 관한 단상

辟邪는 재앙을 막고 厄을 극복하는 행위(세종대왕기념사업회 2001)이며, 벽사의 방법으로는 다양한 것들이 시도되어 왔다(임동권 2001). 그 중에서도 벽사색은 陰陽五行說에 근거한 五正色(青·赤·黃·白·黑) 중 가장 선호되었던 색이 적색과 청색이다(안진의 2008). 적색은 붉다는 개념으로 남쪽과 불을 상징하며 한국의 전통색 중 왕과 높은 고급 관료가 사용했던 색이기도 하다(박연선 2007). 특히 팥이라는 곡물의 색, 붉은 흙을 의미하는 황토로 표현되는 적색은 악귀를 쫓아내기에 매우 유용했으며, 팥(赤豆)·팥죽·팥떡·朱砂·紅衣·紅 紙·黃紙·고추·대추 등을 붙이거나 뿌림으로써 악귀에 대항했다(임동권 2001).

한반도 중부 이남지역에서 팥은 청동기시대 후기부터 발견되며(안승모 2008), 원삼국시대 이후에는 다량의 팥이 주거지(김제 심포리 유적, 전주 송천동유적 A지구 8-1호·11호·12호 주거지, 군산 관원리유적 11호 주거지, 완주 용흥리유적 1호·2호 주거지, 부안 백산성유적 1호·7호·12호 주거지 등)에서 출토되고 있다(안현중 2013).

고대로부터 생산된 팥은 벽사색을 띄고 있다는 이유로 對鬼行爲에 적극 활용된 듯하다. 분구묘에서는 곡옥을 비롯한 다양한 형태의 옥이 출토되며, 경기지역에서 영산강하류에 걸치는 한반도 중·서남부지역 마한 사회에서는 적갈색 유리환옥을 공유한다. 호남 서부의 와탄천유역에서는 적갈색 일색이라해도 과언이 아닐 정도로 유리환옥의 색상은 적갈색 중심으로 이루어져 있다. 또한 적갈색 유리환옥과 함께 광범위하게 발견되는 마노환옥의 색상 역시 적색을 띤다(김미령·김승옥 2013). 마한지역에서 적색의 마노환옥과 적갈색 유리환옥의 이와 같은 선호양상은 벽사색과 깊은 관련성이 상정된다. 특히 적갈색 유리환옥은 색과 형태가 팥과 상당히 닮아 있어 더욱 그렇다.

따라서 이와 같은 벽사색에 대한 관념은 마한 사회의 전반에 깔려있던 것으로 판단되며, 삶 속에서도 자연스럽게 표출되었던 것으로 보인다. 호남지역 주거지 출토 의례용기 중 모형토기와 조형토기는 다수가 산화소성품으로 적색계열(적색·(명/암), 적갈색·(명/암), 갈색·(명/암), 황갈색 등, 김은정 2013)을 띤다. 모형토기와 조형토기의 색상 역시 소성방식에 의한 단순결과물이 아니라 벽사색에 대한 관념이 반영된 물품이라는 것이다.

한편, 마한의 유리환옥의 색상은 백제 문화의 유입 이후 적갈색 위주에서 남색(청색)으로 변화한다. 이와 같은 관념의 변화는 나주 랑동 7호 주거지 출토 조형토기를 통해서도 살펴볼 수 있다. 랑동 7호 주거지에서는 심발과 장란형토기처럼 기존에 출토되던 유물과 함께 개·와형토제품 등 백제 문화의 유입을 알 수 있는 유물이 함께 발견되었다. 이와 맞물려 조형토기 역시 회청색의 경질로 생산된 것이다. 물론 이와 같은 변화는 백제의 문화가 유입된 지역에서는 확연히 드러나지만, 그렇지 않은 지역에서는 시기가 늦어지더라도 붉은 색의 조형토기가 여전히 사용된 것으로 이해된다. 그리고 곧 주거지 내에서의 의례 행위는 낙랑을 통해 백제 중앙에 들어온 제사습속(부뚜막 이마에 장식판 을 붙이는 행위, 아궁이장식)으로 대체되는 양상이다(박순발 2006).

호남지역 중에서도 유독 서해안 쪽은 대지가 붉은 황토이다. 그 땅에서 나고 자란 마한 사람들은 대지가 주는 풍요로움을 인식했고,

붉은 색이 자신들의 수호신이자 재앙으로부터 지켜주었던 색의 하나로 인식했던 것은 아닐까, 그리고 이를 대표하는 의례물품 중 하나가 조형토기가 아니었을까 추정해본다. 이와 관련해서는 의례와 관련성이 상정되는 물질문화와 함께 보다 치밀한 검토가 향후 병행되어야 할 것이다.

4. 맺음말

이 글에서는 호남지역 마한 주거지에서 출토된 의례용기를 검토하고 그 의미에 대해 추정해 보았다. 마한의 신앙과 의례를 추정해 볼 수 있는 기종으로는 모형토기와 조형토기, 조왕그릇 등이 있다.

화덕시설에서 발견되는 용기형 모형토기는 정화수를 담아 신에게 올리던 그릇을 상징하고, 이는 화재 등의 재액을 미연에 방지하고자 했던 마한인의 염원을 표현한 것으로 풀이할 수 있다. 이러한 모형토기를 중심으로 한 마한의 의례행위는 3세기 초·중반 대까지 이어지는 것으로 파악되며 이후에는 의례구 형태와 방법이 변화한다. 모형토기 이후에는 조형토기나 조왕그릇 등을 통해 개별 가정과 공동체의 안녕을 기원하는 의례를 이어나갔다.

이와 같은 마한의 의례는 화덕과 주거지 내 일정한 장소에서 행해졌던 것으로 여겨지며, 재앙으로부터 안전하고자 했던 염원의 반영이었다.

이번 연구는 마한 사회의 의례에 관한 것으로 매우 관념적이다. 따라서 논지 전개상 필자의 억측과 비약이 내재되어 있음을 이실직

고한다. 이와 같은 부분은 다양한 비판과 증가하는 자료의 검토를 통해 차츰 보완해나갈 예정이다.

| 참고 문헌 |

– 史料 –

『三國志』 券 30.

– 國文 –

광주광역시립민속박물관, 2015, 『할머니의 부엌문을 열다』.

국립김해박물관, 2004, 『영혼의 전달자-새·풍요·숭배-』.

국립문화재연구소·전남대학교박물관, 2001, 『나주 복암리』.

국립민속박물관, 2011, 『한국 민속신앙 사전 : 가정신앙 편』.

국립중앙박물관, 2007, 『요시노가리 일본 속의 고대 한국』.

권오영, 1999, "한국 고대의 새 관념과 제의", 『역사와 현실』 32, 한국역사연구회.

권오영, 2007, "주거구조와 취사문화를 통해 본 백제계 이주민의 일본 기내지역 정착과 그 의미", 『韓國上古史學報』 56, 韓國上古史學會.

김낙중, 2012, "토기를 통해 본 고대 영산강유역 사회와 백제의 관계", 『湖南考古學報』 42, 湖南考古學會.

김미령·김승옥, 2013, "마한의 玉 문화", 『한국 선사·고대의 옥문화 연구』, 복천박물관.

김영희, 2013, "호남지방 조형토기의 성격", 『湖南考古學報』 44, 湖南考古學會.

김은정, 2013, "호남지역 원삼국~삼국시대 토기가마의 조업방식 연구", 『고문화』 82, 한국대학박물관협회.

______, 2017, "湖南地域의 馬韓 土器-住居止 出土品을 中心으로", 전북대학교 박사학위논문.

______, 2018, "마한 일상용기의 지역성-호남 서부지역 주거지 출토품을 중심으로", 『湖南考古學報』 59, 湖南考古學會.

김정율, 2012, "三韓時代 小形倣製土器 硏究", 동아대학교대학원 석사학위논문.

______, 2013, "삼한시대 소형방제토기 성격에 관한 연구", 『東亞文化』 14, 東亞細亞文化財硏究院.

박대재, 2009, "三韓의 臘日祭祀와 부뚜막신앙", 『한국사학보』 37, 고려사학회.

박미라, 2008, "전남 동부지역 1-5세기 주거지의 변천양상", 『湖南考古學報』 30, 湖南考古學會.

박순발, 2006, 『백제토기 탐구』, 주류성.

박연선, 2007, 『색채용어사전』, 도서출판 예림.

복천박물관, 2006, 『선사·고대의 제사-풍요와 안녕의 기원』.

서현주, 2006, 『영산강유역 고분 토기 연구』, 학연문화사.

세종대왕기념사업회, 2001, 『한국고전용어사전』.

안진의, 2008, "한국전통색연구 2 : 辟邪색에 관한 고찰", 『한국색채학회지』 22(2), 한국색채학회.

안현중, 2013, "전북지역 고대 취락의 작물조성 - 완주 용흥리, 익산 장신리, 부안 백산성 유적을 중심으로-", 『湖南考古學報』 45, 湖南

考古學會.

이두현·장주근·이광규, 1975, 『한국민속학개설』, 민중서관.

이상균·박현수·윤성준·김선영, 2004, 『全州 松川洞遺蹟-A지구』, 전주대학교박물관.

이상길, 2007, "祭祀를 통해 본 權力의 發生", 『계층 사회와 지배자의 출현』, 사회평론.

임동권, 2001, 『민속문화의 탐구』, 민속원.

조현종·신상효·장제근, 1997, 『광주 신창동 저습지유적 I -95년 조사개보-목제유물을 중심으로』, 國立光州博物館.

최성락 외, 2001, 『영광 군동유적』, 목포대학교박물관.

崔盛洛, 1993, 『韓國 原三國文化 硏究』, 學硏文化社.

- 日文 -

林巳奈夫, 2002, 『中國古代の神がみ』, 吉川弘文館.

山武考古學硏究所, 1990, 『小原子遺跡群』.

安承模, 2008, 「韓半島 先史·古代 遺蹟 出土 作物資料 解題」, 『極東先史古代の穀物3』, 雄本大學.

平川南, 1999, 『屋代遺跡群木簡のひろがり-古代中國·韓國資料との關連」, 『信濃』 通卷590號.

여성의 '일상'에서 전통 문화 '유산'으로[1]
: 문화자원으로서 자수의 전승

문예은 | 국립무형유산원 조사연구기록과

1. 서론

수공예는 수예와 공예를 아울러 이르는 말로 수예는 자수나 뜨개질 따위의 손으로 하는 재주를, 공예는 일상생활에 필요한 물건을 만드는 기술에 관한 재주를 뜻한다.[2] 여성 수공예는 대를 이어 내려온 미

1 이 원고는 "여성의 '일상'에서 전통 문화 '유산'으로—여성 수공예를 중심으로—"라는 제목으로 『건지인문학』(2019)에 게재된 논문을 수정 보완한 것이다.

2 국립국어원(www.korean.go.kr)

적 가치와 예술성을 포함하고 있는 여성 고유의 손기술로 의복과 장식물을 만들어왔던 여성의 전통적인 행위를 말한다. 현재 여성 수공예는 개별적인 전통 공예 예술 중의 하나로 인정받아 국가무형문화재로 지정되어 국가의 정책적인 보호와 관리를 받고 있다. 국가무형문화제 제22호 매듭장, 국가무형문화재 제80호 자수장, 국가무형문화재 제89호 침선장, 국가무형문화재 제107호 누비장이 있으며, 시·도무형문화재의 경우 서울에 제11호 침선장, 제12호 자수장, 제13호 매듭장, 경기도에 제25호 자수장(민수), 제25-1호 자수장(궁수), 전라북도에 제22호 침선장, 경상남도에 제32호 매듭장이 지정되어 있다.[3] 가정 내 생필품을 만들어 내는 단순한 과정 중 하나이자 장식효과, 계급과 신분을 나타내기 위한 기준으로 일상에서 사용되었던 수공예가 우리나라의 전통 공예 예술 중 하나가 되었고, 이제는 보존하고 기록해야 할 우리나라 전통문화인 '문화재'가 된 것이다.

여성들의 수공예가 처음부터 이렇게 인정받았던 것은 아니다. 침선, 매듭, 자수는 우리나라 전통 유교사회였던 과거부터 일반 여성이 갖추어야 할 필수 덕목이자 기예로 여겨져 왔다. 생활에 필요한 모든 용품을 자급자족하여 살았던 과거에서 여성이라면 반드시 익혀야 할 일상이자 기술이었다. 또한 집안 살림과 내조에만 신경을 쓰면 된다는 가부장적 사고방식이 만연한 전통 유교사회에서 활동의 제약을 받았던 여성들에게 분출구이자 대화의 대상이 되기도 했다.

이제 여성들은 자신의 수공예 기술이 국가의 문화재로 인정받을 수 있음을 자각하고 노력한다. 스스로의 최종 목표를 '문화재 인정'

3 2017년 국가무형문화재 진정 현황 기준 자료이다.

에 두고 고군분투하는 양상을 보인다. 각종 공예대회에 작품을 출품하여 수상을 기대하고, 수공예 분야에 오랜 기간 종사했음을 증명할 수 있는 방법을 찾아 증빙서류를 작성하고, 계보 있는 실력자를 찾아다니며 교육을 받으며 명인·명장이 되기 위해 노력한다.

하지만 여성들이 처음부터 문화재가 되기 위해 수공예를 시작한 것은 아니다. 삼국시대부터 이어져 온 오랜 역사를 가진 수공예에 대한 이러한 인식 변화는 근 100년의 짧은 기간 안에 나타났다. 1920년대부터 현재에 이르기까지의 시기에는 일제강점기, 근대화, 산업화와 같은 국가의 굵직한 역사적 사건들과 함께한다. 급변하는 역사의 소용돌이 속에서 여성들의 수공예 활동은 끊임없이 영향을 받았고 변화했다. 그 결과 생활의 자급자족으로 누구나 할 수 있었던 수공예가 국가의 문화재로 인정받고 보호받는 장인이 될 수 있는 하나의 특권으로 거듭나게 된 것이다. 이 과정을 살펴보기 위해 본 연구에서는 첫째, 역사적 흐름 속에 어떠한 제도적인 변화들이 수공예에 대한 인식을 변화시킨 것인지 살펴보고 둘째, 그런 배경 속에서 여성들이 문화재가 되는 것을 추구하게 된 경위와 상황들을 볼 것이다. 마지막으로 그러한 배경에서 여성들은 수공예를 어떻게 인식하고 실천하였는지, 그 양상을 알아볼 것이다.

2. 연구방법

여성 수공예는 가장 기본적인 의복에서부터 장신구에 이르기까지 계층을 막론하고 생활 전반에서 다양하게 사용되어 왔다. 주로 찾아

볼 수 있는 것은 규방예술이나 기예를 설명하는 과정에서 자수가 언급된 부분이다. 강영자의 경우 가부장주의 배경 하에서 여성다움을 강조했던 사회 풍조를 여성들이 체화해서 보여주는 규방예술중의 하나로 자수를 언급했다(강영자 2006). 이미석의 경우 과거의 전통적인 유교사회에서 여성의 도덕적인 수련의 도구로 인내를 요구하고 부덕을 함양하는 여성교육으로 가정과 생활을 아름답게 가꾸는데 기여하는 기예로 자수를 설명했다(이미석·이선재 2002). 대부분의 연구에서 수공예가 가사를 전담하는 여성들의 전유물로 여러 가지 기능을 해왔던 사실을 언급한다.

최근 공예에 대한 관심이 늘어나면서 여성의 삶과 공예를 같이 보는 연구가 나타나고 있다. 차영순은 국제적으로 유네스코와 같은 기관에서 관심을 가지며 보호하고자 하는 부분은 전통공예의 핵심을 이루는 가내수공업 분야라고 주장한다. 유구한 역사를 가졌음에도 대량생산의 구조 하에 소외당해 온 섬세한 여성 공예가들의 공예 문화를 깊이 있게 연구하여 후대에 물려줄 수 있는 유·무형의 자산으로 인식해야한다고 이야기한다(차영순 2010). 허라금은 그동안 수공예품이 생활 속에서 여성들에 의해 만들어진, 삶 속에 자리한 것으로 인식되어 왔지만 이제는 지역 재정을 위한 사업의 하나로, 여성들에게 경제적 힘을 실어줄 수 있는 여성 임파워먼트 영역으로 거듭나고 있음을 이야기 한다. 여성들이 임금 노동시장에 참여하여 경제적 소득을 얻게 되는 수단이 수공예가 될 수 있으며, 공예와 여성이 자본주의적 경제 구조 속에서 소외되지 않고 살아남을 수 있는 여성들의 공예품에 대한 재의미화 작업이 필요함을 주장한다(허라금 2010).

수공예에 대한 인식 변화는 여성 정체성에 영향을 미쳤다. 여성 정체성의 변화에 대한 연구는 여성운동, 모성, 주부역할, 이주여성 등 특정 연령대나 지역과 관련하여 다양하게 나타난다. 특히 여성 정체성과 관련한 모성 개념이 논의의 중심이 되고 있다. 이연정은 여성의 정체성을 어머니로 규정하는 모성 이데올로기에 대해 이야기 한다. 그리고 이것이 여성의 임무를 가족 구성원을 돌보고 이들에게 정서적 안정을 제공하는 것이라는 사회적 통념을 강화하고 있다는 점에 문제를 제기한다(이연정 1995). 실제로 여성들은 수공예로 경제활동을 하였으며 가족의 생계를 책임지고 이끌어나갔고, 집안을 일으켜 세웠다는 가장의 역할을 해냈다는 부분에서 자부심을 갖고 정체성을 확립한다. 신경아는 모성에 대한 경험이 여성들에게 고정된 것이 아닌, 다양한 차이로 나타나는 구성된 것임을 강조하였다(신경아 1997). 구성된 정체성을 살피기 위해서는 먼저 여성들의 정체성이 형성되는 과정에 주목해야 하고, 이러한 과정에서 여성들이 능동적으로 자신의 정체성을 구성한다는 것을 보여주어야 한다. 임영미는 여성 정체성이 고정되거나 자연스럽게 주어지는 것이 아닌, 사회관계에서 여성 주체와 외부와의 상호작용을 통해 구성되어가는 과정이라고 이야기한다. 점차 여성의 역할이 강조되고 있다는 점에 주목하여 실제 활동하는 여성들이 그 안에서 자신의 정체성을 어떻게 형성·재구성하는지 보았다(임영미 1998).

기존의 연구를 살펴보면 여성의 삶과 공예를 같은 선상에서 이해하고자 하는 시도가 있었으며, 사회적 변화가 여성 정체성 형성에 어떠한 영향을 미치는지에 대한 것을 찾아볼 수 있다. 하지만 수공예 기술이 공예로 주목받기 시작하고, 여성의 정체성을 드러내는 수단으로 자리 잡은 이후의 상황에 대한 접근이 부족하다. 여성 수공예와 여성 정체성에 대한 개별적인 논의는 있지만 수공예를 하는 여성 주체에 대한 연구는 미미하다고 볼 수 있다. 일상의 수공예가 공예로 지정되기까지 어떠한 사회·문화적 배경이 영향을 미쳤고, 그 안에서 여성들은 상황을 어떻게 이해하였는지, 여성 당사자 관점의 접근이 필요하다. 나아가 여성들이 수공예를 통해 어떤 생각을 하고 의미를 부여하는지, 이러한 인식의 변화들이 여성 정체성에 어떠한 영향을 미치는지 살펴보고자 했다.

하지만 수공예를 하는 여성에 대한 연구로 참고할 수 있는 자료의 폭이 넓지 않다. 지금까지 남겨진 남성위주의 기록과, 수공예를 복식의 하위 분야 중 하나로 연구한 기록들이 대부분이라 여성들의 삶을 유추해야 하는 한계가 있다. 그래서 무엇보다 당시를 직접 살고 느껴온 '산 증인'인 여성들의 목소리가 귀중한 자료가 된다. 현재 구술자료를 문화나 역사조사의 사료로 인정하고 있으며 구술사 연구가 다양한 분야에서 이루어지고 있다. 구술자의 생각을 안다는 것은 그가 처한 현실 상황과 문화적 전통 등에 바탕을 둔 그의 인식세계 전반을 이해하는 일이기 때문이다(함한희 2000).

구술자는 자수, 침선, 매듭, 누비 중의 기술을 갖고 있는 사람을 대상으로 하였다. 지역에서 10년 이상 수공예를 해왔던 사람의 정보를 알아내 인터뷰를 시도하고, 비슷한 상황의 구술자를 소개받았다. 인터뷰가 진행된 여성의 평균적인 출생 년도는 1940년에서 1950년대였다. 일제강점기와 6·25를 겪었던 시기지만, 어린 나이었기 때문에 구체적인 기억과 당시를 재현할 수 있는 구술자는 많지 않았고 한계가 있었다.

처음에는 구술자에게 모두 해당되는 공통 질문을 가지고 조사에 임했다. 생필품을 전부 만들어 자급자족했던 시기, 당시에 수공예란 무엇이었는지에 대한 물음이 시작이었다. 집안에서 구술자의 역할이 어떠했고, 무엇보다 여성들이 수공예라는 것에 대한 자각이 있었는지, 어머니에게 자연스럽게 배우고 익혔던 익숙한 생활 습관은 아니었는지에 대한 질문이 포함되었다. 총 11명을 인터뷰 하였으며, 인터뷰 장소는 구술자의 자택이나 공방에서 진행하였다. 대부분의 구술자가 수공예를 그만두지 않고 계속하여 이어오고 있었기 때문에 작품을 볼 수 있는 공방을 선호했다. 대부분의 조사는 2시간에서 3시간에 걸쳐 이루어졌다.

여성들에게 수공예는 어렸을 때부터 시작하여 살림을 꾸리고 현재의 자신을 있게 해준 인생이었다. 어머니를 기억나게 하는 매개물이자 어머니가 된 현재 자식을 생각나게 하는 요인이었기 때문에 구술자에게 있어 내면 깊숙한 이야기로 여겨졌다. 그렇기 때문에 자신의 생계와 구체적인 생업 이야기를 하는 것을 꺼려했고, 충분한 친밀감이 형성이 된 다음에야 원활한 인터뷰가 가능했다. 같은 이유로 글로 쓰일 경우 자신이 노출되는 것을 거부했기 때문에 본고에서는 인터뷰 대상자들의 이름을 알파벳으로 구분하여 표기하고자 한다.

<표1> 구술 대상자

전문분야	구술자	성별/출생년도
자수	A	여/1940
	B	여/1952

자수	C	여/1959
	D	여/1958
	E	여/1974
침선	F	여/1938
	G	여/1964
	H	여/1946
매듭	I	여/1937
	J	여/1944
	K	여/1955
자수	Q	여/1941
행정 관계자	R	여/1960

3. 우리나라 무형문화재

우리는 과거의 전통 문화유산을 문화재로 지정하여 그 방법을 잊지 않고 후대에 이어나갈 수 있도록 전승하고 보존한다. 유형 문화재, 무형 문화재, 민속 문화재, 천연기념물, 사적, 명승지 등 문화재보호법으로 지정하여 보호하고 관리하고 있다. 특히 주목할 것은 무형문화재이다. 1962년 1월 10일 제정 된 문화재보호법 제2조 2항에는 "연극, 음악, 무용, 공예기술 기타의 무형의 문화적 소산으로서 우리나라의 역사상 또는 예술상 가치가 큰 것"으로 무형문화재를 정의하고 있다. 여기에서 말하는 무형문화재는 보호되어야 할 가치가 있는 문화·예술 형태이면서 산업화, 근대화로 인해 인멸의 위험이 많은 것을 보호한다는 취지로 나타났다. 당시 정권이 주도하던 무형문화재 보호정책은, 근대화가 급격히 진행되었던 당시의 사회에서 파괴되고 사라질 수밖에 없는 전통문화 보존의 문제를 국가가 집중적으로 관리해야 한다는 미명 아래 국가의 권위적 동원 체제 자체를 정당화하는 논리로 활용되어왔다(정수진 2004).

무형문화재에 대한 관심이 높아지는 분위기 속에 1964년, 각각의 구체적인 종목이 지정되기 시작했다. 이는 공보부의 대외 홍보와 문화 예술 활용 정책의 하나인 국립국악원의 해외공연이 늘어나는 시점과 맞아떨어진다. 국립국악원은 국위선양을 위해 단독으로 대규모 공연단을 조직하여 1960년대에만 3차례(1964, 1996, 1967)에 걸쳐 일본, 대만으로 해외공연을 다녀왔다. 해외공연 프로그램에는 공연·연희 종목들, 이른바 예술적인 '한국미'를 구현할 수 있었던 판소리, 오광대놀이, 가야금, 거문고산조, 승무 등이 있었다. 해외 공연의 구성 방식은 후에 특정 종목이 무형문화재가 되는 것과 관련된 것으로 보인다. 1969년까지 공연 내용과 관련된 것으로 보이는 종묘제례악(1호, 1964 지정), 꼭두각시놀이(제3호, 1964), 강강술래(제8호, 1965), 농악(제11호, 1966), 진주 검무(제12호, 1967), 거문고산조(제16호, 1967), 가야금 산조 및 병창(제23호, 1968), 승무(제27호, 1969), 가곡(제30호, 1969) 등이 국가 유산의 가치를 인정받으며 본격적으로 지정되었기 때문이다(정수진 2008).

당시 무형문화재 지정은 지정 분야와 종목 자체의 고유한 역사적·학술적·미적 평가 체계를 따르기 보다는 국가와의 거리, 무형문화재 가치를 평가하는 지식인들과 권위자들 간의 담론에 의해 결정되었다(정수진 2008). 지정될 분야 자체에 대한 가치를 평가하기 보다는 외적인 요인에 영향을 많이 받았고, 무형문화재 제도를 정립해나갔던 소수의 사람들에 의해 정립되었기 때문이다.

2016년 3월 28일 제정된 문화재보호법에서 무형문화유산은 "여러 세대에 걸쳐 전승되어 온 무형의 문화적 유산"으로 그 범위가 확대된다.[4] 무형문화재의 근본 가치인 '가장 한국적인 것'은 정치적 필요에 의해서가 아닌, 민중들의 일상에 있음을 자각하게 된 결과라고 볼 수 있다. 이러한 인식의 변화는 예술 형태나 장르가 아닌 한국인의 순수한 정신구조에 대한 관심을 불러일으켰다. 문화재란 사회적 과정과 사람들의 활동 자체가 내포되어 있는 살아있는 문화로 존중되어야 한다는 인식의 변화가 반영된 결과다(장정아 2008). 산업화와 기술 발달로 인해 사라져가는 문화에 대한 급급한 보전이 아닌, 전통 문화를 이해하고 효과적으로 기록하여 민족 고유의 문화유산을 보호 및 계승하자는 보다 근본적인 가치를 찾게 된 것이다.

전통 문화가 각광받는 사회적 분위기 속에 여성 수공예 역시 무형문화재로 지정되었다. 1968년 국가요무형문화제 제22호에 매듭장, 1984년에 국가무형문화재 제80호 자수장, 1996년 국가무형문화재 제89호 침선장과 국가무형문화재 제107호 누비장을 지정하였다. 보편적인 여성의 수작업이라 할지라도 제작자의 기술적 숙련도와 예술적 소양의 차이에 따라 작품의 수준이 크게 달라질 수 있기 때문에 장인의 전문성으로 인정할 수 있다는 인식의 변화가 반영된 결과

---

4 무형문화재: 여러 세대에 걸쳐 전승되어 온 무형의 문화적 유산 중 다음 각 목의 어느 하나에 해당하는 것을 말한다. 가. 전통적 공연·예술 나. 공예, 미술 등에 관한 전통기술 다. 한의약, 농경·어로 등에 관한 전통지식 라. 구전 전통 및 표현 마. 의식주 등 전통적 생활관습 바. 민간신앙 등 사회적 의식(儀式) 사. 전통적 놀이·축제 및 기예·무예 「문화재보호법」 제2조 2항.

이다. 여성 수공예는 보존하고 기록해야할 우리나라 전통 공예 기술 중의 하나로 인정받고 있으며 매듭, 자수, 침선과 같이 세분화되어 국가의 정책적인 보호와 관리를 받고 있다.

4. 전통문화유산으로의 재인식

발달하는 산업화 시대 속에 수공예는 사실상 과거의 유산이라고 볼 수 있다. 기계로 사용하여 빠르고 정확하게 많은 양의 의복을 생산해낼 수 있는 상황에서, 하루 꼬박 걸려 만들어도 완성을 장담할 수 없는 의복이 설 수 있는 자리는 없었다. 하지만 대중은 점차 기계로 완성한 공산품에 회의를 느끼게 된다. 일정하고 정확하지만 획일화가 가져온 평균적인 모습에 상품의 가치가 떨어지게 된 것이다.

사람들은 점차 독창성과 개성을 찾게 되었고, 손으로 하는 재주나 기술을 일컫는 말인 '공예'의 가치를 높게 평가하기 시작했다. 공장에서 동일하게 찍어내는 흔한 물건이 아닌 직접 사람의 손으로 하나하나 심혈을 기울여 완성하는 결과물을 귀한 '공예품'으로 인식하기 시작한 것이다. 그리고 산업화의 물결 속에서 자리를 잃고 사라져가는 과거의 유산이 아닌, 우리가 지켜내야 할 전통의 문화유산으로 자리매김하게 된 것이다. 그리고 이러한 인식을 이용해 국책 사업이 진행된다.

2011년 행정안전부에서는 25개의 전통 기술을 선정하여 상품화, 사업화를 추진한다. 이것은 향토 핵심자원 개발 사업으로 시, 군, 구 중심으로 2011년에서 2013년의 3개년 계획으로 100억을 투자하여 진행하는 큰 규모의 사업이다. 전통 기술 분야인 장인기술(국궁, 낙죽장도, 화혜장, 자수), 공예자원(백자, 분청사기, 옹기, 토기 등), 전통기술(오광대 탈, 전통 창호, 화문석, 백동 연죽 등)을 대상으로 시도 되었다. 1년에는 시설 구축 및 기반을 다지기와 디자인 상품 개발, 2년에 브랜드 개발로 국내외에 적극적인 마케팅, 3년에는 판매망을 유지하고 확충하여 브랜드 이미지를 공고히 하는 과정으로 진행되었다. 이 사업을 진행함으로써 지방자치사회에서 낙후된 지역의 역사와 문화를 부활시키고, 지역민들의 자긍심을 높일 수 있으며, 지역상품을 개발하여 판매함으로써 소득을 창출하고 일자리를 만들 수 있다고 본 것이다.

전통 기술 분야 중 자수를 찾아볼 수 있는데, 자수를 핵심 사업으로 하는 지역에 순창군이 지정되었다. 전통사회에서 대부분의 여성들이 수를 놓았던 우리나라에서, 자수 분야 핵심자원 지역으로 순창을 지정한 것은 이유가 있다.

순창은 1968년도부터 전국에서 유일하게 부녀자 가내 수공업으로

<사진 1> 순창자수센터(1970)

* 출처 : 순창군청 자료 제공

<사진 2> 왕골방석을 만드는 여성들(1984)

* 출처 : 『사진으로 읽는 전라북도 도정과 삶의 풍경』(2008)

정부 지원을 받았던 곳이다. 전통 기술 분야 중 자수를 꼽아 선정하였지만, 자수 외에도 왕골로 만든 방석과 돗자리, 물 항아리 받침대를 만드는 등의 일을 하며 1970년대부터 1980년대까지 여성들이 가내 수공업으로 경제활동을 꾸준히 유지했다.

부녀자 가내 수공업 중 자수가 특히 유명한데, 여기에 대한 역사는 조선시대로 거슬러 올라간다. 우리나라에서 민수로 유명한 곳은 안주와 순창을 꼽는다. 조선 전기의 무신 신말주申末舟가 문과에 급제하여 관직에 나갔을 때, 처가에서 만들어준 관복의 자수 문양에 단종端宗이 감탄하여 솜씨를 칭찬하여 유명해졌다는 사실은 이미 많이 알려져 있다. 하지만 단종이 감탄한 흉배의 자수 솜씨만으로 지금까지의 명성이 이루어진 것은 아닐 것이다. 그 이면에는 1970년대 성행했던 순창자수센터가 있다.

순창자수센터는 순창 농촌지도소 건물 한편에 자리해 있었다. 농업기술센터에서 수공업 분야로 지원을 받아 여성들에게 수를 가르치고 기술을 키워 공예품을 만들었다. 당시 순창자수센터에서 수를 놓는 사람이 많게는 백 명 가까이 있을 정도로 규모가 컸으며, 월급을 받고 일을 하는 공장으로 운영되었다. 족자나 병풍 등 수가 들어가는 모든 물건들을 완성해서 전국적으로 판매했다. 우리나라 뿐 아니라 일본 기모노의 오비에 들어가는 수를 만들어 수출하기도 했다. 국내 판로 뿐 아니라 해외까지 판로를 개척하기 위해 미국과 일본에 방문하여 자수 전시회를 열기도 했다.

> (자수 사업을 하셨다는 것이 뭔가요?) 자수를 45년을, 칠십 몇 년 해서 박대통령 했을 때부터 했어. (그럼 1973년이네요?)

> 응. 그때는 순창에 공장이 하나도 없었어. 그때 백 명 가깝게 했지. 자수를 놨어. 그래서 그놈을 100명 가깝게 놓은 자수를 어떻게 수공예인데 비싼 것을 누가 사? 그때는 돈이 없는 세상인 게. 그러니 일본 수출품 기모노 여기 앞에 찬 거 오비 그거를 교육받아가지고 이제 사람을 보급 시켜가지고 했어. 그래가지고 그 수출품을 이 순창 뿐 아니라 그냥 저 대한민국 일주를 했어. 서울 경기도 전주 순창 광주 해남 그렇게. 그렇게 보급이 다 되았어. (오비 말고 다른 건 뭘 팔았나요?) 처음에는 족자 병풍 뭐 그걸 완성해가지고 파는데 (어디에요?) 이제 사방간데다가. 그야말로 발이 마당발이어야 해. 그러니 우리는 체계가 잡혀 있잖아. 순창 온 게로 전부 베게딱지, 그 베갯모에서부터 시작해서 하고 있어. (베갯모 말고 또 뭐 하셨어요?) 다 해. 자수가 들어가는 거면 다 해. 일본을 한 8번 가고? 미국을 더 많이 갔어. 자수 전시회.
>
> ◆ 구술자 Q 인터뷰 자료 중에서

순창 시장에서 주로 거래되었던 것은 베개딱지였다. 베게딱지는 남자가 쓰는 사각 베개와 여자가 쓰는 둥근 베개가 있는데 이 양 옆에 들어갈 원앙침을 수놓는 것을 말한다. 병풍이나 족자에 들어갈 수를 놓기도 하였으나 시간이 오래 걸리기 때문에 시장에서 나오는 물건으로는 베개딱지가 많았다고 한다. 처녀들이 장날이 되면 각자 완성한 수를 들고 나와 팔았다. 물건을 팔러 나오는 사람들이 대부분 직접 수를 놓은 여성들이었기 때문에 '처녀시장'이라고 불렸다고 한다. 여성들은 자수를 판돈으로 오빠와 남동생의 학비를 대거나 살림에 보태 썼다.

시장은 사람들로 붐볐다. 순창 자수가 유명했던 만큼 전국 각지에서 물건을 사려는 장사꾼들이 많았고, 집 밖으로 나오지 않는 여성들이 모처럼 한데 모여 볼 수 있는 기회를 제공했기 때문에 남자들이 시장에 구경을 나오는 재미난 상황을 만들기도 했다고 한다.

> (순창이 자수로 유명한 것은 어떻게 알고 계셨어요?) 여기서 태어나서 여기서 자랐으니까, 우리 언니들이 다 했고 여중학생 언니들이 대통령상 받고 그런 것을 보고 컸으니까. 순창에서는 베개딱지. 모든 순창 여성들은 초등학교 중학교만 나와서 그걸 하고 거기서 얻어진 수익으로 남동생 오빠 다 가르쳤지. 그걸로 남성들이 공부를 한 거야. 우리 집안의 언니는 없지만 여중학교 때 친구 언니가 수를 놓아서 대통령상 받았다고 자랑하는 것을 봤어. 여성들이 밖에도 못나오고 그런 시절에 자수 시장이 유명했던 것이, 처녀 얼굴들을 보려고 시장에 남성들이 다 나왔대. 자수 시장에 처녀들이 자수를 가지고 나오니까. 그래서 자수 시장을 처녀시장이라고도 했대.
>
> ◆ 구술자 R 인터뷰 자료 중에서

하지만 기계자수의 등장과 값싼 중국 자수의 수입으로 순창의 자수 시장은 오래가지 못했고, 서서히 사장되었다. 점차 전통 혼례가 사라지고, 기계자수와 값싼 노동력으로 대체 가능한 수공예품이 들어오면서 자수 시장은 경쟁이 되지 않았던 것이다. 좌식이 아닌 입식문화가 도입되고 침구까지 변화하면서, 사실상 수공예는 더욱 자리를 잃게 되었다.

이러한 일련의 과정들을 배경삼아 순창군은 자수를 향토 핵심 문화로 부각시켰다. 자수로 유명했던 역사적 사실부터 가내수공업으로 활발했던 여성들의 활동까지, 전통 문화를 살리면서 여성들에게 새로운 일자리를 창출해줄 수 있는 수단으로 여성 수공예를 재정립시켰다.

향토 핵심 문화 사업으로의 자수는 대량생산을 목적으로 의미 없이 기계로 찍어내어 값싸게 만들어내는 것이 아니다. 이미 역사적으로 오랜 시간 꾸준히 이어져왔음이 증명되었고, 여성들의 가내수공업으로 실력을 보장하는 '순창 자수'는 보호하고 보존해야 할 우리의 가치 있는 문화유산이 되었다.

> 나는 자수를 기계로 해서 생산의 목적이 아니고 힐링으로 봤어요. 치유. (그렇게 제안서를 구성하신 거예요?) 우리 스피드 시대에 너무 빠르게만 하려는 사회 속에서 탈피해서 치유의 목적으로 이걸 해야 하고 두 번째는 우리의 고유문화인 자수의 역사를 살려야하고, 또 문화를 살리기 위해서는 이 제품을 기관에서 이용해야한다. 공장제품 이런 걸 선물하는 것은 의미가 없다. 향토자원을 선물하자 그렇게 해서 브리핑을 했지. 홍보를 했지. 그리고 일자리창출에서 교육으로 넘어가서, 농촌지도소에서 자수센터를 만들었잖아요. 그걸 내가 다시 한 거지. 내가 다시 2011년도에 시작 한 거지. 기계수랑 일본자수가 몰아쳐서 30년 동안 숨어 있다가 다시 살린 거지.
>
> ◆ 구술자 R 인터뷰 자료 중에서

결국 자수는 순창군의 전통문화유산으로의 향토 핵심 문화로 인정받았고, 지역 특성을 살린 국책 사업으로 지정받아 운영되었다. 자수는 단순한 바느질이 아닌, 의미와 마음을 담아 한 땀 한 땀 정성을 다해 만들어내는 전통 예술품이 되었다. 그리고 전통 예술품을 만드는 여성들에게 직업을 가질 수 있는 통로를 마련해주었다.

순창군은 수도권 도심화 현상으로 계속 인구 감소추세에 있었고, 귀농 귀촌 정책으로 다시 조금씩 몰려드는 사람들을 장기적으로 붙잡아 둘 수 있는 일자리 창출이 필요했다. 자수를 향토 핵심 문화로 만들었던 것은 기존의 역사를 살려 순창 자수의 기능을 전수하고 맥을 이어나가는 동시에 기능인을 양성하여 일자리를 창출할 수 있는 일석이조의 상황이었다.

기계자수와 값싼 중국 자수의 도입으로 주춤했던 자수 시장을 살리기 위해 순창군은 강사를 초빙하여 여성들에게 자수를 가르쳤다. 수업을 모두 이수한 사람에게는 향토자원사업 수료증을 주었고, 수료증을 받은 여성들은 방과 후 수업의 강사로 활동할 수 있었다. 여성들이 완성한 물건은 향토문화 작품으로 인정받아 조달청에서 운영하는 나라장터에 물품 등록이 되었다. 판매를 위해 조달청에서 운영하는 나라장터에 물품을 등록했다. 보통 현대적인 오방색 패턴을 만들거나 자수를 생활용품에 접목시켜 보석함이나 손거울을 만들었는데, 공공기관의 국가 선물이나 기념품으로 판매되었다. 순창군은 순창의 전통과 역사를 자랑하는 문화유산으로 자수를 규정하였고, 과거 가내수공업의 맥을 이어 여성들에게 일자리를 만들어 줄 수 있는 기술로 만들었으며, 속도와 신속함을 중시하는 현대인에게 '힐링'을 받을 수 있는 느림의 미학으로 장려하며 사업을 마쳤다.

사장되어갔던 과거의 유물인 수공예가, 국책사업을 통해 하나의 전통의 문화유산으로 각광받기 시작하자 여성들의 사고는 확장되었다. 바느질을 단순한 일감으로 대하는 것이 아닌 전문 분야로 대하는 시각이 생긴 것이다. 바느질을 시작하게 된 역사적인 기원과 종류, 갈래, 기술 등 한 분야에 대한 전문적인 공부를 하고 싶은 욕심이 생겼다.

> 서울로 몇 년도냐, 97년도부터 서울로 다닌 것 같아. 2012년까지 단국대 대학원, 건국대 대학원, 성균관대 대학원, 영등포 문화원 계속, 오랜 세월을 다녔어. 그때는 장사가 참 잘됐다니까. 하루 종일 팔고 나면 저녁 때 이거 자르기가 힘들 정도로 잘됐어. 잘 됐는데도 그거 장사만 하고 만 것이 아니라 나는 여기서 끝이 아니다 해서 뭣 좀 배워야겠다! 생각해서 15년 동안을 서울로 아침 첫차타고 일주일에 한번 씩 꼭 서울로, 가서 보면 더 나을 것 같고. 그래서 배웠어요. 이거는 출토복식이라고 조선시대 묘 팠는데 무덤 안에 상자 안에 옷이 들어 있는게 나왔어. 그럼 출토보고서가 나와. 그거 보면서 작품을 끊임없이 만드는 거지. (개인적으로 공부하시려고 만드시는 거죠?) 그러지. 몇 만원 들어가. (끊임없이 쉬지 않고 계속해서.) 근데 알아주긴 알아주더라. 왜냐면 자꾸 찾아. 이게 좋아서 한다는 이야기는 아니고 (아니 재미있어하시는 것 같아요. 의뢰를 하는 게 아닌데) 너무 좋아서 끊임없이.
>
> • 구술자 J 인터뷰 자료 중에서

대부분의 여성들은 일제강점기, 6·25, 해방 등 굴곡의 역사를 보내며 강제적으로 교육에 소외된 삶을 살았다. 그런 여성들에게 한 분야를 지속적으로 공부하여 실력을 인정받아 전문가로 활동할 수 있다는 사실은 새롭고도 매력적인 요인이었다. 전문 분야로의 지식을 쌓고 기술을 확장하고 싶은 여성들은 자발적으로 대학이나 기관에 들어가 스스로 해왔던 수공예와 관련된 학식을 쌓기 시작했고 공부하기 시작했다.

5. 문화재에 투영된 여성 수공예의 가치

국가무형문화재 지정은 수공예에 대한 여성들의 생각에 변화를 줬다. 여성이라면 갖추어야 할 기본이 되었던 수공예가 문화재가 되어 가문의 명예를 드높이고 국가적으로 인정받을 수 있는 기회가 된 것이다.

> 아니 내가 할머니한테 배운 거지. 지금 여기 이거 다른 사람도 하고 이것은 할 수가 없어. 나만이 알어. 나만이. 지금 물어봐도 다 모르네. 아무도 몰라 아무도. (그럼 이거 할머니한테 배운 어머니만의 전통이라고 할 수 있네요?) 하믄 나만이 알아. 그래서 나는 지금 우리 딸을 더 늙기 전에 가르쳐야겠어. (어머니가 생각하시는 어머니의 전통이 무엇이라고 생각하세요?) 나는 옛날 전통 뿌리를 지금까지 내가 끈을 잡고 있어. 나는 옛날 그 할머니 어머니가 했던 그 줄, 그 할머니가 버텨

주던 줄을 그 어머니가 잡았으면 나는 그 줄을 그대로 잡고 내 자식까지 손자까지 해 줄 거예요. 오로지 그 뿐이지. 이거 어려워요. 이거 돈 들어가는 게 보통이 아니에요. 근데 나는 이걸 돈을 떠나서 맥을 이어가고 뿌리를 그대로 이어 가고 그걸 잽혀 줄 꺼야.

◆ 구술자 A 인터뷰 자료 중에서

작품도 마찬가지에요. 자기의 혼이 담겨져야, 사람은 육신과 혼과 영이 있어요. 그러면 그 영은 정말 사랑이라는 공간이에요. 그 사랑이라는 공간이 채워진 사람이 수를 했을 때 같이 느낌이 공간이 사랑으로 다가와요. 그게 없이 그냥 이거를 팔아서 돈을 벌어야지 하는 거는 메꿈이죠. 평간 공간 메꿈이지. 그거는 마음이 표현이 된 게 아니죠. 어느 사람도 공감이에요. 공감을 느끼고 동질성을 느끼는데 그렇지 않은 거는 이제 자기만 열심히 했을 뿐이지 공감대 형성이 안 되잖아요. 그게 이제 다른 거죠.

◆ 구술자 B 인터뷰 자료 중에서

손끝으로 담아내는 나만의 개성이 담긴 혼, 여성들이 수공예에 부여하는 가치다. 어머니로부터 배운 전통 기술을 이어나가는 여성은 자신들의 수공예 기술에 있어 가장 중요한 것으로 가문의 전통을 꼽는다. 여성이 수공예를 한다는 것은 단순히 자신만의 작품이 아닌 전통을 이어간다는 자부심이 내포되어 있다. 어린 시절 외할머니, 어머니에게 배운 계보로 내려온 집안의 가풍, 전통 뿐 아니라, 선대와 자신을 이어주는 가문의 이음이라는 것이다. 기술 중에는 보편적으로 알려진 방법이 아닌 집안에만 내려오는 특징적인 방법도 존재한다. 그렇기 때문에 가문의 기술을 널리 알리지 않고, 혼자 보유하고 가족에게 전승하여 독점하고 싶어 한다.

문화재는 경제적 가치를 갖는 것도, 사유의 대상이 될 수도 없다. 따라서 어떤 문화적 소산이 문화재로 지정된다는 것은 그것에 부여된 경제적 가치를 탈각시키고 공적 자산으로 국가에 귀속시킨다는 것을 의미한다(정수진 2008). 문화재로 지정된 경우 보유자의 기술은 혼자만의 것이 아닌 후대에 널리 알리고 기록하여 보전시켜야 할 공공의 자산으로 인정이 되기 때문에, 이 부분에서 보유자와 국가의 이해관계가 어긋나기도 한다.

> 내가 내 자식에게 알려줄 것을 꼭 굳이 해야 하냐 라는 생각. 선생님들 다 싫어하세요. 젊은 사람들이 요새 누가 와서 배워요. 왔다가도 다 나가는 판이거든요. 젊은 애들이. 나가서 아르바이트만 해도 이백만원인데. 그래서 정말 특별한 소신이 없으면 이걸 할 수가 없어요. 그리고 이게 손이 맞아야 해요. 이걸 만약 내가 혼자 한다. 이게 다른 분야도 마찬가지에요. 가업이나 옛날에는 선생님 밑에 들어가서 시다노릇부터 시작해서 배우잖아요. 요즘에는 그러게 안 배우잖아요. 그러다 보면 선생님들도 내껄 다 주고 싶지 않아요. 왜냐면은 일이년 배우고 나갈 건데 내걸 다 주고 싶지 않아요.
>
> ◆ 구술자 G 인터뷰 자료 중에서

> 우리 시어머니만 잘해. 모르는 것은 다 알려주고. 다 풍습이고 뭣이고 가정마다 다르잖아. 어머니가 날 잘 알려주셨어. 거기서 또 많이 배웠지. (집집마다 바느질 방법이 많이 달랐나요? 손목 품새나 곡선이나 이런 것이?) 그렇지 이제 크게 하고, 작게 하고. 색깔부터 다르고. 달러.
>
> ◆ 구술자 I 인터뷰 자료 중에서

국가의 입장에서 수공예 기술의 중요성은 전통 기술의 전승과 보전에 있다. 기술에 있어 얼마만큼 전통의 원형을 유지하고 있는지 조사하고, 국가의 관리 하에 전승 보전 될 만큼 기술을 낱낱이 공개하고 협조할 수 있는지 살펴야 할 대상인 것이다.

여성 수공예의 도제관계(徒弟關係)를 보면 가업 계승 중심으로 이어져왔다. 일반적인 도제관계와는 다른 양상을 보인다. 다음은 경기도 무형문화재에 대한 현지조사 내용 중 도제관계를 살펴본 연구조사보고서를 요약한 내용이다.

북 만들기의 경우, 장인 밑에 5-6명의 도제들이 일을 했고 전부 모여야 하나의 북을 만들 수 있었다. 여러 도제들 가운데 가장 재능 있고 뛰어난 한명이 모든 기능을 전수받는 구조였으며, 단순히 북을 만드는 기능 뿐 아니라 장인으로의 인성교육도 이루어졌다. 방짜유기 장인의 도제로 들어가서 일을 배우기 시작할 때, 6명의 도제들끼리 조가 되어 유기를 만들었고, 밤을 새워 일을 해야 할 정도로 일의 양이 많았다. 초반에는 연장 하나도 마음대로 잡지 못하다가 시간이 지나면서 서서히 기술을 익힐 수 있었다. 긴잡가 경기소리의 경우, 명창마다 창법이 다르기 때문에 명창을 만나면 그 명창에 맞게 처음부터 교육을 다시 받아야 했다. 그 때문인지 긴잡가 경기소리의 도제구조는 문하생, 전수자, 이수자, 전수조교라는 보다 체계적인 단계가 특징이다. 처음 문하생으로 들어가 소리를 배우고, 실력 있는 사람은 전수자가 되며, 소리를 전공할 가능성이 있는 사람은 학업을 병행하여 한 명창 아래 꾸준히 키워내는 형식이다(안주영 2009).

수공예는 외부에서 배우는 개념보다는 어머니에서 딸, 시어머니에서 며느리, 할머니에서 손녀로 가족사적 배경에 의해 내려온 교육이 중심이 되어왔다. 기술을 익히는 공간이 외부가 아니라 1차적 공간, 가정이었다. 무언가의 전문 기술을 터득하기 위해 장인을 찾아 나선다기 보다, 가족과 결합된 성격을 가진 도제 문화의 특징을 갖는다. 기술 역시 오랜 세월에 걸쳐 삶과 함께 자연스럽게 솜씨가 입혀지고 체화되는 것이다. 작업하는데 있어 다수의 인원이 필요하지 않고, 도제들 사이의 위계질서나 실력에 따라 기술을 터득하는 순위다툼 역시 발생하지 않는다. 사람에 따라 수공예 실력이 조금씩 다르지만, 본래 갖고 있는 실력에 영향을 끼치지 않고 오히려 다양한 수법을 배워 나만의 자산으로 발전시킬 수 있다. 그래서 대를 이어 나갈수록 견고하고 실력 있는, 그 가치가 전통성으로 이어진다.

> 자꾸 연구를 하고 가만히 있는 게 아니라 새로운 것을 찾고 자꾸 하고 내거를 맨들어 놓고, 문화재 가만히 있어 봐. 모르는 것 천지여. (그럼 문화재 되기 전과 후가 차이가 있어요?) 그럼. 문화재 돼서는 더 잘해야 되고, 뭣이든 잘 알아야 하고. 뭣이든 알아야 하지. 그러니 문화재 되고 나서 많이 나도 알아졌지 (그래서 서울로 다니면서 왕족들 옷도 공부하시고, 아이

> 들 백일 옷도 복원하려고 하시고) 자꾸 하려고 해야 알지 안하면 몰라. 이 문화재 책임이 있어. 책임이 있으니 새로운 것이 생기면 내 것을 맨들어 놔야지 이것도 내가 본떠서 다 줬어도 못맨든 사람 많어. 내 것을 맨들어 놔야 내 것이지 그거 있어 그 정도로 하면 안 돼지. 그러니 문화재 책임이 아주 막중해.
>
> ◆ 구술자 I 인터뷰 자료 중에서

> 우리나라가 잘못이지. 우리들을 우습게 여기니까. 이거 장려를 못해요. 자꾸 가르칠 수 있는 조건을 만들어 줘야하는데. 그거 못 먹고 사는데 누가 배우러와? 우리나라 전통이 다 사라져갈 위기야. 내가 봐도 그래. 여성들도 그냥 나는 돈을 벌어야 먹고 산다 그거 한 가지만 했기 때문에. 한복으로 묵묵히 착하게 남보다 두 배 더 했더니 문화재도 되고, 침선을 해가지고 내가 올라갈 수 있는 내 인생 정점을 찍는 거야. 그게 문화재잖아요.
>
> ◆ 구술자 J 인터뷰 자료 중에서

그렇기 때문에 다른 무형문화재의 전승이나 기술의 공유에 대해 다소 민감할 수 있다. 하지만 반대로 이러한 생각이 수공예 전승의 끈을 놓지 않는 힘을 발휘한다. 수공예는 작업하는 시간에 비해 많은 공정과 공임이 들어가는 한계가 있고, 중국과 동남아에서 값싼 노동력으로 생산되는 제품들에 치여 수요가 계속 줄어드는 현실에 있다. 때문에 계승하고자 하는 일반인의 움직임이 줄어들고 있지만, 기존에 수공예를 해왔던 여성들의 의지는 계속해서 가문의 전통을 이어나가겠다는 결심과 함께 높아지고 있다.

나라에서 원하는 현모양처 상을 위하여, 사회적으로 요구하는 여성상에 맞추어 배웠던 수공예는 집안의 남성을 교육시키고 생계를 유지하기 위해 밥벌이를 할 수 있는 일거리 수단이 되었다. 현모양처의 교육과 생계유지를 위한 밥벌이를 목적으로 한 수공예는 모두 여성들의 선택이 아닌 여자였기에 부여된 의무였다. 하지만 수공예는 여성 스스로의 존재감이나 의미를 규정해주는 주체로 바뀐다. 자신이 재미있고 보람차게 작업하여 작품을 완성했다는 성취감을 뛰어넘어, 다수에게 실력과 작품성을 인정받고 싶어 한다. 전통문화유산을 잃지 않고 답습하여 수공예를 하는 자신을 자랑스러워하고, 자신을 위한 목표를 문화재로 설정하여 앞으로 나아간다. 마침내는 문화재로의 사명감을 갖고 새로운 것을 체화시켜 온전한 전통을 유지하고자 하는 사명감이 깊게 자리하고 있다.

6. 문화재가 되려는 여성들의 노력

국가무형문화재로 지정된 침선, 자수, 매듭, 누빔은 그 과정이 세분화 되어있다. 각각의 명칭으로 분리된 작업으로 보이지만, 옷 한 벌을 만들기 위해서는 모든 작업이 필요하다. 바느질을 하여 옷을 만들고, 옷의 소매 끝에 수를 놓아 장식을 더하고, 옷깃을 여미는 단추나 끈의 용도로 매듭이 사용되었으며, 보온 효과를 위해 누빔이 필요했다.

> 지금은 뭐 천연염색이라던가, 조각보라던가, 그런 침선이라던가, 이런 게 다른 분야로 딱딱 분류가 됐지만 옛날 어머니들은 음식에서부터 저기까지 그 모든 생활의 모든 다방면에 다해서 팔방미인이었어요. 그렇게 하지 않으면 그 생활을 이어갈 수가 없으니까.
>
> ◆ 구술자 C 인터뷰 자료 중에서

> (침선은 옛날에는 어느 누구나 다 했던 거잖아요. 문화재가 된다고 생각도 못했던 것이잖아요.) 안했지. 침선이라고 하지도 않았어. (혹시 자수는 안하셨어요?) 자수도 옛날 아가씨는 안 갈쳐도 다 알아. 나도 병풍까지 다 했어. 병풍 수 놔서. (수로 작품도 많이 내더라구요.) 그 시절은 수로 작품 내고 그런 시절이 아니었어. 자기가 소품으로 갖고 있는 것이지.
>
> ◆ 구술자 I 인터뷰 자료 중에서

하나의 물건을 완성하는데 필요한 종합적인 기술이, 지금은 각각의 분야로 분업화 되어 전문기술이 된 것이다. 물론 산업화와 과학의 발달에 따른 여러 외적인 요인들이 분업화를 촉구한 것으로 보인다. 사람들이 점차 직접 옷을 지어입지 않게 되었고, 수공예품을 사용하는 사람이 줄어들었다. 노동의 수고를 덜어줄 수 있는 기계의 등장, 보급품이 확산되고 여성들은 더 이상 혼자서 많은 작업 과정을 거치지 않아도 되었다. 이러한 상황에 국가는 사라져가는 전통의 기술을 복원하고 기록·보존하는 등 전승을 위한 국가차원의 대처가 필요했을 것이다.

무형문화재와 관련된 법제가 자리 잡히기 전, 1960년대는 국민들의 무형문화재에 대한 자각이 폭넓게 받아들여지지 않았을 때였다. 당연히 종목을 무형문화재로 지정하는 것은 쉽지 않은 일이었다. 특히 기·예능 분야의 재능을 천한 직업으로 여기는 옛 사고방식 때문에 기능 보유자들은 지방 문화원 관리들과의 만남조차 꺼려했다. 그렇기 때문에 지정 보유자의 수를 늘리기보다는 무형문화재 자체의 의미를 널리 알리고 깨우치게 하는 계몽의 의미에 더 집중했어야 했다(정수진 2008).

수공예 분야 역시 무형문화재에 대한 관심이 높았던 것은 아닌 것으로 보인다. 1968년 매듭을 시작으로 수공예 분야에 첫 무형문화재 보유자가 지정되었다. 그리고 한참 후인 1984년에 자수, 1996년 침선과 누빔으로, 나머지 수공예 분야가 잇달아 지정되었다. 같은 수공예 분야임에도 이렇게 지정 년도의 폭이 넓게 나타나는 것은 당시 중요하게 언급했던 전통 문화의 의미와 가치에 대한 이해도가 지역민들에까지 널리 퍼지지 못했음을 증명한다.

실제로 과거 무형문화재가 지정되기 시작한 1964년부터 1969년까지 총 31개의 종목이 지정되었는데, 지정 내역을 살펴보면 서울에 모여 있던 전문 예인의 예술 분야가 우선적으로 지정되었던 반면 지방 소재의 무형문화재는 12종목이 지정되었다. 그리고 그 종목들은 모두 '전국민속예술경연대회'를 통해 선정되었다(정수진 2008).

같은 맥락으로 수공예 분야 중 무형문화재로 지정된 초기의 보유자들은 까다로운 심사를 거치지 않았던 것으로 보인다. 심사 기준에서 특별한 교육이나 학위를 보기보다 계보와 함께 한 분야에 오랜 시간 매진해온 경력이 인정되어야 했다. 첫째로 1970년 12월 16일

공포된 문화재보호법 시행규칙에서 말하는 "중요무형문화재의 예능 또는 기능을 원형대로 정확히 체득 보존하고 이를 그대로 실현할 수 있는 자"에 충족되면서, 둘째 무형문화재에 대한 이해도가 높아야 했고, 마지막으로 필요한 조치를 취할 수 있는 행정 처리에 능숙한 조건을 갖추면 문화재로의 지정이 어렵지 않았던 것으로 보인다. 실력이 있음에도 문화재에 대한 인식이 부족하여 시도조차 하지 못했던 지역 소재의 한계점도 있었기 때문이다.

현재 전통문화와 무형유산에 대한 관심과 이해도가 높아지면서 문화재가 되고자 하는 여성이 늘어났다. 자기만의 독특한 개성을 담아 작품을 완성하는 성취감에서 나아가 공예품으로의 가치를 인정받는 명장이나 문화재가 되고 싶은 욕구가 높아진 것이다. 여성들은 국가의 명장, 나아가 무형문화재로 인정받기 위해 전승공예대전이나 공예품대전과 같은 대회에 참여한다. 실력을 가늠하고 인정받을 수 있는 첫 시작이 대회 출품과 수상이기 때문이다.

구술자 C는 명장이 되기 위해 각종 공예 기능대회와 경진대회에 작품을 출품했다. 참여했던 대회로는 기능올림픽, 매년 치르는 각종 공예품 경진대회, 전승공예대전, 동아대전, 문화관광상품, 신사임당 등이 있다.[5] 기능올림픽은 기능경기대회를 일컫는다. 기계, 금속, 전기/전자/정보, 건축/목재, 공예, 미예 분야의 50여개 종목이 참여하

5 명장이나 문화재가 되기 위해 노력하는 여성들은 많지만, 이를 위해 노력하고 있는 활동들에 대한 이야기를 듣기는 쉽지 않다. 시험과 작품을 준비하는 것을 이야기하기 꺼려하기 때문이다. 하여 본 고에서는 공개가 가능했던 구술자 한명에 대한 내용을 구체적으로 서술하고, 구술자의 개인정보보호를 해칠 가능성이 있는 자료에 대해서는 삭제하였다.

여 경쟁하는 대회로, 매년 공고에 정해진 기간인 연 1회 진행하며 수상 성적에 따라 지방, 전국, 올림픽(국제)대회까지 참가할 수 있는 자격이 주어진다. 입상자는 상장, 메달, 상금이 지급되고 해당 직종의 국가기술자격 기능사를 시험 없이 취득할 수 있다. 전국, 올림픽까지 갈수록 수상 금액이 높아지고 각종 장학금 및 기능 장려금이 지급되기도 한다. 명장은 각 분야에서 15년 이상 종사하고 있는 기술자가 신청할 수 있다. 먼저 서류심사를 거치는데 여기에는 숙련기술 보유 정도와 숙련기술 발전에 기여한 정도, 숙련기술자의 지위 향상에 기여한 정도, 공예의 경우에는 산업화나 현대화의 노력이 추가적으로 들어간다.[6] 무엇보다 기능경기대회에서 수상을 해야 다음 명장 신청이 가능한데, 숙련기술 보유를 기능경기대회의 입상 여부나 국가기술자격증을 취득 여부로 판단하기 때문이다. 수상 경력이나 기능사 자격증이 없다면 서류심사에서 떨어질 위험성이 크다. 이밖에도 숙련기술자의 지위 향상 기여도를 대외활동이나 사회봉사활동의 실적으로 평가한다. 즉 각종 대회 수상과 기능 증명서, 관련분야에서 공증이 가능한 활동이 필요하다는 의미이다.

> (공무원 행정 서류 처리 하려면) 응 받은 상장이 없어. 그래서 각종 대회에 나가서 받아라 그거지. (그래서 끊임없이 대학원도 다니라, 상도 타와라 요구하신 거군요?) 학문의 자질이 없어. (자질이 뭐에요?) 수는 놓을지 알아도 배경지식이 없어.

---

6 기능경기대회, 마이스터넷 (https://meister.hrdkorea.or.kr:1443/main)

아님 한상수 선생님[7]에게 사사받았다던지 그런 게 있어야 하는데, 체계가 없어. 그래서 공부를 좀 해야 되겠다.

◆ 구술자 R 인터뷰 자료 중에서

여성들은 이러한 관심은 국가의 행정처리 과정과도 연관이 있다. 어느 전공이나 직위를 불문하고 한 사람의 전문성을 파악할 때 보는 것은 대학 이름과 학위, 자격증이나 수상내역과 같은 것이다. 하지만 여성 수공예를 전문적으로 하는 사람은 이러한 사항들을 살필 수 없다. 여성 수공예의 특성은 집안에서 이루어진 소소한 일상이다. 솜씨가 좋다고 지역에 입소문이 난 집에 가서 배우는 것이 전부였다. 교육에서 제외되어 생계를 위해 수공예에 종사했던 여성들이 대부분이었고 묵묵히 자신의 할 일을 할 뿐이었지 애초에 명예를 위해, 수상을 위해 무언가를 하려는 생각을 하지 못했기 때문이다. 이런 상황에서 국가의 행정에서 요구하는 서류의 내용을 충족하기 위해, 여성들은 백방으로 노력한다.

물론 앞서 살펴본 바와 같이 자신들이 평생을 바쳐 해온 일에 대한 지적 호기심을 채우기 위해서 수업을 받는 여성들도 있다. 다만 그 이면에는 공식적으로 실력을 입증할 수 있는 요건을 갖추기 위해 평생교육원이나 유명 대학의 대학원 과정을 이수하며 자신들을 보증할 수 있는 이력을 쌓는 모습도 나타나게 된 것이다.

전승공예대전은 대한민국전승공예대전을 이르는 것으로, 1973년

7 국가무형문화재 자수장 보유자로, 이 문맥에서는 국가무형문화재로 지정받았을 정도의 사람에게 사사를 받아야 그래도 실력을 인정할 수 있다는 의미로 사용되었다.

'인간문화재 공예작품전시회'라는 이름으로 시작되었다. 그 후 '전승공예전'으로 변경하였다가 1986년 '전승공예대전'이 되었다. 이름의 성격에 맞게 본래 국가무형문화재 보유자들의 작품 전시가 이루어져왔으나, 1989년 제14회부터 숨어있는 우수한 공예 기능인을 발굴하는 전시회의 성격을 띠게 되었다. 그래서 현재 우리나라 전통 공예가들의 기능을 뽐내는 대회로 정착되었다.

> (공예품 대전에 나가려면 갖춰야 하는 조건이 있어요?) 아니 그쪽에서 요구하는 것은 아닌데 내가 이제 정확하게 원본에 맞춰서 하려고 하는 거지. 내 작품을 최상품으로 만드는 거야. 최상품으로 하려면 이걸 똑같이 해야 해. 이게 상품이 공예품경진대회는 상품성, 우리 전통을 살리면서 상품성. 전승공예대전은 오리지널, 전통성을 하기 때문에 저거인 경우에도 원본 그대로 해줘야 하는 거야. (원본이라는 게 있어요?) 자수 유물 (아, 그럼 지금 남겨져있는 도안 그대로 해야 한다는 거죠?) 그렇지. 천도 거의 그대로. 그러니까 어떤 사람은 어느 정도까지 하냐면 천도 다 천연염색을 해버려. 본인이. 실까지 (그럼 그건 전승공예대전에 출품하기 좋은 거네요?) 그렇지. (전통성을 살려서 한 것이니까.) 그래서 전승공예대전에서 최상품으로 가장 전통에 가깝게 가장 완벽하게 그렇게 하는 게 전승공예대전이고, 공예품대전은 이거를 만들어서 상품성 있어서 가격도 다 봐. 가격도 점수를 매겨. (대통령상이나 국무총리 상 받으면 뭐가 좋아요?) 일단 유명해지니까 작품가격이 올라가고, 그 사람이 수를 잘 놓는다는 인정을 받게 되고 (아

국가적인?) 응.

◆ 구술자 C 인터뷰 자료 중에서

한 분야에서 오랜 시간 전념하여 실력만 키우면 접근이 가능했던 과거와 달리, 실력을 공증할 수 있는 평가를 거쳐 순위를 다투어야 하는 상황이 된 것이다. 여성에게 요구하는 항목과 조항들이 늘어났고, 여성들은 당연하게도 국가에서 요구하는 무형문화재에 대한 규정에 민감해질 수밖에 없다. 기능대회의 수상 뿐 아니라 관련 분야에 걸맞은 대외적인 활동내용 역시 필요하다.

명장이 되기 위한 서류에는 수상 내역 외에도 사실 확인서와 추천서가 들어간다. 사실 확인서는 구술자 C가 끊임없이 자수와 관련된 활동을 계속해 왔다는 사실에 대한 증빙이 담겨있다. 증빙으로는 관련 분야의 전문가에게 어떤 가르침을 받았는지에 대한 것, 학교 및 단체나 기관에서 교육을 진행했다는 것, 공방을 운영한 사실에 대한 내용이 들어간다. 추천서는 구술자 C의 수상 경력을 입증한다는 내용이 이 분야의 전문가, 관련 기관장, 관련 문화원, 전통공예인협회 등의 이름으로 발행되었다. 이 밖에도 경력을 뒷받침 해줄 수 있는 각종 서류들이 포함된다.[8]

제출 서류의 많은 부분을 차지하는 사실 확인서와 추천서는 그 양이 많을수록 다양한 활동과 교류를 했다는 것을 의미한다. 첨부되는 사실 확인 서류의 발행인, 즉 책임자의 이름과 함께 인감증명서가

---

8 관련 서류는 서류를 준비하는 당사자에 따라 그 종류나 양에 차이가 있으며, 자세한 사항은 구술자의 개인정보보호를 위해 공개하지 않는다.

포함된 것도 있어 서류 발행이 녹록하지 않음을 유추할 수 있다. 집안에서 조용히 이루어졌던 여성 수공예의 특성과 다르게, 대외적으로 끊임없이 활동하고 봉사하며 전통 공예의 가치와 미를 알리고 교육해야 하는 의무가 생긴 것이다.

특히 전라북도 전통공예인협회[9]는 전통공예의 기능을 계승하고 발전시키기 위해 전라북도 내 공예인을 중심으로 만들어진 단체이다. 목칠, 금속, 도자, 한지, 서각, 섬유, 민화, 매듭 등의 공예 부분 기능을 갖고 있는 사람이면 자유롭게 가입할 수 있다. 전주 전통공예 전국대전을 개최하여 작품을 가려 뽑는 대회를 열고, 전시회를 개최한다. 공예인들 사이에는 다양한 정보를 얻거나 실력에 대한 공증을 받고 작품을 하는데 있어서 동기 부여를 받는 등의 역할을 하고 있으며, 이 외에도 같은 공예인들과 함께하는 친교모임으로 돈독한 유대감을 쌓기도 한다.

> 전주 전통공예인협회? 먼저는 온고을 협회지. (거기에 무슨 무슨 장인이 있는 거예요?) 글지. 전주 장인들 주기적으로 만나지. 한 6월 달 즈음에 협회전을 해. 내가 거기 초대가 되어가지고 초대 작가전 하고 바로 해. 한 주 사이로 하고. 그때 만나고 총회 때 만나고. 문화재 쪽 안 계신 분들도 고창에 계신 분들도 한번 생각을 해봐라 하는 어르신들이 많이 계셨고. (공예인 협회는 자격 조건이 있나요?) 내가 공예를 하는 사람이어야 하지. (어머니는 처음에 어떻게 아신 거예요?) 내가 공

---

9 (사)전라북도 전통공예인협회 (http://cafe.naver.com/jeonlabukdotradtion)

모전을 하면서 ○○○회장님이라고 그분하고 ○○○씨 그 분, 두 분이 권유를 했어요. (어머니 그럼 처음에 공모전에 작품을 내신 계기가 뭐에요?) 그 사람이 그 신문을 보내주시면서 미술협회에다가 공모전을 내보라고 그 분이 내보셨다니까?

◆ 구술자 A 인터뷰 자료 중에서

구술자 A 역시 전통공예인협회에서 활동하며 작품을 출품할 동기를 부여받았다. 무형문화재로 지정되었거나 지정을 준비하는 대부분의 장인들은 이 협회를 통해 많은 정보를 얻는다. 실제로 협회 구성원에게 수상대회나 장인신청과 같은 곳에 나가보라는 추천을 받아 시작하게 되었다는 구술자들의 증언이 많이 나온다. 지역에서 소소하게 본인의 업을 묵묵히 해오는 일의 특성 상 정보를 접할 기회가 없기 때문이다. 때문에 국가의 문화재 정책에 관한 정보와 서류 준비에 서툰 고령의 장인들에게 협회는 정보의 보고이다.

7. 결론

생활용품을 자급자족하기 위해 여성이라면 익혀야 했던 '일상'인 수공예는 일제강점기, 경제개발·산업화시기를 거치며 '기술'로 거듭나게 되었다. 우리나라의 경제개발은 해방, 6·25전쟁, 군사정변 등 급변하는 역사의 굴곡을 거쳐 빠른 시간 내에 이루어졌다. 여성들은 생업전선에 몰려 돈을 벌 수 있는 일이면 주저하지 않고 뛰어들어 가계와 생계에 보탬이 되고자 노력했다. 하지만 해방과 전쟁을 겪었던 시대, 더군다나 여성의 몸으로 정상적인 학업 교육을 받을 수 있었던 사람은 극소수에 불과하였다. 국가에서 운영하는 임시학교가 있었지만 남성들의 교육도 힘든 실정이었고, 여성들의 학력은 그대로 단절되었으며 사회로 진출할 수 있는 통로가 사라지게 되었다. 수공예는 그런 여성들에게 사회로 나가 일자리를 잡고 소득을 창출할 수 있는 고유 전공이자 전문기술이 된 것이다. 수공예는 경제개발시기 학력이 단절된 여성들에게 주어진 유일한 기술이었다. 수공예로 벌어들인 돈은 생계를 위해 사용되었고, 여성들은 수공예로 가장이 되어 가정을 책임졌다. 여성 스스로의 만족감과 성취감을 위해서 수공예를 한다기보다 가정 내 남성의 성공을 위해 돈을 벌어야 하는 수단이었고, 철저히 자신을 포기하고 뒷바라지 했다.

수공예로 벌어들인 수익은 일반 남성들의 월급보다 벌이가 더 좋았고, 경제적으로 크게 기여할 수 있었다. 이는 여성에게 가정을 살려 낸 가장의 역할을 해냈다는 자부심을 심어주었다. 일생을 바쳐 수공예를 했던 여성들은 단순한 돈벌이와 노동의 대상이 아닌, 수공예에 다른 의미를 부여하기 시작한다.

특히 1980년대를 맞으며, 우리나라는 86아시안게임과 88올림픽 같은 국제경기대회를 개최하였고, 이를 계기로 민족문화의 중요성이 인식되기 시작했다. 세계 각국과 교류가 빈번해지며 영부인이나 외교관, 관료의 부인이 한복을 착용하였고, 세계미인대회에서 한복이 최우수 민족의상상을 수상하는 등 전통 한복의 아름다움이 전 세계로 알려졌다. 이러한 사회적 분위기를 반영하듯이 한복과 전통에 대한 관심이 재고되었다. 이러한 관심은 우리 것에 대한 재인식으로 이어졌고 산업화에 밀려 사장되어 가던 여성 수공예에 대한 관심을 증폭시키는데 일조했다. 산업화의 물결 속에 수공예는 경제적 수단이 되지 못했다. 옛것을 찾으려는 향수로 이따금씩 찾아오는 손님을 제외하면 수공예는 말 그대로 사장되어가고 있었다. 일생을 수공예에 매진하여 살아온 여성들에게 이러한 상황은 먹먹함으로 돌아왔다. 그런 그들에게 민족문화에 대한 관심과 한복의 유행은 '전통문화'라는 이름 아래 새로운 명예와 지위를 찾을 수 있는 기회로 다가왔다.

무형문화재 제도의 법제화와 늘어가는 보유자 인정 사례들, 산업화와 기술 발달로 사라져가는 전통 문화에 대한 인식 변화는 여성들의 의식을 깨트려주는 역할을 했다. 수공예가 단순히 생계수단을 책임질 수 있는 기술에 그치는 것이 아닌, 나아가 문화적·예술적 의미와 가치를 부여할 수 있는 대상임을 자각하게 된 것이다. 매듭, 자수, 침선, 누빔이 국가무형문화재로 지정되고 국가차원의 보호와 관리를 받는 상황은 수공예를 해 온 여성들에게 지금까지 매진해온 활동의 정점을 무형문화재 보유자 인정으로 귀결하는 환경을 조성한다.

더군다나 수공예는 다른 공예와 다르게 여성 전승 공예라는 특수성을 가지고 있다. 여성 수공예는 단순한 바느질이 아니다. 외할머니에서 어머니로, 그리고 딸에게로 이어지는 여성 전승의 문화이자, 일생을 바쳐 온 자신의 존재 가치를 입증 할 수 있는 수단이다. 할머니와 어머니로 이어 내려 온 가족 전통이자 자신의 혼을 살리기 위해 도달할 수 있는 최고의 장인을 꿈꾸게 되었고, 그 대상으로 국가에서 인정하는 무형문화재가 주목받게 된 것이다.

우리는 무형문화재가 되기 위해 고군분투하는 여성들을 보며, 분야의 최고를 가려 뽑아 소수만 인정하는 우리나라 문화재 제도가 갖고 있는 하나의 폐해라고 말한다. 하지만 여성들이 수동적으로 국가의 정책이나 제도에 함몰되어 무조건적으로 인정받으려고 노력하는 것이 아니다. 시대에 따라 다양하게 규정하는 수공예에 대한 인식 속에서 끊임없이 대응하며 적극적으로 실천해왔다. 여성들은 점차 수공예에 자신의 개성과 의미를 부여하며, 수공예를 통해 자신의 정체성을 확립시키고 있다. 그리고 일생을 바쳐 해 온 수공예를, 나의 혼이 담긴 작품을 문화유산의 자리에 올리고자 노력한다. 우리나라에서 인정하는 무형문화재가 되는 것을 마지막 정점이자 목표로 삼는다.

본고에서는 경제부흥과 세계화에 따른 사회의 배경적 요인이 여성과 수공예 활동에 어떠한 영향을 미쳤는지 확인하고, 여성들의 사회적 대응을 정리해보고자 했다. 2011년 행정안전부에서 시행한 향토 핵심자원 개발 사업에서는 사장되어갔던 과거의 유물인 수공예가, 국책사업을 통해 하나의 전통의 문화유산으로 각광받기 시작한 분위기, 문화유산과 전통에 대한 재인식, 전통문화와 무형유산에 대한 관심과 이해도가 높아지면서 문화재가 되고자 하는 여성이 늘어났고, 자기만의 독특한 개성을 담아 작품을 완성하는 성취감에서 나아가 공예품으로의 가치를 인정받는 명장이나 문화재가 되고 싶은 욕구가 높아지게 된 내용을 다루었다. 그래서 한 분야에서 오랜 시간 전념하여 실력만 키우면 접근이 가능했던 과거와 달리, 실력을 공증할 수 있는 평가를 거쳐 순위를 다투어야 하는 상황을 확인할 수 있었다.

여성 수공예는 여성의 삶과 밀접하게 연관되어 그들의 삶을 비춰줄 수 있는 거울의 역할을 한다. 단순히 '삯바느질로 가계에 보탬이 되고자 노력하셨지'라는 단편적인 표현으로 담을 수 없는 다양한 여성의 삶을 담고 있다. 여성들은 급변하는 사회·문화적 배경 속에 끊임없이 영향을 받았고, 그 안에서 능동적으로 대처하며 가시적인 주체적으로 성장해나갔다. 하지만 지금까지의 연구에서는 일제강점기, 6·25, 산업화, 근대화와 같은 굵직한 역사적 사건 속에서 활동한 여성들의 움직임이 드러나 있지 않다. 하지만 여성들은 급변하는 사회·문화적 배경 속에서 끊임없이 영향을 받았고, 그 안에서 능동적으로 대처하며 가시적인 주체적으로 성장해나갔다.

우리는 수공예를 단편적인 전통문화 공예로만 보고 있다. 이 연구는 여성 수공예가 어떠한 과정을 거쳐 공예로 인정받을 수 있었고, 그 변화 속에서 여성들은 어떻게 반응하고 실천했느냐를 보여줄 수 있다. 수공예를 단순한 공예가 아닌, 여성의 정체성을 표현했던 하나의 수단으로 봐줘야 할 필요성이 있다.

| 참고 문헌 |

강영자, 2006, “전통사회에서의 여성생활문화”, 『자연과학』 16(1), 대전대학교기초과학연구소.

김경희·김혜장, 1997, “가부장적 국가”, 『여성과 사회』 8, 한국여성연구소.

김소영, 2002, “현대패션에 나타난 동양자수에 대한 고찰”, 성신여대 석사학위논문.

김순애, 1975, “근대 한국 자수에 관한 연구”, 이화여대 석사학위논문.

김주현, 2009, “여성공예와 한국 근대자수 – 페미니즘 ‘예술’ 개념을 위한 비판적 분석”, 『한국여성학』 25(3),한국여성학회.

김철효, 2004, “근대기 한국 ‘자수’미술개념의 변천”, 『한국근대미술사학』 12, 한국근현대미술사학회

김철효, 2011, “구술사를 통해 본 20세기 한국의 자수미술가들”, 『아시아 여성과 공예 워크숍 자료집』 이화여자대학교 아시아여성학센터.

김현정, 1999, “여성운동과 국가의 관계에 대한 연구”, 이화여대 석사학위논문.

문옥표, 2011, “문화유산으로의 전통공예: 일본 교토 니시진오리의 사례”, 『한국문화인류학』 44(3), 한국문화인류학회.

박을복, 1997, 『바늘 끝에 아로새겨진 오색의 아름다움』, 우진 맥프로세스.

신경아, 1997, “한국 여성의 모성 갈등과 재구성에 관한 연구”, 서강대 박사학위논문.

신지영, 2011, “여성의 역사쓰기: 자수공예와 한국 현대 미술사”, 『아시아 여성과 공예 워크숍 자료집』, 이화여자대학교 아시아여성학센터.

이미석·이선재, 2002, “조선시대 규방문화와 침선소품에 관한 연구”, 『한국복식학회지』 52(8)

이중희, 2005, “조선미전 설립과 그 결과”, 『한국근현대미술사학』 15, 한국근현대미술사학회.

이재경·김선욱, 1993, “국가와 성통제: 성관련 법과 정책을 중심으로”, 『여성학논집』 9

위주영, 2010, “한국 전통 공예정책에 대한 일고찰”, 『남도민속연구』 20, 남도민속학회.

임영미, 1998, “여성 정체성 변화에 대한 연구”, 서강대 석사학위논문.

장미경, 1999, 『페미니즘의 이론과 정치』, 문화과학사.

장미현, 2004, “한국전통자수에 나타난 民繡에 관한 연구”, 동아대 교육대학원 석사논문.

장정아, 2008, “‘민간문화유산’에서 ‘위대한 중국의 문화유산’으로”, 『한국문화인류학』 41(1), 한국문화인류학회.

전진성, 2010, “경제·문화적 발전과 여성 역량강화 도구로서의 공예”, 『이화여자대학교 아시아여성학센터 학술대회자료집』, 이화여자대학교 아시아여성학센터.

정수진, 2004, “무형문화재 제도의 성립, 그 역사성 재고”, 『한국민속학』

40, 한국민속학회.
정요섭, 1970, “일제치하에 있어서 한국여성에 대한 교육정책과 그 저항운동에 관한 연구”, 『아시아여성연구』 9, 숙명여자대학교 아시아 여성연구소.
조주현, 1996, “여성 정체성의 정치학”, 『한국여성학』 12(1).
차영순, 2010, “여성과 공예문화산업”, 『이화여자대학교 아시아여성학센터 학술대회자료집』, 이화여자대학교 아시아여성학센터.
허동화, 1997, 『우리가 정말 알아야 할 규방문화』, 서울 현암.
허라금, 2010, “아시아 여성과 임파워먼트, 여성산업으로서의 공예”, 『이화여자대학교 아시아여성학센터 학술대회자료집』, 이화여자대학교 아시아여성학센터.

일상의 기억에서 문화유산으로
: 미래유산 제도를 통해 보는 전주 문화자원의 활용과 그 의미[1]

조나영 | 신문박물관 학예팀

1. 머리말

> "과거가 지나가고 사라지는 게 아니라 차오르고 새어나오는 거란 생각이 들었다. 살면서 나를 지나간 사람, 내가 경험한 시간, 감내한 감정 들이 지금 내 눈빛에 관여하고, 인상에 참여한다는 느낌을 받았다."[2]

---

1 이 원고는 석사논문 『일상의 기억에서 문화유산으로: 전주의 미래유산화 전략에 대한 연구』(2018)와 『무형유산학』 제3권 2호 "미래유산의 탄생과 기억의 활용방안에 대한 연구: 전주미래유산의 사례를 중심으로"(2018)를 수정·보완한 것이다.

2 김애란, 2017, 『바깥은 여름』, 문학동네, 173쪽.

김애란의 소설처럼 과거의 기억은 우리의 얼굴과 인상에 삶의 흔적을 남긴다. 기억의 흔적은 사람이 머물렀던, 지금은 살지 않는 건물에도 남아있다. 건물을 허물고 새롭게 짓는 그곳에도 기억은 분명 존재하고 있다. 이처럼 수많은 건물과 장소에 남아있는 사람들의 기억들이 모여 도시를 이룬다. 기억이 얼굴에 흔적을 남긴다는 김애란의 글처럼, 미래유산은 도시의 흔적을 보존하고 미래세대에 전달하기 위해 등장한 제도이다. 구도심 활성화를 위한 개발을 하면서도 무분별한 개발을 막아야 하는 아이러니를 해결하기 위한 새로운 방법인 것이다.

도시재생이라는 명목으로 수많은 근·현대문화유산이 사라지고 변형되고 있다. 이와 동시에 모순되게도 근·현대 역사와 문화유산에 대한 가치가 재조명되고 보전 및 활용의 필요성이 함께 제기되고 있다. 그러나 현실적으로 근·현대시기 문화유산 대다수는 법적 보호관리의 사각지대에 놓여 있는 상황이기에 체계적이고 지속적인 보존관리가 쉽지 않다. 또 대다수의 시민이 가까운 과거인 근·현대문화유산의 중요성을 제대로 이해하고 있지 않아 이에 대한 인식 전환의 계기 마련이 요구되고 있는 시점이다. 이러한 상황에서 등장한 '미래유산'이라는 개념은 사라져가는 것들을 지키기 위한 지자체와 시민들의 바람에서 나온 제도이다. 2012년, 서울시를 시작으로 각 지자체들은 근·현대문화유산을 지정·보호하는 방안을 마련하고자 노력하고 있다. 서울시는 "오늘, 우리는 100년 후 보물을 준비합니다."라는 대표적인 슬로건을 앞세워 시민들의 기억의 장소를 보존하려는 움직임을 지속해오고 있다.

전주는 한옥마을과 풍남문이라는 전통문화유산을 간직하고 있으면서 동시에 근대화된 도시의 모습을 품고 있는 곳이다. 도심에 자리 잡고 있는 풍남문이 그 위용을 자랑하며 그 자리를 그대로 지키고 있고, 동문은 동문사거리라는 이름으로 기억되고 있으며, 서문과 북문은 서문교회와 북문교회를 바깥으로 하여 여전히 그 자취를 기록하고 있다(원도연 2004: 204). 성곽을 중심으로 전통과 현대가 함께 자리하고 있는 문화자원을 보유한 도시인 것이다.

전주의 미래유산 제도 역시 근·현대문화유산을 보호하려는 전주시와 사람들의 역사와 삶의 궤적을 찾는 역사적 활동이다. 2016년부터 전주시는 미래유산을 통해 전통문화중심도시에서 근·현대시기까지 아우르는 시간의 확장을 통해 전주라는 도시의 정체성을 강화하는 계획안을 발표했다. 전주는 전통문화도시의 상징적인 장소임과 동시에 구도심 지역을 중심으로 유·무형의 근·현대 생활유산이 많이 남아 있는 곳이기 때문이다.

따라서 전주시의 미래유산 제도는 근·현대 시기의 문화유산 중 문화재로 지정받기는 다소 어려움이 있지만, 미래적이고 장기적 관점에서 보존할만한 가치가 있는 것을 선정하고, 미래의 자산으로 활용하고자 한다. 서울미래유산의 사례를 참고하여 전주미래유산포럼을 개최하고, 7차례에 걸쳐 미래유산 정책의 큰 틀을 정립하였다. 이를 토대로 미래유산으로 가치 있는 곳들을 추천받고, 2017년 4월부터 8월까지 〈미래유산 전문가조사〉를 진행하였다.

연구자는 〈미래유산 전문가조사〉 학술용역에 참여하게 되면서 미래유산을 접할 수 있었다. 연구자팀은 전주의 구도심 지역을 중심으로 '미래를 위해 남겨 둘 현재의 유산' 또는 '미래가 필요로 하는 현재까지 전승된 유산'으로 개념을 정립하였다. 근·현대문화유산의 기억과 감성을 '전주의 정체성'으로 연결시키는 문제에 집중해 보았다. 미래유산포럼의 자료를 바탕으로 미래유산의 기준을 제시하고, 구도심을 중심으로 한 50여건의 미래유산 항목을 전주시에 제안하였다. 이후 미래유산보존위원회의 심의와 건물 소유자의 동의를 거쳐 2017년 38건이 지정되었다.

지정된 38곳 중에는 사라졌지만 기억 속에 남아있는 '무형유산'과 장소의 '유형유산'이 복합되어 있는 유산들이 지정되었다. 미원탑 터, 전주역 터, 한지 제조 기술 등 무형유산과 기억이 합쳐진 오래된 가게, 시장, 마을, 경기장 등의 유형유산에 이르기까지 다양한 분야를 아우르는 항목들이 지정되었다. 전주미래유산은 기억과 장소가 결합된 보다 복합적이고 통합적인 성격을 갖게 되었다. 이러한 시도는 전주시가 문화유산 원형보존의 정책에서 점차 문화자원의 활용 정책으로 바뀌고 있다는 점을 시사한다. 도시의 기억과 감성인 무형을 통해 전주의 정체성을 찾아가려는 새로운 움직임인 것이다.

연구자는 전주미래유산의 전개과정을 살펴보며 몇 가지 의문을 가지게 되었다. 이러한 의문들에 대한 문제의식을 바탕으로 연구자가 본 논문을 통해 살펴보고자 한 바는 다음과 같다.

첫째, 미래유산을 지정하고 보존하는 과정을 통해 기억이 문화유산으로 변화하는 과정을 연구한다. 이 과정에서 '장소의 기억'이 어떠한 역할을 하는지 밝힌다. 미래유산이 가지고 있는 장소의 기억은 무형의 기억과 유형의 장소가 혼합된 복합유산의 특징을 가지고 있다. 또한 일상생활과 밀접하게 연관되어 있으면서 동시에 과거와 현재의 기억과 감성을 모두 담고 있는 생활유산이다. 미래유산을 통해 기억이 남겨져 문화유산이 되고, 그 과정에서 어떤 기억은 탈락·변형·지속되는 이유가 무엇인지 본 논문을 통해 연구한다.

둘째, 전주미래유산을 대하는 다양한 주체들의 '기억의 방식'을 입체적으로 연구한다. 미래유산을 인식하는 기억의 층위를 통해 미래유산을 바라보는 다양한 관점들을 분류하여 분석한다.

셋째, 미래유산 후보로 등록되고 선정되는 일련의 과정을 통해 여러 주체가 미래유산에 대해 어떻게 인식하고 수용하고 있는지 고찰한다. 이를 통해 전주의 다양한 근·현대 문화적 산물 중 어떠한 것이 중점적으로 '미래유산'이 되는지 세밀하게 분석할 것이다.

2. 전주미래유산의 탄생

1) 전주미래유산 개념 및 범위

전주시는 미래유산의 개념을 '미래를 위해 남겨 둘 현재의 유산' 또는 '미래가 필요로 하는 현재까지 전승된 유산'으로 개념화하였다(전주시 2017: 2). 기존 문화재법처럼 유산을 그 자리에 머물러있게, 그 모습을 유지하는데 급급한 것이 아니다. 유산의 활용의 측면에서 더 자유로운 변화와

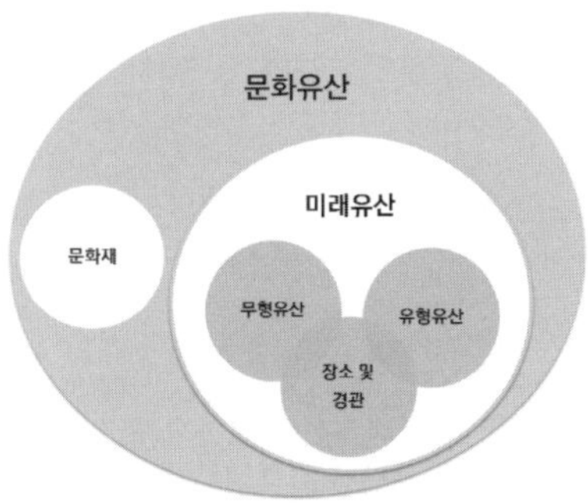

<그림 1> 전주미래유산의 범위

* 출처
전주미래유산 프로젝트 종합추진계획안, 10쪽 재구성

변형의 가능성을 담고 있어 의미 있다. 미래유산의 범위는 '총체적 성격의 문화유산 중에서 문화재는 아니지만 보전할 만한 가치가 있는 유·무형의 도시유산' 이다(전주시 2016: 1).

연구자가 속한 전문가조사팀에서는 미래유산에 대한 기본 개념을 제안하고, 미래유산이라는 용어가 가지는 시·공간적 범위의 큰 틀을 제안하는 것을 목적으로 하였다. 이후 전주시는 2017년 5월 15부터 전주시청 홈페이지를 통해 시민대표단을 모집하였다.[3] 이들이 미래유산보존위원회가 되어 미래유산 선정기준을 정립하고, 미래유산 후보군들을 심의·지정하였다.

2) 미래유산 선정기준

미래유보존위원회는 서울미래유산 세부선정기준을 토대로, 전주의 상황에 맞는 세부선정기준을 마련하였다. 4개 분과(역사·생활·도시·문화예술분과)로 나누고 각 항목에 해당하는 미래유산 항목의 적합성을 심의하였다.

3 전주시 미래유산의 보존과 활용에 대한 프로젝트 추진과 관련하여 전주시 미래유산 심의를 위한 보존위원회의 구성이 요구되어 『전주시 미래유산 보존 및 활용에 관한 조례』제8조 및『전주시 각종 위원회 구성 및 운영에 관한 조례』제4조에 의거 당연직을 제외한 위원에 위촉을 위하여 다음과 같이 위원 후보자를 공개모집 합니다(전주시공고 제2017-812호). 역사·문화·도시·건축 분야 등에 대한 학식과 경험이 풍부한 사람, 문화유산 관련 단체 또는 관련 전문기관에서 추천하는 사람을 대상으로 하였다.

<표 1> 미래유산보존위원회 분과별 세부선정기준 (* 출처: 전주시청)

분과위원회	분과별 세부선정기준
역사분과	• 흔적이 남아있는 유산 위주로 선정하되 터만 남아 있는 경우에도 시대성 · 상징성이 강한 유산도 포함할 수 있다.(상징물, 표석설치, 지도표시 등의 방법으로 표시) • 동상, 탑, 기념물은 인물에 대한 평가와 작품의 예술적 가치를 고려하여 선정 • 분묘의 경우, 가옥에 비해 보존의 중요도가 낮고 인물에 대한 평가를 논하기에는 논쟁의 소지가 많기 때문에 미래유산 선정대상에서 제외한다.
생활분과	• 소매업종 가운데 아래의 조건을 1개 이상 충족시켰을 경우에 선정 ① 최초 또는 그에 상응하는 대표성이 있는 것 ② 가업전승 여부, 장소의 연속성 유지, 독특한 이야깃거리, 상호의 변경 유무 등을 종합적으로 고려하였을 때 전주시민과 공유할 수 있는 가치를 가지고 있는 것 • 주택의 경우, 만들어진 후 약 30년 이상이 경과한 것 가운데 시대별 주거특성을 담고 있는 것으로 대표적인 것을 선정 • 형성된 지 30년 이상이 경과한 것 가운데 독특한 지역경관이나 생활사적으로 가치가 있는 거리를 선정 • 전주의 생활사에 있어 상징성이 높은 유·무형의 것
도시분과	• 만들어진 후 40년 이상이 경과된 건조물로서 당시의 모습을 그대로 가지고 있는 것 가운데 아래의 조건을 1개 이상 충족시켰을 경우에 선정 ① 시기의 특성이 잘 반영된 건조물 ② 멸실 · 훼손의 가능성이 높은 것 ③ 시민들이 공감할 수 있는 장소성이 있는 것 • 전주의 도시발달과정을 살펴볼 수 있는 건조물군 또는 흔적을 선정 • 건축거장의 건축물의 경우, 시대별 대표작 또는 인지도가 높은 작품을 선정 • 경관, 녹지, 보호수 등 자연물도 대상으로 함 • 집합주택의 경우, 만들어진 후 40년 이상이 경과한 것 가운데 최초 또는 시대별 주거특성을 담고 있는 것으로 대표적인 것을 선정 • 특화거리의 경우, 형성된 지 30년 이상이 경과한 것 가운데 독특한 지역 경관과 가로 전체에서 발생되는 상호 메카니즘이 생활사적으로 가치가 있는 거리를 선정

분과위원회	분과별 세부선정기준
문화예술 분과	• 시민이 주체인 일상문화 중 미래로 가치를 전승해 가야 할 문화적 활동 ① 시민축제, 시민놀이 ② 시민의 일상생활 문화 활동 및 생활문화 공간 • 전주시민의 고유한 문화적 특질을 형성하고 유지하는 문화예술활동 ① 전주의 문화예술사에서 상징성 높은 작품 ② 전주에서 활동한 또는 전주 출신의 문화예술인들의 활동공간

심의과정 중 세부선정기준을 마련할 때 분과 내 위원마다, 각 분과마다 각 항목에 대한 의견이 다르게 나타나기도 했다.

> 사람마다 바라보는 바가 다릅니다. 그 예로 (심의과정에서) 삼양다방 같은 경우, 오래된 다방이고 가치 있지만 그런 다방을 무슨 미래유산을 등록하냐 하는 의견도 있었습니다. 자료(심의 후보군: 연구자)에는 동학기념관 같은 것들이 올라와있는데 이런 게 연구팀에서 바라보는 관점에서는 의미가 있는 그런 것이죠. 심지어 같은 분과 내에서도 사람들의 의견이 달라졌습니다.
>
> 시민들이 봤을 때는 지정 대상지가 다 가치가 있다고 생각합니다. 연구자 분들도 마찬가지죠. 지역 공동체의 거점이 되는 가치가 있는 것이지만, 건축 쪽의 분들은 관심이 없었어요. 생활 분과는 가게, 거리 등을 많이 다루는데 어떤 분들은 '그냥 쌀가게인데' 이렇게 생각할 수도 있고, 건축과 같은 경우는 '아 이거 70년대에 지은 건물인데 중요하다'이렇게 생각할 수도 있는 것이죠. 주민, 관, 연구자의 의견이 갈라진다

기보다는 자신의 환경에 따라 관점에 중요도가 달라지는 것이라고 봅니다.

- 김○○(남, 30대) 시청관계자 면담

이처럼 각 분과별로 중점적으로 판단하는 부분들이 다르게 나타났다. 그 이유는 미래유산으로 지정하는 기준인 기억과 감성을 객관적인 지표로 나타내어 점수를 매기기 어렵다는 한계를 갖고 있기 때문이다. 전주미래유산이 진정으로 근·현대문화유산의 가치와 중요성을 인식하고 이를 함께 보호할 수 있도록 나아가길 바란다면, 다양한 주체들의 의견을 아우를 수 있는 열린 논의가 필요할 것이다. 협의를 통해 미래유산보존위원회는 심의를 거쳐 총 50여건의 항목을 미래유산으로 추천하였다. 이후 소유주의 의사에 따라 12건이 제외된 38건이 최종 결정되었다.[4]

3) 전주미래유산 현황

전주미래유산 지정된 총 38건의 항목은 다음과 같다. 전주종합경기장, 행치마을, 노송동천사, 서학동 예술마을, 옛 백양메리야스공장, 남부시장, 삼천동 막걸리골목, 삼양다방, 미원탑 터, 호남제일문, 거북바위, 장재마을, 이시계점, 전주동물원, 비사벌초사(신석정가

4 전주미래유산에 제외된 항목은 다음과 같다. 흑석탄광, 동학농민군 전주입성비, 화성전자, 명약국, 일진이용원, 한일민속대장간, 옛날 난로집, 서원경로당, 전주모자점, 곡물창고, 남완산금융조합, 동락원 이상 12건이다. 이유는 미래유산 지정을 반대했거나, 소유자가 분명하지 않는 등의 문제로 취소되었다. 이 부분은 3장에서 다루기로 한다.

옥), 홍지서림, 곤지산초록바위, 전주역 터, 행원, 양사재, 전주시외버스터미널, 선각사(옛 금융조합), 충경사, 통일이용원, 송용진한의원, 1924레스토랑(일제강점기 창고)[5], 약령시거리, 어은쌍다리, 고미술거리, 깨배기주단, 한성여관, 한지 제조 기술, 남문악기사, 한가네서점, 모래내 전통시장, 성수미점, 광명대장간, 문화촌 공공건축물 이상 38가지이다.[6]

<그림 2> 전주미래유산 분포도(연구자 작성)

---

5 1924레스토랑은 지정 당시 운영을 하고 있었으나, 2019년 상호가 변경되었다.

6 이후 보광재, 구 검사장 관사, 전북대학교 자연사박물관, 전주 최초 고아원 터, 매곡교와 싸전다리 뚝방길과 이거두리 이야기가 추가로 선정되어 2020년 현재 43곳이 되었다.

전주시는 한옥마을을 중심으로 하는 문화관광 사업이 한계를 드러내고 있으며, 이를 우려하는 목소리가 나오고 있는 상황에 직면했다. 이러한 시점에서 전주시가 내놓은 미래유산이라는 카드는 새로운 문화자원을 모색하고자 하는 전주시의 노력이며 새로운 방향성이라 평가할 수 있다.

3. 미래유산의 활용과 그 의미

1) 전주의 근 · 현대문화유산 가치에 대한 논의

등록문화재가 지정문화재를 보완하기 위해 생긴 제도임에도 불구하고, 미래유산이 필요하게 된 이유는 무엇인가? 등록문화재는 '지정문화재가 아닌 문화재 중 보존·활용을 위한 조치가 필요한 것을 대상'으로 하고 있다. 그러나 여전히 지정문화재로 보호되기 어려운 동산動産문화재를 제외하고 있어 다양한 형태의 문화재를 모두 수용할 수 없는 한계점을 가지고 있다. 이후 등록대상을 확대하려는 움직임이 나타나면서 2017년 11월에 일부를 개정하여 '등록문화재로 등록할 수 있는 문화재를 모든 문화재에서 유형문화재, 기념물(명승 및 천연기념물 등 제외) 및 민속문화재로 한정(제53조 제1항)'하여 변경하였다(정성미 2018: 363). 그러나 개정을 했음에도 '무형'은 여전히 등록대상에 포함하고 있지 않아 유형과 무형을 아우르는 제도가 될 수 없는 한계점은 여전히 존재하고 있다.

따라서 미래유산 제도는 무형유산의 가치와 중요성을 깨닫고, 이를 보완·활용하는 내용을 포함하게 된 것이다.

근·현대문화유산은 과거로부터 이어져 내려온 역사의 산물임과 동시에 100여 년의 세월이 흔적이다. 특히 근대문화유산은 전통과 현대를 잇는 가교 역할을 담당하고 있으며, 그 시대의 경제, 정치, 사회, 문화를 반영하여 형성된 한국사회의 발전 과정과 당대 시대상을 알 수 있게 하는 매우 중요한 유산이다. 또한 미래의 문화유산적 가치가 내재되어 있고, 미래의 후손들에게 우리의 삶을 비추어주는 거울이 된다(김미란 2017: 145). 현재 우리의 일상생활과도 관련되어 있기 때문에 대상도 매우 다양하다. 전주미래유산에 지정된 항목들이 각종 건물들과 거리, 오래된 가게, 여관, 이용원 등이 포함되어 있는 것을 보았을 때 근·현대문화유산은 매우 다양하고 폭이 넓다는 것을 알 수 있으며, 현재까지 이어지는 '생활유산'이라는 점이 큰 특징이다. 이는 현재 일상과 직접적으로 연결되는 경우가 많다는 것을 의미한다. 사람들은 지금도 그곳에서 생활하고, 그곳을 기억하고, 함께 영위하며 살아가고 있다. 유산으로 박제되어 고정된 것이 아니라 현재를 살아가는 사람들과 교류하고 소통하고 있다. 이처럼 근·현대문화유산이자 미래유산은 현재적이며 동시대적으로 일상과 가깝게 연결되어 있다. 다만, 살아있는 유산이기 때문에 그 의미와 가치가 어떻게 변화해나갈지 확정되지 않았다. 그러나 한편으로는 보존의 가치는 충분한 것이 근·현대문화유산이다. 이러한 과정을 통해 근·현대문화유산은 현재적이면서도 미래지향적인 성격을 갖게 되었다. 기존의 가치에 새로운 현재적 가치를 매일 추가하고 있는 것이다(이광표 2017: 39).

미래유산 제도의 등장은 사람들에게 근·현대문화유산이라는 용어를 자연스럽게 받아들일 수 있도록 만들어줄 수 있다. 게다가 보존 및 활용을 해야 할 근·현대문화유산에 무형물과 경관 등도 포함시키면서 근·현대문화유산의 범위를 '무형문화유산'과 '문화적 배경(경관)'까지 확장시켰다는 점에서 의미가 있다(신창희 2015: 46). 또한 전주미래유산 제도의 시민 참여 기회의 확대는 기존에 관이 주도하여 문화유산을 지정하던 방식에서 탈피하여 시민에게 직접적인 역할을 부여함으로서 주인의식을 높여주었다는 데 의의가 있다.

앞으로 전주미래유산은 시민들의 기억 속에 자리하고 있는 고유한 문화유산을 미래세대를 위한 유산으로 전승해주는 역할을 할 것이다. 이를 통해 미래세대는 근·현대시기 전주의 문화정체성을 확인할 수 있으며, 전주시민들의 기억의 화합을 도모하는 역할을 할 것이다. 또한 시민적 합의를 이끌어내는 역할을 할 수 있으리라 기대한다. 전주미래유산은 특정한 범주에 국한되지 않기에 시민생활 전반에 걸친 영역을 망라하고 있기 때문이다.

그러나 우려되는 점은 미래유산으로 지정된 항목들이 반드시 전주에만 있으라는 법은 없다는 것이다. 근·현대문화유산이 생활과 여전히 밀접하게 자리하고 있기 때문에 그 중요성을 오히려 간과하는 사람이 더 많다. 어느 곳이든 오래된 서점이 없는 곳이 없고, 어린 시절 동물원으로 소풍을 갔던 기억은 모두 가지고 있기 때문이다. 그런데 왜 전주미래유산으로 선정되는 것인가? 그 이유는 전주미래유산이 그 안에 내재된 전주시민의 '기억과 감성'에 주목했기 때문이다. 예를 들어 홍지서림은 전주시민들에게 단순한 서점이 아니다. 서점을 단순히 서점으로 바라보는 것이 아니라 이곳이 가지고 있는 또 다른 성격인 '만남의 장소'로서, 랜드마크의 의미를 담고 있다. 따라서 전주미래유산으로 선정된 곳들은 전주시민들이 공유하고 있는 경험과 기억, 감성의 공유, 이야기 등을 수렴하여 선정된 의미 있는 장소의 집합인 것이다.

전주미래유산은 특히 '공유성과 지역정체성'을 중요하게 여긴다. 그 이유는 전주시민들의 공감대가 충분히 형성되어야 지역만의 독특함이나 다른 지역과의 차별성이 두드러지기 때문이다. 앞으로 전주미래유산은 지역정체성 형성에 긍정적인 효과를 낼 수 있을 것이다. 또한 전통문화중심도시에서 근·현대문화유산으로 시간의 확장을 통해 또 다른 의미의 지역정체성을 형성하리라 기대되는 바이다. 다만, 아직 전주미래유산이 초기 단계이고, 지정 후 구체적인 보존과 활용정책이 미흡하다는 아쉬움은 여전히 남아있다.

근·현대문화유산은 지금도 다양한 변화를 겪으면서 의미와 용도, 가치가 변화하고 있다. 멸실·훼손의 위기에서 미래유산 제도가 등장하여 전주미래유산으로 지정됐다하더라도 오랜 시간 보존된다는 확신은 없다. 또 고정된 평가가 내려지는 것이 아니기 때문에 그 의미가 논란이 있을 수도, 주관적인 판단이 내려질 수 있다. 다만, 새로운 변화가 축적될 가능성과 의미와 가치, 평가와 해석 등이 모두 변화할 수 있는 여지를 내포하고 있다. 따라서 근·현대문화유산은 다른 어떤 문화유산보다도 이 시대 현재를 살아가는 사람들의 수용과 인식의 문제가 중요하다. 근·현대문화유산을 바라보는 관점의 간극을 최소화 하는 것이 앞으로 미래유산이 나아가야할 방향이기도 하다(이광표 2017: 40). 그리고 이는 곧 기억의 기록 문제와도 직결된다. 미래유산이 진정 미래의 유산으로 의미를 갖기 위해서는 연결되어 있는 수많은 기억을 수집하고 기록해두어야 한다. 사람들의 기억과 이야기가 미래유산의 사회문화적 의미를 분석할 수 있는 가장 원천적인 자료이기 때문이다. 현재 우리는 근·현대 격동의 시기를 경험한 세대와 경험하지 못한 세대가 동시대에 살아가고 있다. 이러한 시점에서 등장한 미래유산 제도가 근·현대문화유산의 가치를 깨닫는 출발점이 되기를 바란다.

2) 창출된 집단기억: 홍지서림과 한지 제조 기술

알박스(1992)는 '무엇이 사회 집단을 결속시키는가?'에 대한 물음에 답하고자 집단기억 개념을 주창하였다. 그는 과거사가 마음속에 재연되는 과정에 대해 다음과 같이 설명하였다.

> "무엇이 과거사에 대한 외적 자극제로 작용하는가? 기억 주체를 둘러싸고 있거나 그와 관계를 맺고 있는 타인들이 그러한 역할을 맡는다. 기억의 요건인 되살리기 과정에는 반드시 타인 또는 타인의 기억이 개입한다. 예컨대 내가 어떤 도시를 관광했던 기억에는 그 도시에서 내가 만났던 사업가, 관광하면서 내가 들고 다닌 지도의 제작자, 내가 본 건축물과 예술품을 세우고 만들었던 건축가와 미술가, 그 도시의 형성과 성쇠에 관한 정보를 내게 제공해 준 역사가들이, 그리고 그 도시에 대한 그들 저마다의 기억들이 일정한 역할을 분담한 듯이 개입한다. 이때 나는 내 생각 속에서 나와 그들로 구성된 이러저러한 집단 속에 나를 밀어 넣어 보는데, 그때 그 타인들은 그 기억을 나와 공유하는 셈이 된다."[7]

과거의 기억을 되살릴 때, 사람들은 집단의 영향력을 느끼게 된다.

이를 '집단기억'이라 명명한다. 그의 집단기억은 개인들의 회상을 보증해주는 의사소통적 기억이라는 점에서 중요하다. 개인의 기억은 파편화되어 저장되어 있기 때문에 불완전하고, 독립된 개념이 아니다. 집단을 통해서 혹은 타인과의 연결을 통해 그 의미를 획득하게 된다. 다시 말해 사람들은 사회 속에서 기억을 획득할 뿐만 아니라 이를 되살리고, 인식하여 배치하는 것이 가능하다(Halbwachs 1992: 38; 태지호 2014: 23에서 재인용).

이러한 측면에서 바라보았을 때, 미래유산으로 지정된 홍지서림과 한지 제조 기술은 유·무형문화유산으로서, 전주시민의 공동체적 의식을 바탕으로 한 전주의 대표적인 생활유산이자 집단기억이다.

① 홍지서림

<사진 1> 홍지서림

7 김영범, 1999, "알박스(Maurice Halbwachs)의 기억사회학 연구", 『社會科學研究』 6, 大邱大學校 社會科學研究所, 537쪽.

전주시민에게 동문거리는 모두의 추억이 담겨 있는 곳으로, 그 중에서도 특히 홍지서림은 약속이 있을 때 '홍지서림 앞에서 만나자'라고 말할 정도로 문화 공간의 중심지와도 같다. 과거 홍지서림은 부도가 나서 없어질 위기에 처하자 유명 소설가 양귀자가 이 소식을 듣고 홍지서림을 인수하여 운영할 정도로 그 애정이 남달랐다. 이후 IMF사태, 정보 매체의 발달, 다양한 문화 공간의 출현 등으로 출판업은 사양길로 접어들기 시작했는데, 홍지서림도 예외는 아니었다. 서점은 출판사마다 출판되는 책을 납품을 하고, 책이 팔린 만큼 대금을 받아가는 시스템으로 운영된다. 이런 상황에서 서점이 부도가 나면 출판사가 손해 보지 않기 위해서 곧바로 자신들의 책을 가져가는 경우가 다반사인데, 홍지서림만은 그러지 않았다. 홍지서림을 지키고자 했던 시민들의 바람과 신용이 그만큼 두터웠던 것이다.

이는 아직도 출판계 사람들 사이에서 회자되는 이야기이다. 전주시민뿐만 아니라 출판업자들도 우리나라 역사상 두 번째로 오래된 서점인 이곳이 없어지면 안 된다고 생각하였고, 고민 끝에 홍지서림을 살려야 한다는 강한 의지로 지역의 출판업자들이 함께 다시 일으켜 세웠다. 운영이 어려운 홍지서림에는 자원해서 온 출판업계 사람들이 홍지서림을 일으켜 세운 것이다.

> **연구자:** 홍지서림은 어떻게 가게 됐나요?
>
> **구술자:** 고등학교 때 처음 갔어요. 고등학교 때 남원에서 전학을 왔어요. 교과서가 없어서 사야 했는데 선생님이 홍지서림에서 사라고 알려줬어요. 학교 교과서를 웬만한 서점에서 안 파는데 홍지서림에서는 팔았거든요.

엄청 싸게 팔았어요. 3천원인가?

연구자: 홍지서림과 관련된 다른 기억이 있나요?

구술자: 대부분 고등학교 때 객사에서 놀면 '홍지서림에서 만나' 자고 해서 만났어요. 홍지서림을 처음 알았던 건 어린 시절부터 고모부랑 근처에서 콩나물 국밥을 먹을 때 항상 봤던 기억이 있어요.

한○○(남, 20대) 전주시민

홍지서림이 흥미로운 것은 40, 50대가 말하는 과거의 만남의 장소였던 것뿐만 아니라 아직까지도 세대를 이어 '홍지서림 앞에서 만나자'라는 말이 통용되고 있다는 점이다. 이곳이 전주의 랜드마크가 된 이유는 단순히 중심지에 위치했다는 것뿐만 아니라, 삐삐세대의 역할이 있었다. 지금처럼 통신장비(스마트폰)가 발전하기 이전에 삐삐세대는 정확한 시간과 만남 장소를 잡기 어려울 때면 서점에 들어가 책을 읽으며 시간을 보내곤 했다. 특히 홍지서림이 위치한 곳은 그 근처에서 여가활동을 하고 유흥을 즐기기에 좋은 상권이 형성되어 있었다. 그들은 주로 홍지서림 일대에서 주말 시간을 보내며, 친구들을 만나 즐기는 장소로 홍지서림 일대를 애용했다. 그러면서 자연스레 홍지서림이 '만남의 장소'의 역할을 하며 아직까지도 통용되고 있는 것이다.

이처럼 홍지서림 일대는 전주미래유산의 공유성과 지속성 측면에서 전주시민들의 공감대가 충분히 형성되어 있는 집단기억이며, 현재도 살아있는 유산이라는 점에서 미래유산적 가치가 높다.

② 한지 제조 기술

1960년대 전북 전주시 서서학동 흑석골 일대에서는 한지 제작이 성행하였다. 흑석골에서 한지 제작이 성행한 이유는 연중 수량이 풍부하고 철분이 함유되지 않은 하천이 흐르고 있고, 주변일대에서 한지의 주재료인 닥나무를 재배하면서 최적의 한지제작 자연환경을 갖추고 있었기 때문이다. 배첩, 한지공예, 부채제작 등 전주는 한지와 직접적으로 관련된 다양한 종목들이 발달할 수 있었고, 상기 종목들의 원재료인 한지 제작이 매우 중요한 역할을 담당하고 있다. 흑석골에 몰려 있던 한지공장은 여러 가지 시대적, 사회적 문제에 봉착하여 종이산업이 쇠락하고 있을 때 1970년대에 현재의 위치인 팔복동으로 단체 이전하면서 한지조합단지를 조성하였다. 한지 종사자들은 어려운 환경에서도 전통을 지속하고자 했고, 지자체의 정책적

<사진 2> 한지 제작과정 및 한지

노력이 더해져 전주한지를 지켜낼 수 있었다. 수입원료, 수입종이 등의 위기 상황 속에서도 전주의 전통문화를 지켜내고자 하는 필사의 노력인 것이다.

시대가 바뀌고 기술이 발달하면서 전통 한지 제조 방식은 자동화 공정으로 바뀌었고, 소량생산에서 대량생산의 시대로 접어들게 되었다. 그렇게 되자 전통한지를 만드는 장인과 업체들의 입지가 매우 좁아졌다. 자연스레 대부분 사라지고 적은 수만이 남아 전통방식과 반자동공정으로 전통한지를 제작하여 그 명맥을 이어오고 있다. 이는 한지생산 분야의 시급한 실정을 말해주는 것이다. 그러나 열악한 환경에 놓여 있어도 전주한지의 우수성을 인정하는 소비자들이 있기에 전주 한지는 지속될 수 있었다.

> 국가무형문화재가 만드는 합죽선에는 전주에서 만들어진 한지만 사용해요. 그리고 합죽선에 사용되는 한지는 일반 한지랑 달리 더 질겨야 해서 따로 주문해야 돼요. 닥이 더 많이 함유돼야 하거든. 흑석골에 있는 분한테 따로 의뢰하고 있어요.
>
> \- 라○○(여, 70대) 부채도배장[8]

> 지승공예에 사용되는 한지는 특별 제작을 해야 돼요. 처음 지승을 시작했을 때는 안동이나 원주의 한지도 사용했지만, 현

8 부채도배장은 합죽선의 한지를 전통 기술대로 합죽선의 형태에 맞게 접는 일을 하는 장인을 지칭하는 용어이다. 도배장은 전통방식 부채제작 분업화의 마지막 세대이며, 전주한지를 주재료로 사용하고 있다(국립무형유산원 2017: 87).

재는 전주 한지만 사용하고 있어요. 저는 전주 한지를 사용함으로서 한지의 도시 전주의 특성과 맞물려 지승 공예의 아름다움이 더욱 잘 드러난다고 생각했거든요.

- 김○○(여, 50대) 지승장[9]

배첩에서 한지는 보존성을 높이는데 중요한 역할을 합니다. 그래서 전주와 안동에서 특별히 주문 제작한 것을 사용하고 있습니다. 옛날에는 흑석골에서 만든 한지를 사용하기도 했는데, 현재는 구하기 어려워 수시로 좋은 한지를 구하러 전주를 돌아다니고 있습니다.

- 변○○(남, 70대) 전주배첩장[10]

전주 한지의 우수성은 한지공예 장인들 사이에서도 자주 언급되는 부분이다. 전주 한지는 공장에서 만들어 내는 종이가 아닌 '장인정신'이 내포되어 있는 교육적 가치와 느림의 미학이 만들어내는 예술품이다. 전주 흑석골에서 품질 좋은 닥나무가 생산되니 좋은 한지

---

9 지승장(전라북도무형문화재 제61호)은 종이를 꼬아 엮어 그릇을 만드는 종이공예 장인을 뜻한다. 한지를 재료로 하는 자연미와 실용미가 결합된 환경 재활용 공예품이라 할 수 있다. 과거 일반 서민들은 문살에 바르고 남은 창호지 따위의 버려진 종이를 모아 갖가지 소품을 만들면서 발전된 공예이다(출처: 이치피디아 ichpedia.org).

10 전주배첩장(전라북도무형문화재 제62호)은 지류나 섬유문화재를 수리하는 장인을 뜻한다. 배첩이란 글씨나 그림에 종이, 비단 등을 붙여 족자, 액자 등을 만드는 기술을 지칭한다. 전주시 완산구 전라감영로에는 변경환 장인의 기린산방이 있으며, 이 일대는 표구사, 화랑, 화방 등이 밀집해 있다. 전주지역의 고미술 전승과 보존, 복원을 시도해온 문화공간이라 할 수 있다(국립무형유산원 2017: 124-126). 이러한 특성을 살려 전주시는 이곳을 고미술거리라는 명칭으로 전주미래유산으로 지정하였다.

가 제작되고, 자연스레 한지공예가 발달할 수 있었다. 유독 전주에 한지를 활용한 장인들이 많은 것도 그러한 이유였다. 한지를 재료로 활용한 국가·시도지정 무형문화재가 해를 거듭할수록 많아지고, 한지공예를 배우고자 하는 전주시민들이 늘어가고, 전주시도 한지를 활용하고자 하는 정책들이 상호 연결되어 전주를 대표하는 문화유산이 되었다. 그리고 이를 보존하고 활용하기 위해 '한지 제조 기술'이라는 무형유산 자체를 미래유산으로 지정한 것이다.

3) 일상성의 가치에 대한 경합: 통일이용원과 일진이용원

전주미래유산 지정항목을 살펴보면, 일상생활과 밀접하게 연관되어 있는 항목들이 많다. 생활분과는 미래유산 심의과정에서 생활과 밀접하게 연관된 후보들의 가치를 점수로 매기기 어렵다는 판단 하에, 항목으로 올라온 후보들의 대부분을 미래유산으로 지정할 것을 제안하였다. 심의를 거쳐 미래유산분과위원회에서 제안한 미래유산 항목은 총 50건이다. 그런데 그중 12곳이 미래유산 지정을 반대했거나, '소유자가 분명하지 않다'는 등의 이유로 취소되었다. 연구자는 미래유산으로 지정됐다고 하여 받을 불이익이 없음에도 지정을 거절한 이유가 궁금했다. 연구자는 지정을 거부한 12곳 중 면담조사를 허락해준 명약국, 전주모자점, 일진이용원[11]을 방문하여 면담조사를

11 명약국은 노송동에서 가장 오래된 약국으로 1977년 개업하여 현재까지 운영 중이다. 명약국이 자리한 노송동은 현재 재개발지구에 선정되었으나, 현재까지 진척이 없는 상황이다. 전주모자점은 1960년대에 개업하여 3대를 이어온 모자점이다. 전주에서 가장 오래 되었으며, 과거 학생들이 교복과 모자를 착용하던 시절 모자를 만들어 팔았다. 현재는 자녀들이 대를 이어 학교 단체복에 이름과 상표를 옷에 부착해주는 일을 하고 있다. 일진이용원은 노송동에서 가장 오래된 이용원이다. 이

<사진 3> 명약국, 전주모자점, 일진이용원

실시하였다.

소유자들의 거절 이유는 예상치 못한 답변이었다. 공통된 거절 이유는 '유산'이라는 단어가 가진 부담감이었다. 소유자들에게 유산이 갖는 의미는 전주를 대표할 수 있고, 좀 더 오래된 전통에 가까운 것이라는 인식이 있었다. 물론 미래유산을 거절한 소유자들은 각자의 이유가 더 있겠지만, 여러 이유들 중 공통적으로 나타난 것은 자신의 가게가 미래유산으로 지정될 만큼의 가치가 없다는 것이었다. '유산'이라는 명칭을 붙이기 위해서는 전주를 대표하는 전통성을 가지고 있어야 한다는 생각이 있었기 때문이었다.

그러나 과거의 사람들도 생활에서 사용하던 백자나 옷가지가 유물이 되리라 생각하지 않았다. 가치가 없다고 생각한 것이 오늘날 문화유산이 되었다. 따라서 주변에 있는 생활 자료들이 지금은 그 중요성이 드러나지 않다 하더라도 앞으로 21세기의 삶을 이야기하는데 있어 중요한 자료이자 역사가 될 가능성은 무궁무진하다. 그렇

동네에서만 40여년을 운영하였다. 남성들의 전용 공간으로, 위생을 목적으로 오랜 단골들이 이른 아침부터 방문하는 곳이며, 아직도 곳곳에는 시간의 흔적들이 묻은 미용기구들이 있었다.

기에 우리는 미래세대를 위해 현재의 유산들을 보존하고 기록해야 할 필요가 있는 것이다(천진기 2007: 288). 그럼에도 그곳에 담겨있는 오랜 시간의 기억들을 소유자부터 가치가 없는 것으로 판단하였다. 미래유산을 바라보는 기억에 담긴 관점의 층위가 다른 것이다. 생활유산으로서 충분히 보존할만한 가치가 있다고 판단하여 지정을 건의 했음에도 소유자들은 '유산'이라는 명칭을 전통에 가까운 개념으로 인식하고 있는 것이었다.

미래유산을 거부한 12곳의 사례와는 달리 미래유산에 대한 긍정적인 평가와 기대를 갖고 미래유산으로 지정을 반긴 곳들이 있다. 앞서 살펴본 생활유산과 밀접한 연관이 되어 있는 통일이용원과 성수미점의 사례이다.

① <u>통일이용원</u>

통일이용원의 최○○(남, 60대) 이발사는 올해로 46년째 운영하고 있다. 처음 문을 연 이후 낡은 이발소의 모습을 리모델링하기보다는 오랜 기억의 흔적을 그대로 두는 편을 택했다. 다양한 연령대의 손님들이 다녀가고 저렴한 가격 덕분인지 근처 학교의 고등학생도 다녀간다. 이발소는 1970~80년대 40대 이상의 남성들에게는 추억이 깃든 곳이다. 중요한 의례를 앞두고, 예를 들어 명절 전이나 제사를 드리기 전에 몸을 단정하게 하기 위해 머리를 깎았다. 위생시설로 시작되었으나 산업화, 도시화되면서 점차 이용원은 미용, 휴식 등의 기능을 추가해 왔다. 동네 주민들이 모여서 담화를 하며 소통을 하는 곳이기도 하다. 통일이용원은 중화산동의 주민들뿐만 아니라 전주의 중장년층 남성들에게 기억의 장소이다. 면담조사를 위해 이곳

<사진 4> 통일이용원

을 방문했을 때 항상 손님이 끊이지 않아 인터뷰가 어려울 정도로 현재도 굉장히 활발히 운영되고 있다.

> **연구자:** 몇 년도부터 하셨어요?
>
> **구술자:** 40년 정도, 이 자리에서도 했고, 중화산동 안에서 계속 했지. 여기 공터 있죠? 그 자리에서도 했지. 우리는 단골들이 보통 30년, 20년은 돼요. 중화산동뿐만

> 아니라 동산동에서도 와요. (...) 46년째 영업하고 있어요. 두부집 근처에서 14년 동안 하다가 이쪽으로 왔어요. 21살에 처음 시작했어요. 잠깐 일 도와달라고 해서 한 게 지금까지 이어졌지.
>
> - 최○○(남, 60대) 미래유산 소유자

통일이용원 곳곳에 있는 생활유산들에서 오래된 것에 담겨 있는 기억의 가치에 대한 이야기를 들을 수 있었다. 그리고 그 안에 담긴 기억을 소중히 생각하는 최○○ 이발사의 자부심도 함께 느낄 수 있었다.

② <u>성수미점</u>

성수미점은 1947년 5월 10일 개업한 쌀가게이다. 쌀, 보리 기타 곡류를 가마니, 되, 홉 단위로 사고, 팔던 시대를 그대로 보여준다. 여전히 쌀과 보리를 멍석에 펼쳐두고 되와 홉으로 판다. 주민들이 싸전에 와서 쌀을 '팔러' 오곤 했지만, 이제는 대형마트에서 거래되는 포장된 쌀을 사서 먹는 것이 더 익숙해지면서 싸전은 사양길을 걸었다. 그렇지만 싸전에서 쌀을 '팔러' 다닌 추억이 도시의 노년에게는 생생하다. 가난한 시절 쌀을 됫박으로 사서 아끼면서 먹던 시절, 싸전에 펼쳐진 하얀 쌀에 대한 부러움이 가득 차오르던 곳이었다.

> **연구자:** 지금까지 계속 쌀집을 운영하신 이유가 무엇인가요?
>
> **구술자:** 그때 당시는 쌀장사가 최고의 직업이었어. 그런디 그 뒤에 산업화가 되면서 직장이 생기고, 일거리가 생기

면서 다 직업을 바꿨지. 나는 다른 직업을 가질 수 없잖아. 그리고 성격자체가 쌀장사가 적성에 맞았어. 속여먹을 수가 없었어. 어떻게 남을 속이고, 나는 적성에 맞들않여. 신앙생활 하면서 열심히 했지. (...) 내가 이 동네 살면서 흔적이 있어야 하잖아. 내가 이 동네 와가지고 세상을 떠났을 때에 그래도 많은 사람들이 이 사람은 잘 살았다. 그런 보람을 느끼려고 돈 버는 일에 치우치지 않고, 봉사하는 삶을 사니까 자연스레 거래처도 많아지고 그랬지.

- 이◯◯(남, 80대) 미래유산 소유자

<사진 5> 성수미점

과거에 많았던 싸전은 사라졌지만, 성수미점만은 아직도 매일, 매일 거래처에 배달을 하느라 바쁘게 지낸다. 이◯◯(남, 80대)은 성수미점이 미래유산이 된 이유를 묻자, '모든 동네사람들이 나한테는 고객이었고, 한 마디로 그 분들이 있기에 내가 현재까지 생활하고 있다는 감사한 마음으로 살고 있다'고 하였다. 통일이용원과 마찬가지로 성수미점도 생활유산의 가치의 중요성을 언급하며, 이곳이 보존되어야 함을 주장하였다.

지정을 찬성한 통일이용원과 성수미점, 지정을 거부한 일진이용원과 명약국, 전주모자점의 사례는 단순히 미래유산으로 지정되었거나, 거부한 곳이라는 단편적인 시선으로 바라봐선 안 된다. 근·현대시기의 기억이 담긴 유산을 어떻게 바라보고 있는지, 생활유산의 가치를 인정하고 있는지, 장소의 기억의 중요성을 인식하고 있는지 등 지정을 둘러싼 '다양한 일상성의 대립'의 측면에 주목해야 한다. 미래유산이 현재적 가치뿐만 아니라 미래지향적 기억의 가치까지 포함하고 있는 바, 앞으로 더 많은 생활유산들이 미래유산으로 지정될 것은 분명하다. 따라서 미래유산 소유자들과 전주시민들이 미래유산이 갖는 기억의 가치를 더욱 소중히 여길 수 있도록 시민들을 대상으로 한 교육과 프로그램이 만들어져야 한다. 늦었지만 지금부터라도 많은 근·현대시기의 유산과 기억들이 자발적으로 보존되고 지정될 수 있기를 바란다.

4) 기억 전유의 문제 : 덕진공원

미래유산은 기억의 현재적 특징을 잘 보여준다. 기억은 시간을 거치면서 무엇을 기억하고, 기억하지 않을 것인지 취사선택의 과정을 거친다. 이렇듯 갈등과 투쟁의 역할을 거치면서 형성된 기억들은 사회의 결속력을 가져온다(이광표 2017: 42). 이렇게 취사선택된 근·현대 문화유산을 현재까지 기억할 수 있었던 것은 지금까지 전해온 기억의 과정(갈등과 투쟁, 취사선택, 이념과 시대상의 반영 등)까지 인식하고 수용한다는 것을 의미한다.

그런데 이 과정에서 전주미래유산의 각 분과에서 기억의 현재적 평가를 두고 충돌이 일어났다. 각 분과별로 전주미래유산을 지정하게 되면서 근·현대문화유산을 바라보는 기억의 충돌이 일어난 것이다. 대표적인 사례가 일제시기 유산을 바라보는 현재적 관점의 충돌이었다. 이 과정에서 덕진공원은 친일파 문제가 불거지면서 미래유산지정을 앞두고 탈락하게 된다.

덕진공원은 1917년에 친일파 박기순이 30년 동안 무상임대하여 취향정醉香亭과 여관 등을 짓고, 주변에 여가공간을 만들어 조성한 곳이다. 덕진공원은 전주시민 가운데 가보지 않은 사람이 없을 만큼 시민적 차원에서 공유된 기억과 경험이 많은 장소이다. 그러나 역사분과 심의과정에서 역사적으로 예민한 부분을 중점적으로 살피게 되면서, 덕진공원은 시민들의 많은 지지를 받았으나 지정에서 제외되었다. 시민적 차원에서 공유된 기억과 경험이 많았음에도 불구하고 덕진공원 곳곳에 친일의 흔적이 많이 남아 있고, 일제시기의 어두운 기억을 불러일

<사진 6> 덕진공원

* 출처: 전북일보

으킨다는 이유로 문제가 될 여지가 있어 제외된 것이다.

근·현대문화유산에는 수많은 관점의 단편들이 불연속적으로 겹쳐 잠재되어 있어 흥미로우면서도 복잡하다. 앞서 살펴보았듯 미래유산은 다양한 기억들이 되살아나 현재의 새로운 경험들과 융합되는 장소이다. 어느 한 편이 아니라 되도록 많은 기억과 경험을 드러내고 억압되었던 기억의 소리에 귀를 기울일 때, 역사가 도외시한 과거의 진실에 좀 더 근접할 수 있을 것이다(박은영 2017: 64). 덕진공원의 지정 제외 사례는 앞으로 지정할 전주미래유산의 수많은 근·현대문화유산의 기억을 어떻게 판단하고, 재구성해야 할 것인지 고민을 던져주는 지점이 될 것이다.

4. 맺음말

지금까지 미래유산 제도를 통해 전주의 문화자원인 근·현대문화유산을 어떻게 보존하고, 활용해야 하는지 살펴보았다. 또한 이 시대 우리가 가져야할 근·현대문화유산을 바라보는 기억의 방식에 대해 살펴보았다는 점에서 의미가 있다. 앞으로 전주는 미래유산을 통해 근·현대시기 생활유산을 재인식하고, 마주할 것으로 기대하는 바이다. 물론 근·현대문화유산을 제대로 바라보고 있는 것인지 우려되는 부분은 아직 존재하고 있다. 또한 많은 시간이 흐르지 않았기 때문에 섣불리 판단을 내리는 것은 시기상조일 수도 있다. 그러나 미래유산 제도는 도시재생 과정에서 사라질 수도 있는 유산들을 보호할 수 있는 대비책이라는 점에서 의미가 있다. 또한 앞으로 전주가 과거의 기억이 살아있고 이를 보존하여 활용하는 모범적인 도시의 사례가 될 가능성을 열어두었다는 점에서 미래유산 제도의 의의를 밝힐 수 있으며, 이 글에서 주장하고자 하는 의의이다.

둘째, 미래유산을 지정하고 보존하는 과정을 통해 '기억에서 문화유산'으로 변화하는 과정에 대해 살펴보았다. 미래유산은 일상생활과 밀접하게 연관되어있는 생활유산적 성격을 갖고 있으면서 과거와 현재의 기억과 감성을 모두 담고 있는 전주의 문화자원이었다.

셋째, 미래유산을 대하는 다양한 집단의 기억의 방식을 입체적으로 연구하였다. 기억의 전유·대립·집단기억의 양상을 미래유산의 사례를 통해 살펴볼 수 있었다. 더불어 근·현대문화유산이 갖는 미래지향적 가치에 대해 살펴보고 미래유산이 갖는 의의에 대해 밝혔다.

이와 같은 연구목적을 밝히고자 한 본 논문은, 전주시민들이 미래유산을 기억의 방식을 통해 문화유산을 어떻게 인식하고 수용하는 결과를 가져오는지 고찰하였다. 전주미래유산이 기억에서 문화유산이 되어 가는 과정의 사회문화적 의미가 무엇인지 살펴보았다는 점에서 의의를 갖는다.

그러나 아쉬운 점은 미래유산 조사 과정에서 드러난 문제점 중 하나로, 미래유산 소유자에게 미래유산의 취지와 목적에 대한 충분한 설명을 하지 않고, 동의하였다는 이유만으로 미래유산으로 지정한 점이다. 이는 관주도의 행정 체계의 허점이다. 연구자가 미래유산으로 지정된 곳과 지정을 거부한 곳을 면담 조사하는 과정에서 알게 된 사실이었다. 물론 짧은 시간동안 미래유산 후보 선정과 소유자의 동의여부를 받아야 하는 상황이었던 점은 감안해야한다. 그럼에도 미래유산 소유자에게 미래유산 제도를 시행하게 된 배경과 지정되는 것의 의미를 제대로 전달하지 못한 상황에서 소유자에게 동의여부를 묻는 것은 앞으로 개선되어야 하는 부분이다. 또한 전주시민의 주도로 이루어진다는 본래 취지와는 다르게 전주미래유산의 선정과정을 직접적으로 확인할 수 없는 상황이었다는 것은 본 연구의 한계이자, 미래유산 제도의 한계일 것이다.

연구자는 아직 미래유산을 시작하는 단계인 점을 감안하여 몇 가지 제언을 하고자 한다. 먼저 아래로부터 시작한다는 본래 취지에 맞게 전주시가 의도한대로 사업이 진행되고 있는지를 확인할 수 있는 방안이 필요하다. 또한 시민 모두가 공감할 수 있는 미래유산 선정을 위해 지속적인 논의가 이루어지고, 체계가 마련되길 바란다. 미래유산분과위원도 마찬가지로 시민의 활발한 참여가 이루어질 수 있도록 해야 하며, 분과위원회 내에서도 미래유산에 대한 통일된 기준을 세워 통일된 미래유산의 정체성을 형성할 수 있도록 해야 할 것이다.

전주미래유산은 시작하는 단계에 있기 때문에 아직 개발의 문제는 드러나지 않았다. 그러나 현재 지정된 43개부터도 각각의 문제가 드러날 위험은 충분하다. 지정을 했음에도 멸실될 위기에 처한 경우 어떻게 해결해야 할 것인지 현재 상황에서는 대책이 없다. 앞서 설명하였듯 1924레스토랑은 상호명 그대로 미래유산으로 지정했으나, 현재는 일제시기 창고의 외형만 유지할 뿐 상호명이 바뀌었다. 그럴 경우 '1924레스토랑'이라는 명칭을 그대로 사용할지, 일제시기 창고로 명칭을 변경해야할지 정확한 기준이 마련되어 있지 않은 상황이다. 미래유산 지정소유자의 보존과 활용의지에만 기대고 있는 상황에서, 모든 미래유산에 대해 보수비 지원이나 인센티브 지원을 하는 것은 무리가 있을지라도 변경사항에 대한 가이드라인은 고려해 봐야한다. 먼저 시작한 서울의 사례에서도 멸실·훼손이 문제가 되고 있음에도 뚜렷한 해결책을 내놓지 못하고 있어 유명무실한 제도라는 비판을 받고 있기 때문이다.

전주시는 2017년 전주미래유산 선정이후 1년 동안 지정된 미래유산에 동판을 부착하고 홈페이지를 구축하는 등의 움직임을 보였으나, 시민을 대상으로 한 홍보에서 부족한 모습을 보여주었다. 실효성에 대한 우려의 목소리가 커지면서 시민들에게 미래유산을 홍보하기 위해 '미래유산 뚜벅이투어'와 '미래유산 아카데미' 프로그램을 진행하였다. 소유자들은 앞으로 미래유산으로 지정되었으니 새로운 변화가 있을 것이라는 희망을 품고 있다. 차후 보다 미래유산의 적극적인 홍보를 통해 전주의 사라져가는 오래된 가게를 보존하고, 근·현대시기 기억을 발굴하여 보존하는 일이 지속되길 바란다.

| 참고 문헌 |

– 연구논문 및 저서 –

국립무형유산원, 2017, 『전주의 무형문화유산』, 민속원.

김미란, 2017, "근현대문화유산의 보존, 관리와 등록문화재 제도", 『경희법학』 52-3, 경희대학교 법학연구소.

김영범, 1999, "알박스(Maurice Halbwachs)의 기억사회학 연구", 『社會科學硏究』 6, 大邱大學校 社會科學硏究所.

박은영, 2017, "기억의 장소, 철원 노동당사 폐허", 『서양미술사학회논문집』 47, 서양미술사학회.

신창희, 2015, "근현대문화유산의 활용방안 연구 : 서울 소재 등록문화재·미래유산을 중심으로 ", 한국외국어대학교 석사학위논문.

이광표, 2017, "근대생활유산과 기억의 방식", 『민속학연구』 41, 국립민속박물관.

정성미, 2018, "어린이 놀이의 문화재적 가치 분석 연구", 『실천민속학연구』 31, 실천민속학회.

천진기, 2007, "민속박물관과 현대생활자료", 『韓國民俗學』 45, 한국민속학회.

태지호, 2014, 『기억 문화 연구』, 커뮤니케이션북스.

피에르 노라 외 저, 김인중 외 역, 2010, 『기억의 장소』, 나남.

– 참고자료 –

「문화재보호법」(2017.11.28.)

「서울미래유산 보전 프레임워크」(2015.04.19.)

「서울시 미래유산 보전 종합계획(안)」(2014.10.31.)

「서울특별시 미래유산 보존·관리 및 활용에 관한 조례」(서울특별시조례 제5972호, 2015.07.03.)

「전주미래유산 전문가조사 최종보고서」(2017.08.)

「전주미래유산 프로젝트 추진계획(안)」(2016.10.11.)

「전주시 미래유산 보존 및 활용에 관한 조례안」(2017.02.15.)

「전주시문화유산보호조례 일부개정조례안」(2011.10.14.)

– 웹사이트 –

서울미래유산 홈페이지, http://futureheritage.seoul.go.kr

전주시청 홈페이지, http://www.jeonju.go.kr

文化

Ⅲ. 지역문화의 활용과 지역사회

地域

일본 홋카이도 아칸아이누고탄의 새로운 민족문화관광[1]

김미숙 | 전북대 고고문화인류학과 BK21사업단

1. 서론

소수민족의 인권과 문화 보호에 관한 국제적인 관심과 여론의 증가는 이들에 대한 사회적인 관심으로도 이어지고 있다. 특히 '문화 다양성'과 '다문화공생'이라는 담론으로 접근하면서 소수민족을 '그 지역에 존재하고 있는 타문화를 가진 소수집단'으로 바라보는 시선들도 증가하고 있다.

이러한 복합적인 사회에서 지배집단은 소수집단에게 그들의 문

1 이 원고는 "소수민족의 새로운 민족문화의 형성과 정체성"라는 제목으로 『민족연구』(2017)에 게재된 논문의 일부를 수정 보완한 것이다.

화에 적응하거나 동화하도록 강요하고, 소수집단은 "자기의 종족성을 새로운 경쟁과 타협의 자원으로 개발하고 유지"하기 위해 노력 한다. 따라서 정치나 경제를 중심으로 다양한 하위집단으로 나누어져 서로 복잡하게 충돌하고 경쟁하며 타협해 나간다(김광억 2006: 73). 복합사회와 관련하여 일본에서 다문화공생담론이 형성된 것은 2000년대부터이다. 이것은 1980년대 후반부터 외국인 이주민들이 증가하면서 민족론이 변한 것이다(이연옥 2013: 68-70). 예를 들어 제2차 세계대전을 전후로 전전戰前에는 정복자와 선주민족이 혼합된 혼합 민족론을, 전후에는 단일민족론을 주장하였다. 즉 국력이 약할 때에는 '단일민족론'으로 민심을 다졌을 것이고 반대로 강해지면 '혼합민족론'을 통해 주변국들의 침략을 정당화한 것이다(오구마에이지 2003: 54, 465-467). 즉 여기서 중요한 것은 일본 민족주의가 강화되고 있다는 것이다(이연옥 2013: 72). 따라서 정부나 관료들은 단일민족국가의 이미지를 직간접적으로 고수하고 있으며 소수민족의 인권이나 민족문화에 대한 정책적인 규제와 차별, 통제가 여전히 이루어지고 있다.

또한, 문화공생담론이 강조되면서 선주민족을 '민족(전통)문화' 혹은 '유무형문화재'를 중심으로 보이지 않게 타자화하고 있는데, 이처럼 유무형의 민족문화재나 문화정책들로 소수민족(집단)의 문제가 해결될 수 있을지 재고해 보아야 한다. 왜냐하면 민족문화는 오랜 시간동안 주변의 다양한 요소들과 결합되는 과정에서 형성되고 소멸되는 과정을 반복하면서 하나의 문화로 자리를 잡아간다. 특히 외부와의 교류나 침략을 통해서 융합되거나 말살되는 과정을 거치면서 새로운 민족문화를 형성한다. 그리고 새로운 민족적 목표를 위해 수정되거나 의례화 혹은 제도화된다(에릭 홉스봄 2013: 28). 이러한 과정에서 민족문화는 민족 정체성의 형성에도 영향을 주고 있다. 그리고 현대에는 소수민족(집단)이 자립하기 위해 자신의 전통문화를 매개로 새로운 민족문화를 구축하고 관광지화하거나 상품화하는 경향도 나타나고 있다. 그래서 경제적인 이익을 위해 새롭게 만들어지고 있는 '민족(종족성)을 배경으로 한 문화'를 민족 정체성과도 관계성이 깊은 민족문화와 동일하게 취급하여도 될지 의문이 든다.

따라서 본고에서는 이러한 민족문화의 형태 중 자립을 목적으로 만들어지고 있는 '새로운 민족문화'의 생성과정을 살펴보고, 이것을 상품화하여 관광자원으로 이용하고 있는 사례를 소개하고자 한다. 대상지역은 와진和人(본토 일본인의 옛 호칭)에 의해 만들어진 홋카이도 동부지역의 쿠시로시釧路市 아칸 호수阿寒湖 온천지역에 위치한 '아칸 아이누고탄阿寒アイヌコタン(아칸 아이누 마을, 이하 '고탄')'이다. 이 고탄에서 아이누들이 경제적인 자립을 위해 구축하고 있는 새로운 민족문화 이미지를 담은 관광 상품 및 그 현황들을 살펴보고자 한다.

2. 아이누 민족문화 변화의 세 가지 유형

1) 교류하는 과정에서 형성된 민족문화

첫 번째 유형은 교류과정에서 형성된 민족문화이다. 다양한 주변과의 접촉, 교류를 통해 타문화와 자신의 문화가 융합되는 과정 속에서 형성되어 발전되었다. 아이누 민족은 오랜 세월동안 다른 주변국들과 독자적으로 무역과 교류를 하였다.

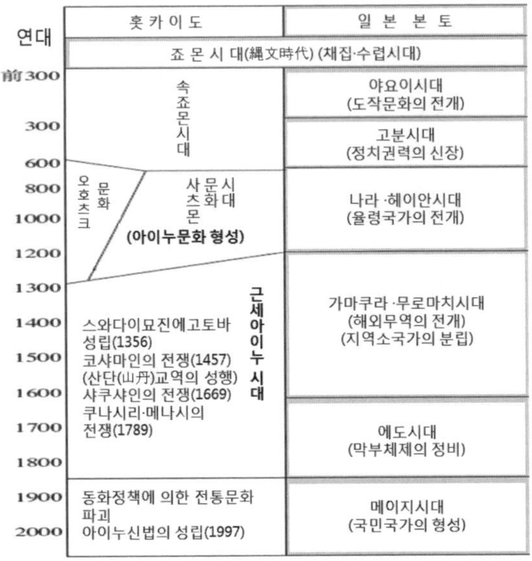

<그림 1> 아이누문화와 일본 역사비교

* 출처: 佐々木高明 1998, 205에서 편집.

5세기경부터 시작되는 속죠몬시대, 사츠몬시대의 토기가 혼슈의 동북지방에서 출토되었고 같은 시기의 동북지역 토기가 홋카이도에서 출토된 것으로 미루어 보아 일찍부터 일본 본토와의 교류가 있었으며 본토의 산물들이 전해졌다고 유추하고 있다. 그리고 어업, 수렵, 채집을 생업으로 하였고 곰이나 사슴 등의 가죽으로 만든 의복을 입고 생활하였을 것으로 생각되며 도구는 혼슈로부터 건너온 철제품이나 철을 이용해서 만든 목제품, 옻칠제품 등이 사용되었을 것으로 본다(財団法人アイヌ文化振興·研究推進機構 2012: 2).

<그림 2> 아이누의 교역품

<그림 3> 일본 본토의 교역품

* 출처: 홋카이도 개척기념관자료실

특히 아이누문화 시대라고 불리는 12세기에서 19세기는 일본 본토의 가마쿠라·무로마치시대(1192-1603)와 에도시대(1603-1867)에 해당된다. 아이누들은 14-15세기에 소규모지만 자유롭게 주변국들과 교역하고 있었다. 그러나 막부시대에 마츠마에번松前藩이 에조치蝦夷地(홋카이도의 옛 이름)에 들어와 1600년대 초까지 번주藩主나 상급가신들을 파견하여 와진들과의 교역을 관리하고 조공을 받았다. 그 이후 18세기 초부터는 교역의 주체가 상인으로 바뀌고 세금을 내는 형태가 되었다(出利葉浩司 2002: 109-111). 이때 거래되었던 교역품은 장시간 운송이 가능하고 상대국에서 구하기 힘든 곰가죽, 곰쓸개, 소형동물의 털가죽, 해달의 털가죽, 독수리의 날개 등 이였고, 와진은 곡물이나 직물, 도자기(그릇) 등과 같은 생필품들이 많았다(出利葉浩司 2002: 113-114). 교역이 활성화되면서 와진들의 이주도 증가하였는데, 대부분 연어와 다시마를 채취할 목적이었으며 전쟁에서 패한 무

사들은 남부 지역으로 이주해서 정착하였다. 특히 마츠마에번과의 무역으로 귀걸이(닌카리, ニンカリ), 목면으로 만든 의복, 식사용 젓가락(이페파스이, イペパスイ), 집안에 까는 돗자리(키나, キナ) 등을 사용하게 되었으며 현재 아이누의 민구(民具)로 전해져 내려오고 있다(財団法人アイヌ文化振興·研究推進機構 2012: 3).

2) 외압에 의해 변화된 민족문화

두 번째 유형은 외압에 의해 변화된 민족문화이다. 메이지(1868-1912)초기인 1869년부터 '에조치'가 '홋카이도'라는 명칭으로 바뀌고 본격적으로 와진의 통치가 시작되었다. 이 과정에서 반강제적으로 오랜 세월동안 내려온 전통적인 관습들이 말살되었다. 이들은 '보호정책'과 '동화정책'이라는 이름으로 아이누를 일본인화 시키기 위해 노력하였다.

구체적으로 1871년에는 호적법 공포, 농기구 등의 부여, 전통습관의 규제(입술문신 금지, 귀장식 금지, 연어잡이 금지, 일본식으로 이름 개명 등), 일본어 교육 등을 실시하면서 그들의 민족문화와 생활습관을 금지시키고 공문서에 '구토인旧土人'이라는 명칭을 사용해 '선주민족으로서의 자리 없애기 정책'을 강요하였다. 또한 1872년에는 홋카이도토지매매규칙北海道土地売買規則과 홋카이도지소규칙北海道地所規則을 공포해서 생활터전이었던 공유지를 와진의 사유지로 규정하였다(윤용택 2001: 132). 즉 아이누의 재산권과 복지교육에서는 '와진 문화로의 동화'가 전제된 것이었다. 특히 1899년에 통과되어 1997년에 폐지되기까지 98년 동안 존속되었던 홋카이도구토인보호법은 아이누의 공동자산이 정부의 관리대상이 되었음을 의미하고 그들의 민족문화도 국가차원에서 반강제적으로 변형시키고 있었음을 알 수 있다.

또한 아이누의 생업이었던 야생동물에 대한 사냥(곰, 사슴 등)과 어렵(연어잡이 등)을 정부가 관리하고 법으로 규제하기 시작하면서 활이나 전통어구들을 이용하는 사냥·낚시 방법이 금지되고 수렵기간이나 포획 가능 개체수 등도 규제하였다. 결국 아이누들의 주요 생업이었던 전통 사냥업이 사라지고 다수가 농업이나 일용직 노동자로 전향하게 되었다. 이 과정에서 야생동물을 주식으로 하였던 식문화뿐만 아니라 의식주衣食住의 형태 및 내용 등에도 영향을 주었다. 그리고 아이누 여성들이 성인이 되어 결혼이 가능한 나이가 되면 입술 주변에 검정색 문신을 하거나 남성들이 귀걸이를 하는 등의 전통 관습들을 미개하다는 이유로 금지하였다. 시기적으로 볼 때, 이러한 아이누 특유의 민족문화는 쇼와시대(1926-1989)까지는 어느 정도 남아 있었으나 완전히 사라진 민족문화가 더 많았다. 결과적으로 와진의 동화 및 보호정책들로 인해 아이누의 민족문화는 말살되거나 변형되었으며, 일상생활의 형태까지 일본인으로 동화되어 갔다.

3) 자립을 위해 새롭게 구축된 민족문화

세 번째 유형은 자립을 위해 새롭게 구축된 민족문화이다. 아이누인 스스로가 민족문화의 진흥을 위해 혹은 경제적인 자립을 위해 민족문화를 이용하거나 보존·계승하고 있다. 이러한 현상은 아이누들의 인권회복이나 복지증진에 관한 관심이 높아지고 있었던 패전 이후부터 현대까지 각 지역에서 다양한 형태로 나타나고 있다.

먼저 문화계승을 위해 재현되는 민족문화가 있다. 1975년부터 문화계승을 위한 노력이 늘고 있는 가운데 전통의례의 재현도 증가하

였다. 아이누는 신들이 다양한 역할을 담당하기 위해 자연이나 사물의 모습으로 인간 세계에 존재한다고 믿었다. 예를 들어 동물이나 식물, 불, 물, 지진, 해일, 생활도구, 질병 등을 좋은 신과 나쁜 신으로 나누어 섬기는 풍습이 있었다. 특히 자연 안에서 신과 인간이 서로 조화를 이루면서 살고 있으며 임무를 마친 동물이나 사물들에게는 이오만테イオマンテ라는 영혼을 보내주는 의례를 통해 감사의 마음을 전하였다(公益財団法人アイヌ文化振興·研究推進機構 2013: 13-17). 이러한 전통 사상과 의례는 와진이 통치하기 시작하면서 공동체의 약화와 함께 사라지고 있었다. 그러다가 패전 이후부터 이오만테의 문화계승이 일시적인 이벤트가 아닌 정식 의례로 개최하는 지역들이 증가하였는데, 이를 일본정부가 1955년부터 야만적인 행위라는 이유로 금지하였다. 이 금지령은 2007년부터 제례의식으로 인정받으면서 해금되었다(公益 財団法人アイヌ文化振興·研究推進機構 2013: 14-17). 어린 곰을 잡아서 한동안 사육하다가 살생하는 의식을 야만적이라고 비판한 것인데, 현재에는 허가받은 몇 마리의 곰만을 대상으로 의례가 거행되고 있다.

아이누의 자연관이나 역사를 담아 창작된 행사가 있다. 아이누의 정신적·사상적 측면을 내세워 전통성을 상징화하고 새로운 문화를 창출한 것이다. 이 행사의 특징은 행사지 주변이나 전도의 아이누들이 모여서 카무이노미라는 신에게 기원하는 의례를 거행함으로써 정체성을 회복하고 공동체 의식을 함양한다. 예를 들어 신히다카정新ひだか町에서는 아이누 민족의 영걸인 샤쿠샤인의 법요를 기념하는 샤쿠샤인법요제シャクシャイン法要祭를 1947년부터 매년 9월에 개최하고 있다(上山浩次郎 2016: 179). 아이누들은 이 자리에서 전통의식을

거행하고 민족무용과 음악, 음식을 함께 즐기면서 자신들의 공동체 의식을 다진다. 그리고 아이누가 아닌 사람들과도 함께 즐기면서 교류한다.

경제적인 자립을 위해 만들어진 민예품이 있다. 아이누는 예로부터 솜씨가 좋은 민족으로 알려져 있다. 특히 1960년대부터는 곰, 부엉이, 여우와 같은 동물 목각이나 니포포ニポポ 라고 불리는 남자와 여자 목각인형 등이 유명해졌다. 예를 들어 곰 목각은 야쿠모정八雲町의 도쿠가와농장徳川農場 농장주가 빈곤한 농민들의 생활을 개선하기 위한 방안을 모색하다가, 유럽 농민들이 농한기에 곰 목각제품을 만들어 팔아 생계를 꾸려나가는 것을 보고 착안한 것이다. 또한 그 당시 일본전국에 '지역색이 있는 공예품을 만들어 농촌생활의 경제와 문화를 개선하자는 운동'인 농촌미술운동이 확대되고 있었다. 이러한 배경에서 1928년에 도쿠가와농장에서 곰 목각을 만들게 되었으며 이것이 유행하면서 전도로 확산된 것이다. 그러나 아이누 조상들은 곰이나 다른 동물들을 수호신으로 섬기고 있었기 때문에 이들을 조각彫刻하면 신에게 벌을 받는다고 하여 목각하는 행위를 금기하였다. 또한 니포포에게는 신앙적인 의미가 내포되어 있었다. 예를 들어 사냥을 나갈 때 니포포에게 기원하면 사냥을 잘 할 수 있다고 믿었고, 잡은 동물을 요리할 때는 먼저 니포포의 입에 바치는 풍습도 있었다. 그리고 소원이 성취되었을 때는 니포포의 목에 장신구를 걸어놓았다.

이렇듯 현대를 사는 아이누에게 민족문화는 자신들의 정체성과 공동체 의식의 강화를 위한 도구로 이용되고 있다. 하지만 이러한 행사가 때로는 관광 상품이 되어 전통적인 사상이나 의례를 음미하기 보다는 경제적인 측면이 더 강조되고 있다. 특히 민예품의 경우에는 작품성보다도 아이누가 제작했다는 것에 더 큰 의미가 부여된다. 즉 자립을 위해 민족의 정체성을 상품화하는 현상도 나타나고 있다.

3. 아칸아이누고탄의 형성

아칸정阿寒町은 홋카이도의 동부 쿠시로시에 위치한 면적이 739.25㎢이고 인구가 5,540명(2010년 통계)인 광대한 산악과 원시림으로 둘러싸여 있는 아름답지만 험한 자연환경과 풍부한 천연온천으로 유명한 지역이다. 특히 특별천연기념물인 마리모, 두루미, 일본지정 민속문화재인 아이누고식무용 등으로 유명한 관광지이다.

<그림 4> 쿠시로 아칸아이누고탄 위치

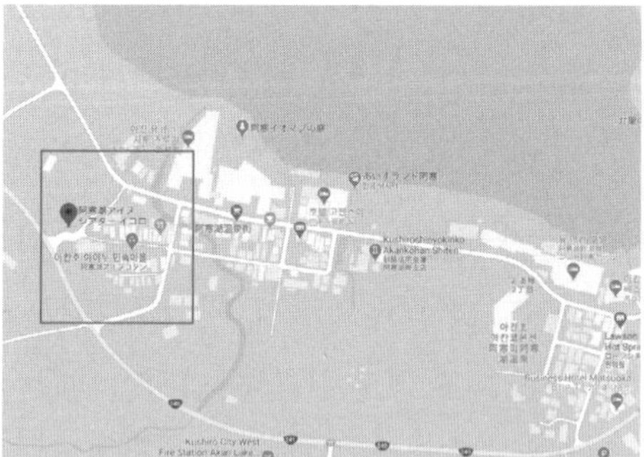

<그림 5> 아칸호 주변 아칸아이누고탄 위치

* 출처: https://www.google.com/maps

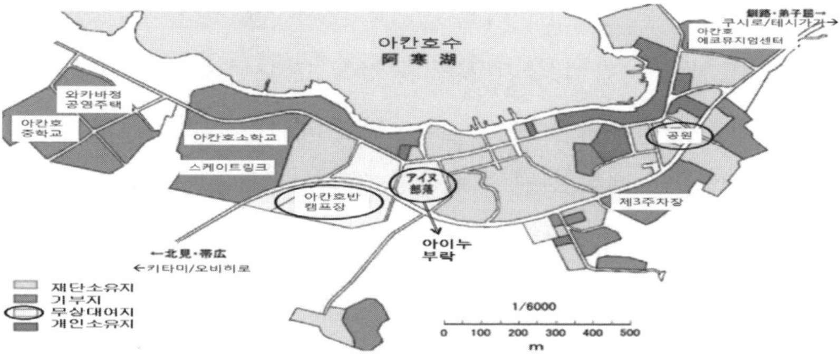

<그림 6> 아칸 호반 시가구역내 토지소유자 구분도

* 출처: 마에다잇보엔 재단 홈페이지 수정

그 중에서도 최대 관광지인 아칸 호수가 위치한 아칸 호반阿寒湖畔지역에는 아이누 마을인 '아칸아이누고탄'이 있다. 주변은 높은 산으로 둘러싸여 있으며 화산활동으로 형성된 칼데라호인 아칸 호수를 중심으로 주거지와 관광 관련시설물들이 밀집되어 있다.

기후는 1년 중 가장 긴 겨울(11월-5월)에는 영하 20도까지 내려가고 짧은 봄(6월), 여름(7월, 8월), 가을(9월, 10월)이 있으며, 여름에도 덥지 않고 선선하다. 그러나 천연온천이 나오는 지역으로 예로부터 야생동물들의 피한처避寒處로 이용되었으며 아칸 호수에서는 다양한 어류들이 서식하고 있기 때문에 사람뿐만 아니라 동식물의 서식지로 최적의 장소이다.

아이누가 아칸 지역에 처음 살기 시작한 것은 지금으로부터 8000년에서 5000년 전인 조몬시대 초기부터로 아칸정 전 지역에 분포되어 있었다. 주로 아칸 강변을 따라 소규모의 고탄들이 분포하고 있었던 것으로 추정한다. 그러나 아칸 호반에는 사냥하기 위해 잠시

머무는 오두막만 있었고 마을은 없었다(阿寒町役場 1986: 557).

아칸 호반에 사람이 살기 시작한 것은 1893년에 와진들이 아칸 호수원산인 각시송어의 이식사업을 위한 채란장을 설치하면서부터이다. 특히 같은 해에 화산인 메아칸악雌阿寒岳의 유황채굴이 시작되면서 1897년 이후부터는 겨울철에도 공사인부나 직공들이 호반으로 이주해 왔다. 이에 노동자들을 위한 주거지와 쉼터가 필요하였고 아마우라 마사마치山浦政吉가 1908년에 처음으로 여관업을 시작하였다(阿寒町 1966: 701-702). 또한 1906년에 가고시마현 출신의 마에다 마사나前田正名가 모범림模範林과 모범목장의 경영 및 이민 장려를 목적으로 약 5000hr의 산림을 구입해서 아칸 호반을 개척하였다. 그 당시 개척이라는 이름으로 수많은 원시림들이 훼손되었다. 이러한 선대의 산림 훼손을 반성하고 자연보호의 관점에서 산림을 경영하고 관리하게 된 것은 3대 원주인 마에다 미츠코前田光子(1912.3.21-1983.4.18)가 1983년에 마에다잇보엔前田一歩園재단을 설립하면서부터이다. 그녀는 생전에 아이누 민족과 아이누문화진흥에 관심이 많았으며 여러 분야에서 이들을 지원하고 홋카이도뿐만 아니라 전국 혹은 세계 각지에 아이누의 존재를 알리기 위해 노력하였다. 그래서 지금도 아이누들은 "하포(아이누어로 '어머니'라는 뜻)"라고 부르며 존경하고 있다(阿寒町役場 1986: 557-561). 또한 의미 있는 업적 중 하나가 아칸아이누고탄을 설립한 것이다.

이 고탄은 아칸 호수 주변으로 분산되어 살고 있었던 아이누들에게 토지를 무상으로 제공해 주면서 형성된 마을이다(阿寒町役場 1986: 589). 마에다잇보엔재단이 1954년부터 주거공간과 경제활동 공간(민예품점, 식당 등)을 한 건물에 배치한다는 발상에서 시작한 것으로

1955년부터 가옥이 건축되었다. 위치는 강 주변에 주거지 위치를 정하는 전통 방식에 따라 바람과 물이 좋은 아칸 호수의 서편 산중턱 숲 속으로 하였다. 처음에는 11 가구로 시작하여 1999년 10월에는 34 가구의 102명(남성 50명, 여성 52명)으로 증가하였다(煎本孝 2001: 328-329). 설립 당시에는 수도나 전기가 공급되지 않아 생활에 큰 어려움이 있었으나 점점 세대수가 증가하면서 편의시설들이 증가하였다. 지금과 같이 번화가와 연결된 이유도 아칸 호수에 관광객과 이주민들이 증가하면서 관광 관련시설과 주거지 등이 호수 서편으로 확대되었기 때문이다.

<그림 7> 아이누고탄 상점가 지도(연구자 재구성)

* 출처: 阿寒湖アイヌコタン 홈페이지 편집(https://www.akanainu.jp/about/shop)

특히 1970년대에 일본의 국내 관광산업 성장으로 고탄의 규모가 확대되었으며 그 당시 관광시즌(7월-9월)이 되면 주변에 거주하는 아이누들까지 호반으로 모여들어 상업과 서비스업에 종사하였다(阿寒町役場 1986: 121). 2014년 통계에서 36가구의 130여명이 거주하고 있으며 대부분 민예품의 제작 판매, 아이누 요리점이나 일반식당 경영, 전통무용공연, 온천호텔 근무 등을 통해 경제활동을 하고 있다. 즉 일본에서 생업과 주거를 동시에 해결할 수 있는 고탄은 이 지역이 유일하다.

이에 입주를 원하는 사람들은 많지만 까다로운 조건들을 통과해야 한다. 먼저 가장 기본적인 조건은 '입주자 부부 중 어느 한쪽이라도 본적이 아이누민족'이여야 한다. 그리고 사회적인 결격사유가 없어야 하고 마에다잇보엔재단의 추천과 허가뿐만 아니라 기존의 입주민들도 모두 찬성해야 한다. 따라서 대부분 직계가족을 중심으로 대를 이어 생활하는 경우가 많으며 기존 거주민들의 소개와 추천으로 입주한다. 만약 자손들이 대를 잇지 않거나 다른 지역으로 이주할 경우에는 그 공간을 다른 아이누가 무상으로 공급받게 된다.

이 지역은 '고탄'이라는 명칭이 붙어서 아이누 전통마을이라는 이미지가 강하지만 와진의 도움으로 구축된 '아이누를 위한 공간'이다. 대부분의 가옥들은 주거지 공간이 겸비된 현대식 2층 건물이며 인공적인 상업지역 형태를 유지하고 있다. 이들의 생활양식도 아이누의 전통양식 보다는 일반 일본인들과 동일하다. 물론 소수이지만 조상들을 모시는 방식이나 의례, 사물을 대하는 자연관 등을 여전히 지키고 의식하면서 살고 있는 고령자들도 있다. 그리고 아이누라는 공통분모를 바탕으로 여러 세대들이 함께 생활을 하고 있기 때문에 적지만 자연스럽게 전통문화가 일상화되고 다음 세대로 쉽게 전수될 수 있다는 장점이 있다. 더욱이 소수민족의 입장에서 이러한 경제적인 자립과 공동체 생활의 기반이 조성된 공간은 민족 정체성과 결속력을 구축하는데 효과가 크다.

4. 아칸아이누고탄의 새로운 민족문화관광

아칸아이누고탄은 앞에서 언급하였듯이 관광지 내에 있다. 설립 당시부터 주민들의 생업은 민족문화를 기반으로 한 관광업이었으며 60여 년 동안 이주민들의 이동이나 생활에는 큰 변화가 없었다. 따라서 이들의 생업과 관련된 대표적인 관광 상품인 민예품 판매, 전통공연, 마리모 축제를 중심으로 '민족문화'를 관광자원화하고 있는 사례에 대해 살펴보고자 한다.

1) 민예품 판매

초기 아칸 지역의 경제적인 기반은 마에다잇보엔에 의해 진행되었던 임업관련 사업이었다. 1934년에 그 일대가 아칸 국립공원으로 지정되면서 경제적인 기반이 임업에서 관광산업으로 전향된 것이다. 이에 1939년부터 관광산업의 일환으로 목제 조각품의 생산과 판매가 시작되었다(煎本孝 2001: 328). 특히 고탄이 설립되면서 이들의 경제적인 지원을 위해 민예품 제작과 생산을 위한 공동작업장이 만들어졌고 이로 인해 전국에서 아이누들이 모여들었다(阿寒町役場 1986: 589). 민예품 제작에서 가장 많은 것은 곰이나 부엉이, 여우 등의 동물을 형상화한 목각 작품이다. 그러나 앞에서도 언급하였듯이 아이누의 전통사상에서 동물들을 조각하는 행위를 터부시하는 경향이 강하였지만 고탄 주민들은 상품화에 반대하지 않았다.

호반온천 지역에는 3개의 대표적인 상점가가 있다. 동편의 마리모마을 상점가, 중앙의 행운의숲 상점가, 서편의 아이누고탄이다. 이 중 아이누고탄은 아이누의 상징적인 조형물이 있는 중앙광장을 사

<그림 8> 아칸호수 주변 상점가 안내지도

<그림 9> 아이누고탄내 치니타민예점과 점주

<그림 10> 행운의숲 상점가 내 민예품점

이에 두고 서로 마주보게 점포들이 조성되어 있다. 대부분 민예품이나 조각품 판매점, 민족음식점 등으로 구성되어 있다. 수십 년 전에 사라진 공동작업장의 존재에서도 유추할 수 있듯이 초기부터 공예품 제작과 판매가 중심이었다.

공동작업장이 사라진 현재에는 각 판매점마다 독자적인 작품을 제작하여 판매하거나 점내 작업장에 공방을 열어 제작기술을 전수하기도 한다. 하지만 많은 민예품 판매점에서는 점점 직접 제작한 것보다 다른 공방이나 국내외 타 지역에서 만든 물건들의 전시가 증가하고 있다. 이것은 관광객들의 다양한 구매 욕구를 충족시키고 더 많은 아이누공예품이나 작품 등을 소개하고 판매하기 위한 것이기도 하지만 경기악화로 인한 관광객과 구매의 감소로 순이익이 줄어서 직접 제작하기가 어렵기 때문이다.

1년 중 관광객들이 몰리는 6월부터 8월까지의 성수기에는 온천호텔뿐만 아니라 고탄 내 기념품판매점도 가장 수입이 높다. 그러나 이 시기가 지나면 관광객들이 점차 감소하는데 10월에 있는 마리모축제가 끝나면 기온이 급격히 내려가는 관광비수기가 시작된다. 따라서 이곳의 많은 주민들은 비수기동안에는 점포를 운영하지 않고 생활비를 벌기위해 다른 지역으로 이동해서 청소아르바이트나 식음료 관련 기타 서비스업에 종사하는 경우가 많다. 그래서 이를 해결하기 위해 겨울철에는 약2달 동안(1월, 2월) 매일 밤 불꽃축제, 겨울철 레포츠(스키, 스노모빌, 썰매, 빙어낚시 등), 아이누들의 사냥을 체험할 수 있는 '에조시카 사냥체험캠프' 등의 다양한 볼거리와 체험프로그램을 개최하고 있으나 큰 효과를 거두지는 못하고 있다.

이러한 민예품 판매의 감소는 아이누들의 경제적인 어려움으로 이어질 뿐만 아니라 전통의 계승에 대한 측면에도 영향을 주고 있다. 비록 처음 시작부터 아이누의 전통을 계승한 것은 아니지만, 상품의 일반화와 상업화로 인해 전통문화진흥이라는 본연의 의미가 탈색되고 있는 과정이기도 하다. 특히 관광지에서 자주 볼 수 있는 값싼 외국 소품들이 민예품으로 다량 판매되고 있는 현실에서 이들은 더 이상 전통계승자라기 보다는 일반 관광 상품판매자에 지나지 않았다. 즉 경제적인 상황은 이들의 민족 정체성의 유지를 어렵게 만들고 있으며 이 과정에서 탈민족성이 들어나고 있다.

2) 아이누 전통기념관과 전통공연

고탄의 중앙광장 정면과 뒤편에는 아이누의 전통 생활도구를 전시해 놓은 '아이누 생활 기념관'인 '폰치세ポンチセ(아이누어로 작은 집)'와 민족무용을 볼 수 있었던 '치세(과거 온네치세オン ネチセ로 아아누어로 큰 집)' 그리고 2011년 12월 4일에 현대식 건물로 새롭게 건립된 아칸호온천 아이누시어터 '이코로イコロ'가 있다. 이는 1986년에 고탄 주민들로 구성된 '아칸아이누공예협동조합'이 설립되면서 보다 조직적이고 효과적으로 자신들의 전통문화를 알리고 고탄내 상점들을 선전하기 위해 활성화하였다.

먼저 '아이누 생활 기념관'인 폰치세는 전통적인 아이누의 민가를 재현한 것으로 전통생활 도구나 의복이 전시되어 있다. 폰치세가 건립되기 이전에는 고탄내 상점주들이 자신들이 소장하고 있었던 아이누 민구나 귀중품, 골동품 등을 점포 안에 소규모로 전시해 두고 관람객들에게 약간의 관람료를 받았다. 이를 개선하기 위해 아칸아이누공예협동조합과 고탄 주민들이 자금을 마련하여 1991년에 폰

<그림 11> 아이누생활관 폰치세

<그림 12> 폰치세 내부 전시실

치세를 설립하고 5월부터 10월까지는 아이누의 고령자를 해설사로 상주시켜 아이누문화를 보다 쉽게 홍보할 수 있도록 하였다. 그러나 현재에는 관람객의 저하로 해설사는 상주하지 않는다.

치세(구 온네치세)는 고탄 주민들이 아이누 민족무용인 '아이누고식무용(アイヌ古式舞踊)을 향연하기 위해 설립한 곳이었다. 초기에 아이누전통건축물 양식으로 건립되어 겨울철에는 추운날씨로 공연하기 힘들었기 때문에 수차례 보수공사가 진행되었다. 당시에는 불규칙적으로 공연자를 초빙하고 공연 후 각자에게 이익을 분배하는 형

<그림 13> 광장 중앙에 위치한 아이누문화계승관 치세(구 온네치세)

<그림 14> 내부 전시관

식이었다. 따라서 아칸아이누공예협동조합은 1995년에 6000만 엔을 들여 현재의 온네치세를 걸립하고 공연일정을 매일, 수회로 규칙적으로 하여 공연자들의 안정적인 수입창출을 이끌었다. 이러한 고정적인 공연이 관광수입으로 이어지면서 건축한지 10년 만에 연간 수입액이 1억 엔을 넘었다(煎本孝 2001: 330). 특히 일본의 중요무형민속문화재인 아이누고식무용이 2009년 9월에 유네스코 세계무형문화유산으로 등록되면서 해외 관광객들의 호기심과 관심도 높아졌으며 이 지역의 인기 관광 상품 중 하나로 정착하게 되었다. 고식무용의 내용은 아이누의 수렵이나 놀이 등을 소재로 하고 있었고 마을신인 섬부엉이나 산신인 곰 등을 소재로 한 각종 춤들이 등장한다(岩崎義純 2013: 1-5). 그러나 야외에서 공연했던 '이오만테 불꽃놀이'가 추운 겨울철에는 관람객들과 공연자들에게 불편했기 때문에 이를 개선하기 위해 지역과 쿠시로시, 행정 각처의 협력으로 불을 이용한 공연이 가능한 실내공연장인 '이코로イコロ'를 설립하게 되었다.

이후부터 편리한 시설에서 다채로운 내용의 전통무용, 악기공연, 전통축제 등을 거의 매일 공연하고 있다. 따라서 과거 공연을 담당

<그림 15> 이코로 정관

<그림 16> 이코로 내부 현대식 공연장

했던 온네치세는 '아이누 문화전승관'으로 개칭하여 전시회나 개인 및 단체를 위한 체험장으로 이용되고 있다. 구체적으로는 아이누 문양의 자수 체험, 아이누 악기인 묵크리 제작, 조각 체험, 겨울철에 눈 위에서 신었던 아이누 전통 신발인 칸지키 체험 등이 진행되고 있다.

그러나 이러한 공연 및 체험, 상품판매는 대부분 성인들이 대상이고 아이누민속공예품 판매와 함께 관광사업 육성을 위한 취지로 행해지는 관광객들을 위한 민족문화 홍보 수단이다. 따라서 폭넓은 연령대가 함께 즐기고 이해할 수 있고, 관광객 유치와 고탄만의 특성을 살린 새로운 프로그램의 구축이 필요하였다. 그 중 하나가 아이누의 이야기를 소재로 한 아이누인형극으로 2012년 4월 29일에 처음으로 상영되었다(岩崎義純 2013: 1-5). 이것은 타지의 관람객들뿐만 아니라 아이누 어린이들에게도 인기를 얻으면서 고정적으로 공연되고 있다. 즉 고식무용과 함께 아이누의 민족문화를 알리는데 큰 역할을 하고 있다.

물론 인형극의 연출 제작과 시나리오 담당자는 아이누보다 다른

<그림 17> 고식무용

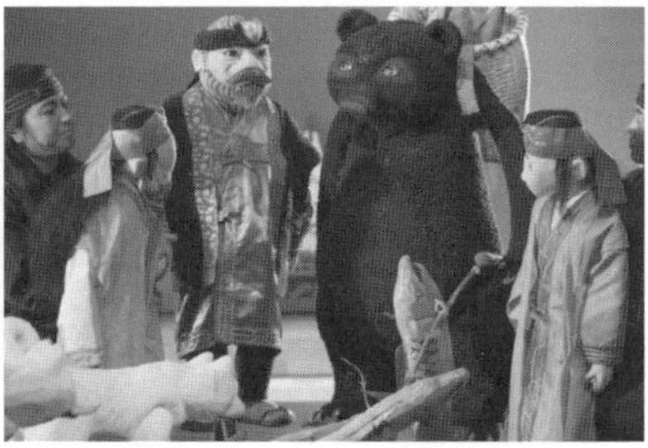

<그림 18> 인형극

* 출처: 阿寒湖アイヌコタン 홈페이지(https://www.akanainu.jp)

지역의 사람들로, 도입단계에서는 와진들의 도움을 많이 받았지만, 인형극 공연과 고식무용의 출연진들은 고탄 내에 거주하고 있는 주민들로 구성되어 있다. 이들은 어렸을 때부터 고탄내 모임에서 고식무용을 교육받은 사람들로 희망자에 한에서 중학교를 졸업하면 무용수로 참여할 수 있다. 대부분 무용은 젊은 여성들을 위주로 행해지고 있으며 고령이 되면 체력적인 문제로 민요를 담당한다. 무용수는 거의 매일 2-3차례, 1회 40-45분씩 공연하고 월급을 받는다. 관람객들이 많았을 때에는 일반회사원보다 급여가 많아서 젊은 층들이 선호하였다고 한다. 현재에는 고식무용 전수자의 이미지보다도 무용수라는 직업으로 젊은 여성들에게 인기가 높다.

이들은 현대식 건축양식의 공연장에서 화려하게 각색되고 축약된 아이누의 전통공연으로 그 곳을 찾는 사람들에게 아이누를 소개하고 자신들의 문화를 전승하고 있다. 하지만 공연장을 찾는 사람들은 대부분 아이누와 관계없는 관광객이며 이들은 짧은 시간동안 아이누의 만

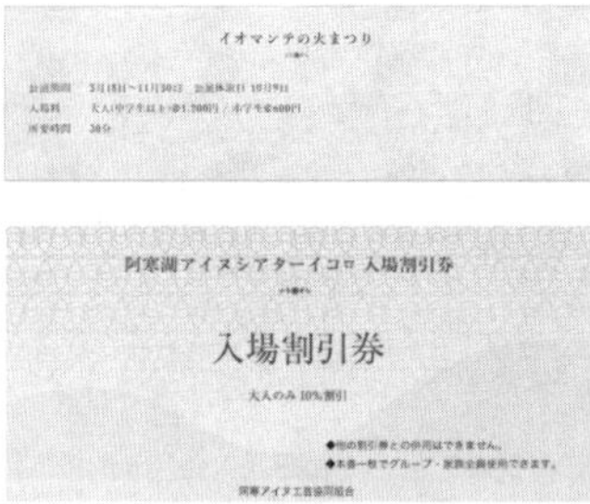

<그림 19> 입장권

2020年度 アイヌ古式舞踊・イオマンテの火まつり・ロストカムイ 予定表

期間	11:00~11:30	13:30~14:00	15:00~15:40	16:30~17:00	20:00~20:30	21:00~21:40
2020年 3/17迄	-	-	土日祝のみ ロストカムイ	-	古式舞踊	ロストカムイ
3/18~4/28	-	-	土日祝のみ ロストカムイ	-	火まつり	ロストカムイ
4/29~10/31	古式舞踊	古式舞踊	ロストカムイ	古式舞踊	火まつり	ロストカムイ
11/1~11/30	-	-	土日祝のみ ロストカムイ	-	火まつり	ロストカムイ
12/1~3/17	-	-	土日祝のみ ロストカムイ	-	古式舞踊	ロストカムイ

※都合により休演の場合は、随時新着情報でお知らせいたします。

<그림 20> 2020년도 아이누고식무용, 이오만테불 축제, 로스트가무이 예약표

* 출처: 阿寒湖アイヌコタン 홈페이지(https://www.akanainu.jp/iomante)

들어진 공연에 입장료를 지불하고 관람한다. '아이누 민족문화'라는 이미지보다는 '관광객들을 위한 쇼'라는 이미지가 더 크게 느껴진다. 또한 내용면에서도 아이누 보다는 와진의 아이디어가 더 많이 가미되어 각색되었다. 이러한 관점에서 볼 때 아이누의 공연은 아이누 후손들을 관광 자원화한 것이며 민족무용이나 연극을 자원으로 '민족문화 보여주기를 빌미로 한 또 다른 형태의 차별'이라고도 할 수 있다. 더욱이 외부인들뿐만 아니라 아이누 후손들이 각색되고 만들어진 보여 주기식의 전통문화를 고유한 전통으로 인식할 가능성도 배제할 수는 없다. 따라서 잘못된 전통 인식으로 인한 민족 정체성의 혼란을 야기할 수도 있다.

3) 마리모축제

'마리모マリモ'는 일본열도, 유라시아북부, 북아메리카의 정해진 지역에서만 서식하고 있는 녹조식물의 하나로 지름이 1cm에서 크게는 30cm의 구형 담수산조류에 속한다. 특히 일본에서는 아칸 호수에서만 볼 수 있는 귀중한 종으로 학술적인 가치가 높다(煎本孝 2001: 323). 이에 1921년 천연기념물로 지정되었으나 관리가 잘 이루어지지 않아서 동경으로 판매되거나 도채盜採, 유람객, 낚시 등으로 인한 피해가 심각하였다. 더욱이 패전 이후 그 주변지역에 수력발전 개발로 인해 호수면이 저하되면서 마리모의 사멸死滅이나 개체수의 급감 현상이 심각하게 발생하였다. 이러한 문제들을 해결하기 위해 만들어진 행사가, 1950년부터 개최된 '마리모축제'이다. 행사시기는 가을철 관광 비수기인 10월초로 관광객의 유치를 도모하는 목적도 포함되어 있었다. 그 결과 1960년(제11회)이후부터는 긍정적인

<그림 21> 제70회 마리모 축제 팜플렛(2019)

<그림 22> 제70회 마리모 축제 모습(2019)

* 출처: 北海道STYLE (https://hokkaido-travel.com/event/marimofes/)

관광효과까지 나타나게 되었다(煎本孝 2001: 323-324).

이 축제는 아칸정阿寒町, 아칸관광협회, 아칸호아이누협회가 주최이지만 민족의식(의례)은 아칸호아이누협회장 이하 고탄 주민들이 담당한다. 구체적으로는 관광객들이 참가할 수 있는 공식행사와 아이누들만이 참가할 수 있는 카무이노미(신에 게 기도드리는 의식)와 이치야루파(조선공양祖先供養)의 비공식행사가 2일에 걸쳐 진행된다. 아이누들이 독자적으로 수행하는 이 행사에 초창기에는 쿠시로 등의 인근 고탄의 장로長老들만이 참여하였지만 매년 행사가 거듭되면서 홋카이도내의 아이누들이 대거 참여하고 있다(煎本孝 2001: 333-335). 즉 아이누의 존경받는 최고령자를 중심으로 전통적인 '영혼 보내기

의례'를 인용하여 새롭게 구성한 민족의례이지만, 전통적인 자연관을 기반으로 자연훼손에 대한 반성과 자연에 대한 감사와 공생의 의미가 내포되어 있다(煎本孝 2001: 324-5).

축제와 함께 생겨난 "마리모의 전설"도 유명하다. 마리모에 담겨진 비극적인 사랑을 주제로 한 이야기로 아이누가 아닌 와진에 의해 만들어진 전설이다. 이 새로운 전설이 관광객들에게 호응을 얻으면서 마리모 관련 캐릭터 상품의 홍보 이미지로 이용되고 있으며 지역 이미지로 정착되었다. 따라서 일부에서는 이렇게 만들어진 축제가 마치 아이누의 전통문화인 것처럼 소개되고 더 나아가 관광 상품으로 이용되고 있는 현상에 대해 비판하기도 한다. 하지만 이 축제를 주최하고 있는 아이누들의 반응은 달랐다. "오래전부터 중요한 기원이 있을 때 제사를 지냈고 그 제사를 오랜 세월동안 이어왔다. 마리모축제의 경우 처음에는 마리모를 호수에 반환하는 의식으로 단순한 발상이었지만 아이누민족이 가지고 있는 자연신앙 사상을 기반

<그림 23> "사랑의 마리모" EP '전설' 마리모이야기

* 출처: https://page.auctions.yahoo.co.jp/jp/auction/282744413

<그림 24> 아칸상점가 내 마리모 전문점

* 출처: http://www.asahi.com/area/hokkaido/articles/MTW20180202010970001.html

으로 일 년에 한 차례씩 마리모를 통해 대자연에 감사하는 감사제感謝祭이다. 더욱이 이것은 역사적으로 볼 때에도 홋카이도의 자연보호 운동보다도 먼저 시작된 것"이라고 변론하였다(煎本孝 2001: 324-5). 또한 이들은 아이누의 자연 공생 사상과 자연관 및 신앙을 기리는 의식과도 같으며 이러한 행사를 통해 주변의 아이누들이 모여 전통의례를 한다는 점에서 자부심을 가지고 있었다.

이 축제는 아이누의 조상들처럼 의례의 주최자, 즉 존경받고 있는 고령의 아이누를 중심으로 한동안 잊고 살았던 민족의식을 공동의례의 형식을 통해 구현함으로써 자신들의 정체성을 확인할 수 있는 장으로 이용되고 있다. 그리고 매년 반복을 통해 전통적인 의례와 사상을 자연스럽게 다음 세대들이 전수·계승할 수 있는 직·간접적인 교육 효과도 있다. 더욱이 외부인들(관광객)에게 이들의 전통의식을 소개하여 아이누 민족의 사상에 대한 인식과 이해를 도모할 수 있다는 점에서 가치가 크다.

이리모토 타카시(2001)는 마리모축제의 의의 및 지속성에 대하여, "아이누의 경제적인 생활기반인 관광문화 혹은 관광경제와 정신적 측면(세계관), 축제가 결합되어 새로운 아이누문화를 형성하였다. 그리고 축제의 생성 및 유지 과정에서 아이누와 와진과의 공생·협력관계가 잘 드러나고 있으며 이러한 민족 간의 공생관계가 50여 년 동안 축제를 지속시켰다(煎本孝 2001: 320-343)."라고 기술하였다. 즉 새로운 민족문화를 형성하는데 민족 간의 역할분담보다도 민족을 넘어선 협력이 더 중요하다는 것이다. 그리고 서로의 민족 정체성을 약화시킬 수도 있지만 서로를 이해하는데 도움이 되기 때문이다. 하지만 와진에 의해 만들어진 마리모의 전설에서도 유추할 수 있듯이 관광 상품으로 만들어진 '소수민족의 새로운 이야기'가 마치 오랜 세월을 통해 형성된 선조들의 사상이 담긴 신화인 것처럼 잘못 인식되거나 미화될 가능성도 있다는 점을 간과해서는 안 된다.

5. 맺음말

아이누의 정체성은 '홋카이도의 선주민족'이다. 이들은 자신들의 권리와 인권을 찾기 위해 세계의 소수민족 및 인권회복단체들과 지속적으로 교류하고 있으며 다양한 민족문화연구를 통해 자신들의 위치를 객관화하기 위해 노력하고 있다. 이것은 스스로 자신들의 권리와 인권, 정체성을 찾기 위한 노력 중의 하나일 것이다. 특히 현대에 들어오면서 소수민족 문제가 문화정책으로 초점이 이행되고 있는 과정에서 민족문화는 자기 정체성을 드러내기 위한 수단으로 이용되고 있다. 그러나 이것은 일본정부가 소수민족의 문제 해결방안으로 그들의 민족문화를 인정해 주고 계승할 수 있도록 지원과 정책화에 대한 관심과 노력인 것이지, 아이누 민족에 대한 '선주권을 인정하고 그에 합당한 보상을 해 준다'는 것은 아니다. 또한 현지 소수민족의 고유한 문화와 전통을 인정해주고, 비록 그것이 이국적인 관광 상품으로 이용될지라도 자신들의 존재를 다른 다수의 사람들에게 소개할 수 있는 기회가 되고 있다는 긍정적인 요소도 부정할 수는 없다.

이러한 현상은 아칸아이누고탄의 사례에서도 잘 나타나 있다. 하나의 마을을 이루어 집단적으로 자신들의 민족문화를 계승하고, 민족문화의 이미지로 브랜드화한 상품들을 이용하여 생계를 유지하는 과정에서 자연스럽게 자신들의 정체성을 유지하고자 새로운 민족문화를 계승·개발하고 있다. 하지만 이러한 과정에서 아이누 스스로가 아닌 타민족, 더욱이 과거 이들을 침략했던 본토 일본인들과 같은 외부사람들의 조언이나 아이디어, 지원 및 투자 등을 기반으로 아이누의 민족문화가 구축되고 있다는 점이 흥미롭다.

또한 민족의 전통사상이나 정체성보다는 그 민족이 가진 일반적인 이미지만을 이용해서 관광객들의 흥미를 유발할 수 있는 정체불명의 상품들이 만들어지고 있다. 물론 이것은 소수민족의 홍보나 이해를 돕는 계기를 마련해 주기도 하지만, 그 과정에서 고유한 민족의 전통문화의 의미와 형태를 조금씩 변질시킬 수도 있다. 즉 당사자인 소수민족들에게 잘못된 전통문화가 전수(계승)되어 민족 정체성이 혼돈되거나 오히려 약화시킬 가능성도 배제할 수 없다는 것이다. 그리고 새롭게 만들어진 민족문화가 그들의 정체성과 연결되어 다음 세대로 이어져간다는 점을 감안한다면 민족문화를 새롭게 구축하고 인식하는데 더욱 신중한 자세가 필요할 것으로 본다.

| 참고 문헌 |

김광억, 2006, "종족의 현대적 발명과 실천", 『종족과 민족』, 아카넷, 15-84.

김미숙, 2017, "소수민족의 새로운 민족문화의 형성과 정체성", 『민족연구』 69, 151-177.

이연옥, 2013, "민족문제에 대한 일본의 대응과 일본 민족주의", 『민족연구』 55, 52-75.

에릭 홉스봄 외. 박지향, 장문석 옮김. 2013. 『만들어진 전통』, 휴머니스트.

윤용택, 2001, "日本における少数民族の権利:アイヌ民族の権利を中心として", 『비교법 연구』 2, 33-42.

오구마에이지 지음, 조현설 옮김, 2003, 『일본 단일민족신화의 기원』, 소명출판.

煎本孝, 2001, "マリモ祭りの創造:アイヌの帰属性と民族的共生", 『民俗学研究』 66(3), 320-342.

小熊英二, 2003, 『日本人の境界』, 新曜社.

桑原真人, 1982, 『近代北海道史研究序説』, 北海道大学図書刊行会.

山田伸一, 2011, 『近代北海道とアイヌ民族』, 北海道大学校出版会.

上山浩次郎, 2016, "第8章 アイヌ文化の知識と体験", 『調査と社会理論』 研究報告書, 北海道大学大学院教育学研究院教育社会学研究室, 177-212.

佐々木高明, 1998, "アイヌ文化と沖縄文化ー日本文化との比較の視座から", 『萱野茂ア イヌ文化講座Ⅱ』, 草風館.

出利葉浩司, 2002, “近世末期におけるアイヌの毛皮獣狩猟活動について”,『国立民族学 博物館調査報告』34, 97-163.

上野昌之, 2004, “柳宗悦のアイヌ二論について:「オリエンタリズム」との関係から”,『早稲田大学大学院教育学研究科紀要』別冊 12(1), 1-11.

苑原 俊明, 2006, “先住民族の文化遺産の国際的保護:国連の動向とアイヌ民族”,『大東 法学』48, 37-60.

尾本 惠市, 2004, “先住民族と人権(1): アイヌと先住アメリカ人”,『桃山学院大学総合研 究所紀要』29(3), 101-120.

岩崎義純, 2013, “アイヌシアター「イコロ」の人形劇”,『環オホーツクの環境と歴史』, サッポロ堂書店.

公益財団法 人アイヌ文化振興·研究推進機構, 2013,『アイヌ民族:歴史と現在ー未来 を共に生きるために』, 公益財団法人アイヌ文化振興·研究推進機構.

財団法人アイヌ文化振興·研究推進機構, 2012,『アイヌプリーアイヌの心をつなぐー』, 財団法人アイヌ文化振興·研究推進機構.

『阿寒町役場』, 1986, 阿寒町史.

『阿寒町』, 1966, 阿寒町.

社団法人北海道アイヌ協会 http://www.ainu-assn.or.jp

釧路市 http://www.city.kushiro.lg.jpWikipedia http://ja.wikipedia.org

北海道博物館協会学芸職員部会 http://www.hk-curators.jp

一般財団法人 前田一歩園財団 http://www.ippoen.or.jp

阿寒湖観光ナビ http://www.lake-akan.com

阿寒湖アイヌコタン https://www.akanainu.jp

北海道STYLE https://hokkaido-travel.com/event/marimofes/

Google maps https://www.google.com/maps

인도네시아 발리의 자원봉사관광

김진오 | 전북대 고고문화인류학과 박사과정

1. 서론

오늘날 관광산업은 세계 최대 산업 중 하나로 글로벌화에 따라 그 산업의 확대는 지리적인 한계를 넘어서고 있다. 관광산업은 경제성장을 위한 대체 원천이 되어 왔고 많은 국가에서 실질적으로 국내경제 발전에 기여해 왔다. 그리고 관광산업은 여러 측면에서 산업 이해관계자들의 구성, 외국원조의 지원, 그리고 국가행위자와 산업을 촉진시키는 강력한 법인 행위자의 결합을 통해 세계경제와 연결되어 있다. 많은 국가에서 관광 산업은 경제에 큰 기여를 하고 있으며 많은 노동 인구를 고용한다. 관광업계가 전 세계적으로 성장함에 따라 다양한 직책에 걸쳐 다양한 기회가 제공되고 있다.

기존의 관광사업을 대표하는 대량관광은 관광지의 지역주민, 그들이 향유하는 문화, 그들의 환경에 부정적인 영향을 끼쳐왔다(Singh & Singh 2004). 최근 들어 참여를 중시하는 새로운 형태의 관광이 증가하고 있다. 관광 패러다임이 대량관광과 구별되는 개인 자유관광, 특별 흥미 관광 등 대안관광으로 변화하고 있다(장병권 2008). 관광객들은 관광지에서 자신의 가치를 고양시키고, 정체성을 강화할 수 있는 방식의 관광으로의 변화를 선호한다(Urray 2011). 새로운 관광산업의 패러다임의 변화 가운데 눈에 띄는 것은 관광객으로서 책임의식을 가지고 지역적인 가치를 존중하는 여행의 형태가 대중관광으로 자리잡았다는 점이다. 이러한 형태의 하나인 자원봉사관광도 인기 있는 관광 상품이 되었다.

자원봉사관광 활동은 가치 실천에 의미를 두는 현대의 관광 흐름에 따라 인지도를 얻고 있으며, 주5일 근무제, 자율학기제 등과 맞물려 개인의 자아실현 기회뿐 아니라 지역주민과의 교류활동으로 경험을 쌓을 수 있는 장점이 두드러지면서 그 관광 형태가 확대되고 있다. 자원봉사관광은 자연환경과 지역문화의 지속가능성을 고려하며, 방문한 지역 사회와 긴밀한 상호작용과 교류가 이루어진다는 큰 특징을 갖기에 새로운 형태의 관광으로 해석된다(이원희 2011). 자원봉사 관광객은 지역주민들과 자주 만나게 되며, 지역 고유의 생활과 문화를 통해 특별한 관광경험을 하게 된다. 이런 경험은 개인의 내면적인 성숙 등 자아발전의 기회가 된다(김예지 2015).

연구자는 석사논문 자료 수집당시 발리 관광업에 종사할 수 있도록 여성역량강화를 위해 활발히 활동하는 비정부기구를 접하게 되었다. 그러면서 자연스럽게 인도네시아 발리의 자원봉사관광이 하나의 관광상품으로 자리잡고 있다는 것을 발견하게 되었다.

2000년대 들어서 발리의 관광업계는 관광객들의 다양해진 관광형태와 욕구에 따라 변해가고 있다. 고급호텔과 리조트의 안락함을 추구하는 관광객들에서부터 문화관광뿐만 아니라 발리 자연환경을 찾아 생태관광, 스포츠관광을 즐기는 사람들에 이르기까지 발리 관광산업의 게스트의 필요에 따른 역동적인 관광이 이뤄지고 있다. 관광객들은 발리의 역사, 독특한 문화 및 풍경의 이미지에 끌려 발리를 관광 목적지로 결정한다(Utama 2017). 점차적으로 발리의 관광지형이 변하면서 발리의 관광은 더욱 다채로워지고 있다. 이 연구는 인도네시아 발리에서의 자원봉사관광을 사례로, 참여지향적인 관광이 늘어나는 사회문화적 현상을 알아보는 것을 목적으로 한다. 이를 통해 경제구조에서 관광산업의 영향을 크게 받는 발리 사회의 변화를 알 수 있을 것이다.

2. 자원봉사관광과 지역사회

1) 자원봉사관광이란

자원봉사관광(Voluntourism)의 개념은 자원봉사 활동을 뜻하는 '자원봉사(Volunteer)'와 '관광(Tourism)'이 결합된 것으로, 관광을 하면서 자원봉사를 함께 하는 여행을 의미한다. 이것은 단순히 즐기기 위한 목적이 아닌 자원봉사를 염두에 둔 관광형태를 말한다(김예지 2015). 자원봉사관광은 자신보다도 남을 돕겠다는 동기가 되어 환경보전, 빈곤완화 등의 관심으로부터 발생된다. 이 관광 형태는 관광객의 자발적인 동기와 무보수의 봉사활동, 휴가 등의 관광요소가 결합되어 나타난다. 그리고 많은 경우 전문기관(NGO 포함)이나 단체에 의해 관광이 이루어진다(이원희 2011). 자원봉사관광은 지역의 환경과 문화 등을 보존하고 회복하는 관광체험을 바탕으로 진정성(Authenticity)을 찾아 나서고자 하는 새로운 의미의 관광이다(김예지 2015). 자원봉사관광은 개인이 여행을 자발적 활동과 결합시키는 인기있는 활동이다.

자원봉사관광 사업은 전 세계에 존재한다(Raymond & Hall 2008). 21세기 들어 자원봉사관광은 급속도로 성장하고 있다(Callanan & Thomas 2005). 자원봉사관광은 관광객과 지역 사회 공동체 모두에게 이익이 되는 관광분야이다(Wearing 2001, 2002; McGehee & Santos 2005). 자원봉사관광은 일반적으로 대안 관광의 한 형태로 인식되고 있다(McIntosh & Zahra 2008; Matthews 2008).

McGehee & Santos (2005:760)에 따르면 자원봉사관광은 "궁핍한 다른 사람들을 돕기 위해 정기적인 활동 범위에서 벗어나 임의의 시간과 수입을 이용한다."라고 말하고 있다. 자원봉사 관광객은 "사회의 일부 그룹의 물질적 빈곤, 특정 환경의 복원 또는 사회나 환경의 측면에 대한 연구를 돕거나" 완화시키는 데 참여한다(Wearing 2001).

2) 자원봉사관광 참여 동기

자원봉사관광에 참여한 동기는 많은 연구자들이 관심을 갖고 진행하고 있는 연구이다(McGehee&Norman 2002; Broad 2003; Brown&Lehto 2005; Campbell&Smith 2006). 자원봉사 관광객은 환경에 대해 더 많은 것을 배우고 보전 활동에 참여할 수 있는 기회로 인해 동기 부여되기도 한다(Broad 2003; Campbell&Smith 2006). 교육의 기회를 제공하며, 현지 사람들과 상호 작용하면서 지역문화와 공동체와 교류한다(Brown&Lehto 2005). 또, 향후 고용 또는 경력에 더 나은 기회를 모색하게 한다(Bruyere&Rappe 2007). 개인 성장과 자원봉사 관광객의 동기에 초점을 둔 소수의 기존 연구는 태국(Broad 2003), 인도네시아(Galley& Clifton 2004), 남아프리카 공화국(Stoddart & Rogerson 2004), 코스타리카(Campbell& Smith 2006)등지에서도 진행되었다.

자원봉사 관광은 자원 봉사자가 달성 할 수 있는 일, 자원 봉사자가 겪을 수 있는 개인적 성장 및 호스트와 자원 봉사자 간의 타문화 경험의 더 나은 이해를 도모하는 것을 아우르고 있다(Wearing 2001 2002; Ellis 2003). 하지만 Raymond와 Hall(2008)은 자원 봉사자들이 경험하게 될 개인적 성장과 타문화 이해의 가치에 대해 질문한다. Callanan과 Thomas(2005)에 따르면, 일부 프로젝트에서 자원 봉사자는 주로 개인적 이익에 관심이 있으며 프로젝트 혜택에 대해서는 회의적이다. 자원봉사 여행의 참가자는 종종 이타주의에 의하지 않고 개인적 이유에 의해 동기 부여가 된다(Wearing 2001; Galley&Clifton 2004; Brown 2005). 이것은 자원 봉사자들이 종종 1개월 미만의 기간 동안 참여함으로써 두드러진다. 이것으로 그들은 프로젝트의 목표를 성취하기 위해 정말로 열심히 노력하는 것 같지는 않다고 여겨지기도 한다(Ellis 2003; Callanan & Thomas 2005; Fitzpatrick 2007). 이러한 주장은 연구자가 조사하면서 실제로 발견한 부분이기도 하다. 개인적인 동기, 예를 들면 학위논문에 자료가 필요해서, 국제기구에 입사하기 위해 경력을 쌓는 방편으로 자원봉사관광에 참여하는 경우 등 그 경우는 다양하다. 이들은 자신들의 목적을 달성하는 것에 의미를 두기 때문에 조사자가 연구한 S단체의 프로그램에 적극적으로 협조하지 않는다.

그러나 전체적으로 볼 때, 자원봉사관광 관련 연구는 낙관적 견해를 제시하고 있으며, 이 관광 산업이 상호 보완적으로 참가자들 간에 문화 간 이해의 발전을 촉진한다고 밝히고 있다. 자원봉사관광에 관한 많은 연구가 관광 동기와 이익에 초점을 맞추고 있다(Wearing 2001; Wearing&Deane 2003;Wearing&Neil 2000). 그러나 최근에는 자원봉사 관광 프로그램(VTP)[1]을 신중하게 관리하지 않으면 문화 간 오해와 문화적 고정 관념의 강화로 이어질 수 있다는 주장이 제기된다(Raymond 2008).

개발도상국에서 실시된 자원봉사 관광사업에 대한 젊은 서양인의 참여의 적절성에 대한 민족지학 연구가 호주 프로그램의 맥락에서 민족지방법으로 수행되었다. 베트남, 멕시코 및 피지와 같은 국가의 대학생을 단기적으로 그룹 배치하여 수행된 이 연구의 결과는 이 프로젝트가 국제적 참여, 능력개발, 타문화 능력 및 심리적 지원 측면에서 국제 자원봉사 및 서비스의 다른 교육 이니셔티브와 유사한 이익을 창출할 수 있음을 보여준다(Palacios 2010).

김예지(2015)는 자원봉사관광에 참여한 관광객들이 일상에서 벗어난 진정성(Authenticity)을 찾고자 하는 관광경험을 분석하고 있다. 자원봉사나 인도적 활동을 통한 다양한 여행을 선호하는 이들의 동기 요인에는(Brown 2005) 문화적 몰입, 되돌려주는 욕망, 자원봉사 휴가 기간에 생겨나는 유대, 가족애에 대한 추구가 있다. 자원봉사 도중 자원 봉사자들은 비언어적인 의사소통 및 유대관계를 지역주민

1 volunteer tourism programmes.

과 여러 단계에서 갖게 되는데 이것은 관광을 통해 주변 사회환경과의 조화를 경험하는 기회가 된다. 실제로 연구자가 1차 현지조사 기간 중 인터뷰를 했던 루마니아에서 온 로늣Lonut은 인근 학교에 초대되어 지역주민들과 교류하는 시간을 가지며 보람찼다는 소회를 밝히기도 했다.

대안적인 Gap Year[2] 청소년 여행경험으로서의 최근의 '자원봉사관광'의 성장을 고려하고, 신자유주의에 의해 자발적 신자유주의 가치에 내포된 내성이 어떻게 생성될 수 있는지 탐구하는 연구도 있다(Lyons 2012).

3) 지역사회와의 관계

자원봉사관광과 지역과의 연관성을 연구한 국내연구는 제한적이다. 국내연구는 자원봉사관광과 장소애착성의 관계(장호찬 2010)를 다룬 연구에서 관광객으로서의 재방문의사가 장소성애착과 어떻게 연관되는지를 살피고 있다. 이 외에도 김예지·김홍범(2018)연구에서는 자원봉사관광의 진성성을 도출하면서 공간적인 부분을 다루고 있으나, 직접적으로 지역사회와의 관계를 다루고 있지는 않는다.

자원봉사 관광객이 지역 사회에 어떤 영향을 미치는지, 다양한 이해 관계자가 자신이 거주하거나 일하는 지역 사회에서 다양한 형태의 관광을 어떻게 인식하는지에 대한 연구(Aquino 2013)에서는, 비정

---

2 학업을 잠시 중단하거나 병행하면서 봉사, 여행, 진로탐색, 교육, 인턴, 창업 등의 활동을 체험하며 흥미와 적성을 찾고 앞으로의 진로를 설정하는 기간(출처: 네이버 시사상식사전).

부기구(NGO)가 자원봉사관광을 그들의 프로젝트를 위한 전략으로 사용하는 이유와 방법을 고찰하고 있다. 특히 이 연구는 브라질의 빈민지역을 대상으로 한 자원봉사관광을 분석하고 있는데, 자원봉사관광이 빈민의 사회적 표현을 재현하여 지역 사회의 자긍심을 높이고, 빈민지역의 부정적인 이미지에 대한 선입견을 없애는데 돕고 있으며, 지역 사회의 자부심을 형성하는 데 유익하다고 본다. 지역 사회는 자원 봉사자들과 동등한 관계를 유지하고 상호 작용을 통해 연대하면서 자신들의 경험을 공유하고 있었다.

다양한 관광상품의 하나로 자리잡은 자원봉사관광이 발리에서 진행되는 방식은 어떠한지를 살펴보는데 참고할만한 연구로 Zahra(2013)가 진행한 사례가 있다. 이 연구는 지역 사회의 관점을 활용하여 지역 사회에 자원봉사관광이 미치는 영향을 조사하였다. 자원봉사 관광객이 사회 자본의 다리 역할을 발휘하여 모든 형태의 공동체 자본에 영향을 준다는 증거를 제공하고 있다. 연구자가 참여관찰을 진행하였던 S단체에 오는 자원봉사 관광객들은 이전에 이 단체를 방문했던 친구의 소개를 통해 오게 된 경우가 많았다. 그리고 그들은 영어를 가르치면서 단체에 오는 학생들의 언어실력 향상에 큰 도움을 주고 있었다.

발리의 자원봉사관광은 비영리단체가 프로그램을 제시하고 있는 경우가 많기에 위의 연구들이 유의미하다. 연구자는 다양한 선행연구를 바탕으로 개인의 정서적 가치 구현을 위한 자원봉사관광이 발리 지역사회에 미치는 영향을 살펴보고자 한다.

3. 발리의 자원봉사관광객과 호스트

발리 관광업의 자원봉사관광 현상을 통해서 자원봉사관광객과 호스트(지역주민, 학생)간의 관계를 파악하기 위하여, 비영리단체NGO와 자원봉사 관광객, 지역사회(주민) 3가지로 나누어 살펴보았다.

발리 관광은 주정부에 의해 개발로서 권장되었고 발리 사회에 변화를 가져왔다(Ramstedt 2012). 2000년대 들어 발리의 관광지형이 바뀌고 있다. 19세기 제국주의가 시작되자 네덜란드 정부는 인도네시아 지역을 식민지화하였다. 네덜란드는 수중 안에 들어있지 않던 발리를 자신들의 통치하에 완전히 편입시켰고 그 이후 발리를 탐색하면서 발리의 음악, 춤, 종교적 의례, 일상생활 등 문화에 관심을 기울이기 시작하였다. 그러면서 네덜란드는 1920~30년대 사이 발리에 파라다이스의 이미지를 입히기 시작하였다. 네덜란드는 발리를 관광지로 발전시키고자 발리의 문화를 관광의 구심점으로 잡고 서양인들에게 이미지화 시켰다. 네덜란드 정부의 식민 정통성 확보라는 정치적 의도에서도 발리의 관광화는 적극적으로 진행되었다. 1942~1945년 일본군로부터 독립 이후 인도네시아는 관광을 통한 소득을 얻기 위하여 관광활동에 대한 조세법을 개정하였다. 더 나아가 인도네시아 정부는 1960년대 세계적인 대중관광의 흐름에 맞춰 1966년 사누르Sanur에 발리 비치 호텔을 건설하는 등 국제대중관광에 발맞추어 나갔다. 이때 당시 완성된 응우라 라이Ngurah Rai국제공항의 완성은 관광객이 증가하는데 영향을 미쳤다(신성원 2009).

2000년대 발리는 관광객들의 다양해진 관광 형태와 욕구에 따라 변해가고 있다. 고급호텔과 리조트의 안락함을 추구하는 관광객들에서부터 문화관광뿐만 아니라 발리 자연환경을 찾아 생태관광, 스포츠관광을 즐기는 사람들에 이르기까지 발리 관광산업의 게스트의 필요에 따른 역동적인 관광이 이뤄지고 있다. 발리의 관광지형이 변하면서 발리의 관광은 더욱 다채로워지고 있다. 발리의 관광의 역사와 발리 관광의 주요 유형 변화에 초점을 맞추다보면 자원봉사관광이 발리에서 성행하게 되고, 대중화된 현황을 살펴볼 수 있다.

1) 비영리단체 S Learning Center

주 연구대상은 비정부기구인 SLCS Learning Center이다. SLC(이하 S단체)는 2007년에 설립되었고, 기야나르Gianyar마을의 어린이들을 위한 방과후 무료 교육을 제공하고 있다. S단체의 창립자인 I Gusti Agung Rai와 I Gusti Ayu Darsini는 급속하게 세계화되는 과정에서 발리의 십대 청소년들에게 다양한 국적의 사람들과 상호 작용하는데 도움이 되는 교육이 필요하다고 여겼다. 이 단체는 네덜란드의 한 단체와 협력하게 되어 지원을 받게 되었다. 그 뒤로 자원 봉사자들을 수용할 수 있는 여건이 되었다.

S단체에 상주하는 직원들은 총 6명이다. 인디라Indira(총 현장 책임자, 여)는 자원봉사자의 등록과 환대를 맡고 있다. 데위Dwi(여)는 수업 스케줄 조정을 한다. 수업시간 필요한 물품도 Dwi가 제공해준다. 오전에는 대부분 자원 봉사자들이 스케줄에 따라 인근으로 관광을 나가기 때문에 Dwi가 그들의 차량지원 시간 조절까지 맡고 있었다. 매주 화요일과 목요일 오전에 자원봉사자들에게 무료 차량 서비스가 제공된다. 이 차량은 S단체의 직원이 직접 운전해서 자원봉사자들의 관광을 도와주고 있었다. 노피Nopi(여)와 크리스나Krisma(여)는 자원봉

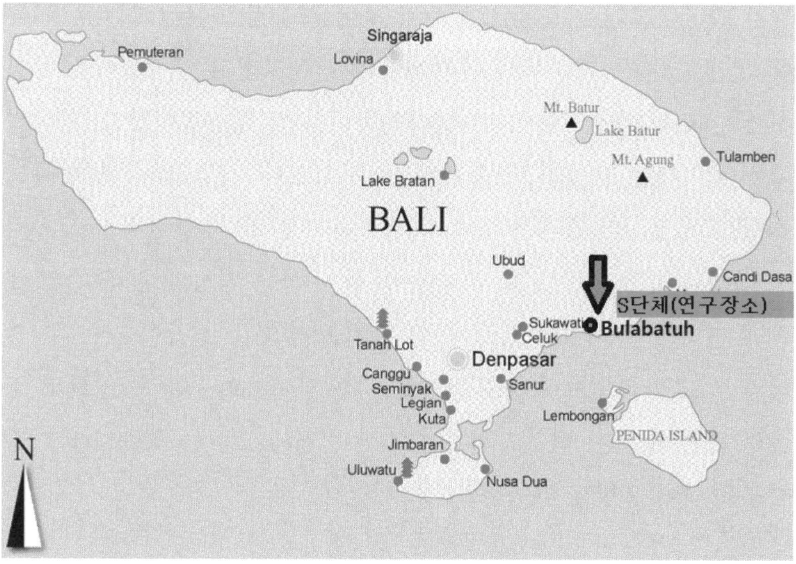

* 출처: www.google.com

사자들의 방정리와 식사를 책임지고 있었고, 사트리아Satria(남)는 일요일마다 학생들의 역량 강화 프로그램을 진행하며 과외활동을 책임지고 있다. 아구스Agus(남)는 홍보담당이었는데 카메라와 SNS를 활용하여 S단체의 활동을 대내외적으로 알리는 역할을 맡고 있다.

이들의 영어능력은 아주 뛰어났으며, 6명이 융통성을 가지고 협력하며 자원봉사자들과 어울리며 때로는 관광 가이드처럼, 때로는 단체 관리자처럼 자원봉사 관광객들을 대했다. 이들도 대부분 어렸을 때부터 이 S단체에서 영어를 배우던 지역의 학생이었는데, 성장한 후, 이 곳에서 일을 하게 되었다고 한다. 이들은 현재 직원이면서도 이 비영리단체의 수혜를 가장 많이 받은 대상들이기도 하다. 인터뷰 조사시 이들은 직업에 대한 만족도가 높다고 답변했다. 이들은 창립자가 비상주하기 때문에 그들의 업무에 자율성이 보장되는 점을 높이 샀다. 그들은 자원봉사 관광객들과 어울리면서 영어실력을 향상시켰다. 그들의 사고는 일반 발리인들보다 더 개방적이었고, 자신의 삶을 즐기려는 모습을 자주 발견할 수 있었다. 예를 들면, 인디라는 25살이 넘었는데 결혼을 급하게 생각하지 않았다. 일반적으로 발리의 여성들은 25세 이전에 결혼을 하려고 하는 경향이 강하다. 그에 반해 인디라는 자신의 인생을 더 즐기고 싶다는 생각이 강했다. 하지만 여느 발리인처럼 종교행사에는 꼭 참여하며 공동체 생활도 소홀히 하지 않았다. 연구자의 2차 조사 시점에 그녀는 호주로 국가장학금을 받아 유학을 떠났다.

Indira Santi

Gung Dwi

Krisma

Nopi

Agus Prabawa

Satria

자원봉사 관광객은 2주를 기준으로 500$를 숙식비로 지불한다. 인도네시아 발리 평균 월급이 140$(Kotra 2018)인 점을 감안하자면 이 단체가 벌어들이는 수입은 꽤 큰 편이다. 직원들과 인터뷰 조사 시 단체의 재정에 관한 이야기를 시도했으나 회계담당인 노피는 명확한 답변을 회피했다. 자원 봉사 관광객은 일반적으로 현지에 도착해서 이 단체의 직원들에게 일정한 참가료를 지불하게 된다. 이 돈은 곧바로 창립자에게 보내지고, 창립자의 일을 대신하는 총 관리자가 1달 예산을 노피에게 보내준다고 했다. 자원 봉사 관광객이 보통 8주에서 길게는 16주를 머물기 때문에 이들이 지불하는 돈은 단체의 상당히 큰 수입원임이 틀림없다.

비정부기구NGO가 자원 봉사 관광을 그들의 프로젝트를 위한 전략으로 사용하는 이유와 방법(Aquino 2013)에 대한 연구에서는 지역 사회에서 자원 봉사 관광의 영향을 효과적으로 이해하기 위해서 자원봉사 관광객을 유치하는 NGO 직원의 인식이 고려되어야 한다고 주장한다. S단체의 직원들은 자원 봉사 관광객에 대해 호의적이며, 이들의 자원 봉사가 학생들에게 매우 큰 도움이 된다고 생각하고 있다. 이들의 환대는 장기적으로 다른 자원 봉사 관광객들을 유인하는 요인이 되기도 한다.

NGO는 지역 사회와 자원 봉사자 및 기타 이해 관계자 간의 상호작용 네트워크를 구축함으로써 자원 봉사자와 공동체 사이의 중개자 역할을 한다(Zahra&McGehee 2013). S단체의 직원들은 이 단체에서 학생시절 영어를 배우며 성장했고, 자원 봉사 관광객들이 지역 사회의 문화를 경험하도록 자율적으로 도움을 주기도 한다.

2) 자원봉사 관광객

자원봉사 관광객 조사당시, S단체 자원봉사자들은 독일인 미리Miri(23,여), 네덜란드인 앰버Amber(23,여), 미국인 샘Sam(23,여), 켈리Kelly(23,여), 폴란드인 도미니카Dominika(23,여), 루마니아인 로눗Lonut(29,남), 영국인 코아Cora(60대,여), 이스라엘인 나탈리(Nathalie,50대,여), 연구자를 포함하여 9명이었다. 9명의 자원봉사 관광객들은 13개의 수업을 진행하였다. 이들과 생활하며 이들이 자원봉사관광을 선택하게 된 이유와 경로를 파악할 수 있었다.

이들은 주로 이전에 이 단체에 왔던 친구들의 소개로 이곳을 찾게 되었다고 한다. 미리는 독일에서 교육학을 전공 중인 학생으로 12주 동안 이곳에서 지내면서 자신의 논문에 쓸 주제를 찾고자 했다. 앰버는 장기여행을 계획했는데 이전에 이 단체에 왔던 친구의 추천으

Miri(23)

Amber(23)

Cora(60대)

Nathalie(50대)

Dominika(23)

Lonut(29)

Sam(23)

Kelly(23)

로 오게 되었다고 한다. 자원 봉사 관광객들은 가족이나 친구로부터 자원 봉사 관광에 참여할 것을 권장 받기도 한다. 가족과 친구들이 자원 봉사 관광객들에게 큰 영향을 미친다. 가족과 친구들은 자원 봉사 관광지를 선택하거나, 자원 봉사 업무를 선택하는데 정보를 제공하는 통로가 된다. 샘과 켈리는 고향 친구사이로 이 둘도 장기 여행을 다녀온 친구의 소개로 이 단체를 알게 되었다고 한다. 도미니카와 로눗은 덴마크에서 만난 대학원 동료로 학과과정을 수료하고 보람찬 일을 하고자 이곳에 왔다고 한다. 로눗은 퇴사 이후 좀 더 가치있는 일을 하고 싶은 생각에 친구의 소개로 이 단체를 오기로 결정했고, 절친한 친구인 도미니카와 함께 참가했다. 코라는 은퇴한 간호사로 휴가를 보내고자 이 곳에 왔다고 했다. 더불어 아이들에게 도움이 되면 좋겠다는 의도에서 참여했다. 나탈리는 사진작가로 기회가 될 때마다 아프리카나 아시아의 아이들에게 자원봉사를 한다고 했다. 아이들을 통해 행복을 느낀다며, 자신이 만나는 사람들을 모두 사진으로 찍어 출판하려는 계획을 추진 중이었다.

이들의 자원봉사관광 참가 동기를 정리하면 자기계발, 지인들의 추천, 선한 일을 하고자 하는 의도, 친선의 동기를 가지고 자원봉사 활동에 참여하였다.

유아를 대상으로 한 오전수업을 제외하고 평일에는 대부분 수업이 오후 3시에 일괄적으로 시작되기에 자원봉사 관광객들은 오전에 블라바투에서 가까운 우붓Ubud으로 가서 반나절 관광을 즐긴다. 월요일부터 목요일까지의 자원 봉사 일정이 마무리 되면 주말에는 3~6시간 멀리 떨어진 발리의 유명 관광지로 가서 전형적인 관광을 한다.

자원봉사 현장

세미나 현장

지역문화체험 현장

S단체직원들의 소개로 지역사회의 종교적 행사나 통과의례에 초대되어 자신들이 지도하는 학생들의 부모들, 즉 지역주민들과 어울리며 소통하는 시간을 갖게 된다. 자원 봉사 관광객들은 지역 사회 문화를 체험하며 발리의 문화에 대해서 알게 된다.

3) 학생과 지역주민

매주 월요일부터 목요일까지 약 150여 명의 어린이들이 S단체에 온다. 연령대는 9세에서 20세 사이, 초등학생부터 고등학생까지이며, 4세에서 5세 사이의 어린이도 있다. 아이들 대부분은 저소득 가정 출신이며, 부모의 직업은 농부, 교사, 벽돌 제조공 및 건설 노동자이다.[3] 연구자가 지도한 아이들은 11세~12세의 8명 초등학생, 14세~15세 12명, 16세~17세의 6명으로 모두 26명이었다. 아이들은 전

3 이 사실과 다르게 부유한 집안 아이들도 양질의 영어교육을 위해 S단체에 자발적으로 참여하는 것으로 조사시 확인되었다.

반적으로 성실했으며, 자신들에게 영어가 인생을 살아가는데 얼마나 중요한 도구인지 잘 알고 있었다. 4년 전부터 이곳에 다니기 시작했다는 코코Coco(18, 남)는 직업학교SMK에 다니는 고등학생으로 졸업 후 바로 취업을 계획하고 있었다. 같은 반 친구인 코코와 할마Halma(남), 부다Budah(여)는 모두 동갑으로 영어로 논쟁을 할 수 있을 만큼의 수준을 겸비하고 있었다. 모두 2년~4년의 영어수업을 통해 얻은 실력이라고 설명해주었다.

대부분의 학생들은 월요일~목요일 사이에 2번의 수업을 들으러 S단체에 온다. 연령대는 9세에서 18세의 학생들이다. 영어로 말하는 것은 정확하지 않더라도 외국인들과 자주 만나면서 영어로 대화하는 것을 어색해하지 않는 모습이었다.

매 수업시간마다 가깝게는 오토바이로 5분, 멀게는 30분 거리를 부모들이 오가면서 아이들의 등하교를 책임지고 있었다. 수업이 끝나기 전 10분전부터 아이들을 기다렸다가 데려가는 부모들은 이 단체에 대한 신임이 대단했다.

> 학부모(Adi의 아버지): 내 딸이 여기에서 영어를 배운다는 것이 다행스럽죠. 학교에서 받는 수업보다 양질의 교육을 받을 수 있죠. 아이도 여기 오는 것을 즐기죠. 저는 무엇보다 Adi가 영어로 이야기하는 것을 들을 때 뿌듯합니다. 영어는 직업을 구하는데 중요합니다.

아디Adi의 아버지는 수업이후에 연구자에게 전화를 걸어 자신의 딸 영어 실력이 어느 정도이며, 당일 수업은 어땠는지를 물어보기도

하는 등의 열성을 보였다. 이렇게 아이들의 교육에 열의를 보이는 부모들은 이 단체의 역할을 학교만큼이나 중요하게 생각하고 있었다. 그 이유는 영어를 모국어로 사용하는 서구의 백인 외국인들에게 자녀들의 영어교육을 맡길 수 있기 때문이다.

4. 결론

조사결과 학부모들은 S단체에 대한 두터운 신뢰를 나타냈다. 자녀들이 양질의 영어교육뿐 아니라 S단체의 과외활동을 통해 지도력과 같은 사회적인 기술을 익히는 것에도 큰 의미를 두고 있었다. 학부모들은 아이들이 자율적인 인간으로 성장하도록 지도하는 설립자 아궁Agung의 교육철학을 지지한다고 의견을 나타냈다. 학부모들이 S단체의 활동에 긍정적인 가장 중요한 원인은 이 모든 교육이 무료라는 점이다. 아궁Agung이나 S단체의 직원들도 인터뷰 내내 무료교육이라는 사실을 강조하였다. 끄라마스Keramas지역의 경우 생활수준이 낮기 때문에 양질의 무료교육은 학부모들의 신뢰를 얻는 주요 요인이다. 이 지역은 교육수준이 열악한 다른 지역과 마찬가지로 공립유치원이나 사립유치원이 없다. 그래서 특히 유아(3~5세)를 둔 학부모들에게 S단체에서 오전에 운영하는 유치원 프로그램은 상당히 인기가 좋았다.

학부모들은 S단체의 과외활동에 대해서 협조적이었고, 각 활동에 대한 기대가 컸다. 자원 봉사자들이 마을 행사에 참여하고 싶다거나, 학생들이 집이나 학교로 자원 봉사자들을 초대하고자 할 때 적극적으로 도와주었다. 마을사원의 오달란Odalan[4]과 같은 종교행사 때 학부모들의 호의적인 태도와 적극성 그리고 자원봉사자들의 참여를 봤을 때 끄라마스Keramas에서 S단체의 역할은 상당히 커보였다.

자원봉사 관광객들은 S단체 직원들의 소개로 지역사회의 종교적 행사나 의례에 초대되어 자신들이 지도하는 학생들의 부모들, 즉 지역주민들과 어울리며 소통하는 시간을 갖게 된다. 자원봉사 관광객들이 지역 사회 문화를 체험하는 것은 지역 사람들과 자원봉사자 간의 문화이해가 증진되는 장점을 갖는다(Uriely et al. 2003).

경제적 차원을 고려할 때 자원봉사관광은 지역사회의 경제 성장에 기여할 수 있다(Sin et al. 2015). 자원 봉사자들이 마을의 식당이나 와룽warung[5]과 같은 상점에서 소비하면서 지역사회에는 여러 형태의 일자리가 창출되기도 한다.

지역 경제에 대한 영향 외에도, 연구자가 참여관찰을 발견한 영향은 지역 사회 공동체의 강화, 교육 강화 또는 주민의 삶의 질 향상과 같은 사회적 특성에 있었다. 2019년 8월 17일은 독립기념일 행사가 S단체에서 성대하게 5시간에 걸쳐 진행되었다. S단체의 직원들은 국가의례부터 시작해서 학생들의 시합과 같은 오락적 요소까지 구비해 지역주민의 참여를 이끌어냈고, 이 행사들을 학생들에게 자주적으로 준비하게 하는 등 교육적인 효과를 염두에 두고 진행하는 모습이었다.

---

4 힌두사원의 건립기념 축제로, 이 날은 사원에서 평소와 다르게 큰 규모의 의례행사가 많이 벌어진다.

5 인도네시아의 소규모 상점을 와룽이라고 한다. 간단한 음식과 스낵, 생필품을 판매한다.

자원봉사관광의 미덕과 그것이 종종 “정의” 또는 “친선” 관광의 형태로 자리 잡고 있음에도 불구하고 대중 매체의 비평가들은 자원봉사관광의 효과 또는 “진정한” 가치에 대해 질문하고 비판하기 시작했다(Sin 2009). 이런 비판적인 입장이 분명히 있지만 연구자가 조사한 S 단체의 경우는 현재까지 이와 같은 측면을 발견하지 못했다. 추후 연구에서는 자원봉사관광이 끄라마스Keramas지역에 끼치는 이면이 있는지를 살펴보고자 한다. 더 나아가 자원봉사관광이 지역사회에 세계적 인식을 갖는데 도움을 주고(Sin et al. 2015), 긍정적인 모습으로 사회적인 변화를 촉진시키고(Zahra & McIntosh 2007)있는 지점도 고찰하고자 한다.

| 참고 문헌 |

김예지, 2015, "자원봉사관광(Voluntourism)참가자의 추구경험에 관한 탐색적 연구", 세종대 석사학위논문.

김예지·김홍범, 2019, "자원봉사관광의 진정성에 관한 귀납적 연구", 『관광학연구』 43(1).

신성원, 2009, "관광산업, 국가 그리고 발리 문화: 발리춤으로 본 전통만들기", 한국외대 박사학위논문.

야마시타 신지, 1996, 『관광인류학의 이해』, 황달기(역), 서울: 일신사.

이원희, 2011, "볼런투어리즘 참여 특성과 선호도에 관한 연구", 『한국관광학회』 35(7).

장병권, 2008, "新觀光時代觀光政策의 키워드, 觀光테크놀로지", 『관광학연구』 32(6).

장호찬, 2010, "관광지의 자원봉사활동경험이 장소애착 형성과 관광객으로서의 재방문의사에 미치는 영향", 『관광학연구』, 34(3).

정정훈, 2017, "발리우붓지역 관광발달과 전통의 재구성:뉴꾸닝 주민의 문화적 실천을 중심으로", 전북대 박사학위논문.

Broad, S., 2003, Living the Thai Life – a case study of volunteer tourism at the Gibbon Rehabilitation Project, Thailand. *Tourism Recreation Research* 28(3): 63-72.

Brown, S., 2005, Travelling with a purpose: Understanding the motives and benefits of volunteer vacationers. *Current issues in tourism*, 8(6): 479-496.

Callanan, M. & Thomas, S., 2005, Volunteer tourism: deconstructing volunteer activities within a dynamic environment. Niche Tourism: Contemporary Issues and Trends, Novelli, M. (ed.). New York: Elsevier; 183-200.

Campbell, L. & Smith, C., 2006, What makes them pay? Values of volunteer tourists working for sea turtle conservation. Environmental Management 38(1): 84-98.

Ellis, C., 2003, Participatory environmental research in tourism: a global view. *Tourism Recreation Research* 28(3): 45-55.

Fitzpatrick, L., 2007, Vacationing like Brangelina. Time. Retrieved November 18, 2011 from http://www.time.com/time/magazine/article/0,9171,1647457,00.html

Galley, G. & Clifton, J., 2004, The motivational and demographic characteristics of research ecotourists: Operation Wallacea volunteers in Southeast Sulawesi, *Indonesia. Journal of Ecotourism* 3(1): 69-82.

Grantham-McGregor, S., Cheung, Y. B., Cueto, S., Glewwe, P., Richter, L., & Strupp, B., 2007, Developmental potential in the first 5 years for children in developing

Lyons, K., Hanley, J., Wearing, S., & Neil, J. (2012). Gap year volunteer tourism: Myths of global citizenship?. *Annals of tourism research*, 39(1): 361-378.

Matthews, A., 2008, Negotiated selves: exploring the impact of local-global interactions on young volunteer travelers. Journeys of Discovery in Volunteer Tourism, Lyon, K. and Wearing, S. (eds). Cambridge: CABI Publishing; 101-117.

McGehee, N., & Santos, C., 2005, Social change, discourse, and volunteer tourism. *Annals of Tourism Research*, 32(3): 760-779.

McIntosh, A. and Zahra, A., 2008, Journeys for experience: The experiences of volunteer tourists in an indigenous community in a developed nation - a case study of New Zealand. Journeys of Discovery in Volunteer Tourism, Lyon, K. & Wearing, S. (eds). Cambridge: CABI Publishing.

Palacios, C. M., 2010, Volunteer tourism, development and education in a postcolonial world: Conceiving global connections beyond aid. *Journal of sustainable tourism*, 18(7): 861-878.

Ramstedt, M., 2012, Processes of disembedding and displacement: Anomie and the juridification of religio-ethnic identity in post-new order Bali. Asian Ethnicity, 13(4): 323-339.

Raymond, E. M., & Hall, C. M., 2008, The development of cross-cultural (mis) understanding through volunteer tourism. *Journal of sustainable tourism*, 16(5): 530-543.

Sin, H. L., 2009, Volunteer tourism – "involve me and I will learn"?. *Annals of tourism research*, 36(3): 480-501.

Singh, S., & Singh, T., 2004, Volunteertourism: New pilgrimages to the Himalayas. In T. Singh (ed.), *New horizons of tourism: Strange experiences and stranger pactises*. Wallingford, UK: CABI International.

Stoddart, H. & Rogerson, C., 2004, Volunteer tourism: the case of Habitat for Humanity South Africa. *GeoJournal* 60: 311-318.

Wearing, S., 2001, Volunteer tourism: Experiences that make a difference. New York: CABI Publishing.

Urray, J., 2011, The tourist gaze. Londong : Sage Publications Limited, 26-184.

Wearing, S., 2002, Re-centering the self in volunteer tourism. The Tourist as a Methaphor of the Social World, Dann. G. (ed.) New York: Cabi Publishing; 237-262.

Zahra, A., & McGehee, N. G., 2013, Volunteer tourism: A host community capital perspective. *Annals of Tourism Research*, 42: 22-45.

진안홍삼축제와 지역사회[1]

유상춘 | 전북대 고고문화인류학과 박사과정

1. 서론

우리나라 전통축제는 제의의 성격이 강한 제와 굿을 중심으로 하는 마을공동체 축제가 주를 이루었다면 1970년대 이후에는 관이 주도하는 유희적 축제나 관광적 축제가 많아졌다. 하지만 전통적으로 마을 중심의 다양한 세시풍속 행사는 명절이나 절기마다 진행하며 세대를 이어 전달되었다. 이 과정에서 마을공동체의 유대는 긴밀하게

1 이 원고는 "농촌지역 축제가 지역사회에 미치는 영향: 진안홍삼축제를 중심으로"라는 제목의 석사학위논문(2020) 일부를 수정 보완한 것이다.

형성되고 세대 간에 소통의 장이 되었다(이경화 2016: 1).

1970년에 정부 주도로 시작된 새마을 운동이 전국적으로 진행되면서 일부 지역에잔존하던 동제 등의 제의적 축제들은 미신으로 간주되며 사라졌다. 대신 그동안 학교나 면단위에서의 운동회나 면민의 날 행사가 크게 늘어났으며, 시·군단위에서도 시·군민의 날이 증가하며 제의적 축제는 약화되고 유희적 축제가 크게 증가하였다. 더불어 산업화와 도시화는 농촌에서 도시로 인구를 이동시켰고, 이로 인해 농촌 중심의 마을공동체를 형성하는 전통축제는 점차 사라져 자연스럽게 축소되었다(심우석 2011: 13-14). 이 시기에 개최된 지역 중심의 시·군민의 날은 진안군을 보더라도 1965년에 제정되어 지역민을 화합하는 장의 역할을 하며 지금까지 유지되고 있다.

80년대에도 축제는 전통축제가 일부 유지되면서 문화예술의 성격이 아닌 공동체 기반의 축제가 진행되었다. 축제가 급격한 변화를 겪기 시작한 것은 1995년 지방자치제실시로 지역마다 경쟁력을 갖고 지역 이미지를 만들기 위해 지역 특성을 반영한 축제가 양산되면서 부터이고, 축제유형도 다양화되었다(박민규 2013: 11-13). 축제 숫자가 1945년부터 1990년까지 241개에 불과했지만 1991년부터 2000년까지 처음 개최된 축제 수는 508개로 총749개에 달한다(류정아 2006: 45). 그만큼 축제를 매개로 지역의 경쟁력을 삼으려는 지자체의 의지가 그대로 반영되었다고 볼 수 있다. 이러한 현상은 2000년대 이후에도 지속적으로 나타난다. 지역별로 축제가 난립하기 시작했고, 관광개념을 도입하여 지역사회의 변화를 모색하는 관광축제가 30% 가까이 된다. 2006년 전국의 축제 수는 1,176개에 달하고 전북도 76개나 개최되고 있었다(류정아 2006: 45). 이후로 일부 축제가 소멸되어 2018년도에는 전국의 축제 수는 886개, 전북은 51개가 개최되었다(유지연 2018: 4-5). 지자체에서 지속적으로 축제를 유지하고 있는 것을 볼 때, 축제가 어느 정도는 지역 활성화를 위해 꼭 해야만 하는 과제처럼 개최되고 있음을 보여준다.

농촌지역 축제는 도시와 농촌의 역할이 산업화 이후에 분명해지면서 축제의 역할도 재정립되었다. 경제적 효과를 기대하면서 관광이벤트의 성격으로 변화되어 재미를 추구하는 문화활동의 수단으로 변화되고 있다(심우석 2011: 16-17). 따라서 농촌지역의 축제를 분석하는 시각은 경제적 측면에서 지역을 활성화하는 차원으로 주요하게 다뤄왔다. 지역 활성화의 매개로 선택한 농촌지역 축제가 지자체의 정치적 의도와 맞물려 무분별하게 양산되는 동안 지역공동체는 무관심한 의제가 되었다. 정부에서도 문화관광축제를 평가결과에 따라 매년 선정하여 우수축제 홍보와 축제지원금을 차등 지원하고 있다. 이러한 축제 평가는 경제적 측면을 기준으로 진행되기 때문에 지자체에서는 더욱 경제효과만을 강조하고 있다. 그동안 축제연구가 경제적 시각에 집중될 수밖에 없었던 원인도 지역 활성화를 매개로 지자체가 축제를 선택하게 만들고, 몇몇 축제의 성공이 축제양상을 부추겼기 때문으로 볼 수도 있다. 특히, 농촌축제는 마을공동체를 중심으로 한 전통적 축제의미가 유지되고 있어 지역민의 삶과 연계된 사회문화적 시각의 연구 접근이 필요하다.

본 연구는 농촌지역의 축제가 경제 분석 위주의 연구에 대한 단편적 해석을 넘어 지역민의 삶과 연계된 사회문화적 측면에서의 질적 분석을 하고자 한다. 연구내용은 진안홍삼축제가 진안군과 지역민에게 어떻게 영향을 미치는지 연구하고자 한다. 축제에 참여하는 지역주체는 어떤 계기로 참여하게 되는지 주체별 참여과정을 살펴보고, 축제가 지역민에게 어떤 역할을 하는지, 그리고 축제를 통해 지역민이 갖는 정체성과 자부심은 무엇인지 분석한다. 연구방법은 문헌조사, 참여관찰, 심층인터뷰의 방법으로 연구하였다. 문헌조사는 우리나라 축제의 일반현황과 진안홍삼축제가 진안군의 대표축제로 형성되는지 고찰하였고, 2018년과 2019년 개최된 진안홍삼축제를 참여관찰 하였으며, 축제에 참여하는 축제조직위원, 상인, 관람객 등 다양한 주체를 구분하여 60명을 심층인터뷰 하였다.

2. 진안 대표축제로서의 진안홍삼축제

진안홍삼축제는 홍삼이 정책적으로 진안의 경제기반을 다지는 품목이 되면서 2013년 진안홍삼축제가 처음 개최되었다. 하지만 다음 해인 2014년은 세월호 사고로 축제가 취소되고, 2015년 홍삼축제는 다시 재개된다. 이때 축제명은 '2015 진안고원 홍삼축제 & 제21회 마이문화제'로 변경되었다. 이 시기 진안의 지형적 특성을 고려한 '고원'이라는 용어가 추가되었지만, 2017년부터는 진안군의 대표축제로 지정된 '진안홍삼축제'가 지금까지 유지되고 있다.

<표 1> 진안홍삼축제 연혁

(진안군 www.jinan.go.kr; 2015년~2018년 축제평가결과보고서 재구성)

연도	기간	장소	축제명	대표프로그램	전년대비 변경사항
2013	4.19 –4.23 (5일)	마이산 북부	2013 진안홍삼 축제	·홍삼주제관 홍삼 족욕	최초 개최
2014	세월호 사건으로 취소				
2015	10.30 –11.1 (3일)	마이산 북부	2015 진안고원 홍삼축제& 제21회 마이문화제	·홍삼대방출 ·삼삼한도전 ·몽금척퍼레이드	– 마이문화제 공동개최 – 마이산북부 테마파크 준공으로 공간 확장
2016	10.12 –16 (5일)	마이산 북부	2016 진안 고원 홍삼축제	·전통증삼체험 ·홍삼대방출	– 진안군 대표로 지정 – 홍삼기업관 확대로 외국인 바이어 유치
2017	10.19 –22 (4일)	마이산 북부	2017 진안 홍삼축제	·전통증삼체험 ·홍삼대방출 ·현대식증삼체험 ·엽기홍삼가래떡 ·홍삼대박터뜨리기	– 홍삼주제프로그램 강화 : 전통, 현대 증삼관 구분 – 관광객 매일 체험 강화 – 마이산별빛걷기
2018	10.18 –21 (4일)	마이산 북부	2018 진안 홍삼축제	·홍삼주제관 ·홍삼경매 ·현대식증삼체험 ·돼지복홍삼가래떡 ·홍삼연못금거북이찾아라	– 주민주도형 축제운영 : 홍삼특공대 운영 등 – 축제자립도 강화 : 프로그램 유료화
2019	10.9 –13 (5일)	마이산 북부	2019 진안 홍삼축제	·홍삼주제관 ·홍삼경매 ·현대식증삼체험 ·홍삼연못금거북이찾아라 ·금척, 홍삼가래떡뽑기	– 이동식홍삼경매 운영 : 수익창출 강화 – 문화관광축제 선정에 주력

2013년 진안홍삼축제는 홍삼 산업이 진안군의 집중육성과제가 되면서 지역을 경제적으로 활성화시키기 위한 전략적인 매개로 관광개념을 결합한 축제를 만들게 되었다. 하지만 축제 개최 시기가 4월이라는 점과 대외적인 인지도 부족, 기획력 부재로 인해 축제의 성과는 높지 않았다. 처음 개최 시기를 4월로 결정한 이유로는 인삼을 수확할 수 있는 시기이기도 하지만 마이산 벚꽃 개화 시기와 연계성을 갖기 위한 의도가 있었다. 그러나 타 지역 축제의 주제가 4월에는 자연생태를 활용한 축제가 많아 홍삼을 주제로 한 축제는 인지도가 없는 상태에서 성과가 높을 수 없었다.

> 맨 처음(2013년)에 했을 때는 진안이 딱히 할 만한 축제가 마땅치 않았어요. 마이산이 워낙 유명하다 보니까 그전에는 벚꽃축제를 했었는데 날짜 맞추기가 너무 어렵고 교통체증에 따른 민원이 발생해서 지금은 이것(마이산 벚꽃축제)도 없어졌는데 홍삼축제와 연계하면 좋겠다고 했죠. 근데 처음이다 보니까 홍삼축제를 하긴 하는데 프로그램도 많지 않고 홍보도 안 되고 사람도 많지 않았죠. 지금은 많이 성장한 거에요.
>
> (인터뷰 43, 김○○, 30대 후반)

또한, 대외적인 인지도가 낮고 홍보도 부족하여 관람객도 4만 명 정도에 그쳐 여러 지역축제의 하나일 뿐이었다. 이후 2014년은 세월호 사고로 인해 다른 지자체와 같이 진안홍삼축제는 취소가 되었다. 2015년에 다시 재개된 진안홍삼축제는 민선 6기가 시작된 시기로서 홍삼축제를 적극적으로 지원하고 활성화하려는 의지로 개최되었다. 2013년도 축제의 결과를 바탕으로 부족했던 대외적인 홍보에 주안점을 두고 관광객 유치에 주력하였다. 관람객 수는 축제 성공 여부와 직결되기 때문에 관람객을 증가시키는 방안으로 진안군지역축제심의위원회는 마이문화제와 결합하여 지역민을 끌어들이고, 문화 분야를 도입하여 프로그램을 확대하는 취지로 진안홍삼축제와 마이문화제를 결합하여 개최하였다. 축제명이 '2015 진안홍삼축제 & 제21회 마이문화제'가 된 배경도 여기에 있다.

> 홍삼축제에서 문화프로그램으로 하고 있는 마이산신제와 몽금척무에 대해서도 진안군민의 날과 밀접하게 연관이 있는 이것을 진안군이 문화관광 상품으로 개발해서 홍삼축제와 연계하면 더 많은 사람이 찾을 거라는 생각으로 축제위원회(진안홍삼축제추진위원회) 회의에서 의견을 제시했었어요.
>
> (인터뷰 49, 한○○, 50대 후반)

진안군은 대표축제를 선정하기 위한 일환으로 축제 명칭을 결정하는 일부터 시작했다. 축제 명칭의 중요성은 진안을 대표하는 홍삼이 지역 특성을 반영하고 경제적 효과도 극대화할 수 있기 때문이다. 2015년에 사용한 '진안고원 홍삼축제 & 마이문화제'가 진안이 가진 이미지를 모두 포함한 사례로 볼 수 있다. 비록 홍삼을 독자적인 축제로 만들기에는 성공 여부에 대한 부담, 문화콘텐츠의 부족을 이유로 마이문화제와 결합하여 축제명이 길어졌지만 지역의 대표이미지를 모두 포함한 용어이다. 그러나 2015년의 축제명칭으로 인해 홍삼이라는 정체성이 모호해지는 문제가 발생해 축제의 명칭을 변경하자는 논의가 지속되면서 행정과 축제관계자는 연구용역과 심의를 통해 '진안홍삼축제'로 명칭을 정하고 진안군 대표축제로 선정하였다. 물론 이에 대한 불만은 지금까지도 나타나고 있다.

> 진안이라고 하면 제일 먼저 마이산이 떠올라요. 우리도 그렇지만 밖에서도 마이산이라고 하면 진안인줄 다 알잖아요. 요즘은 홍삼 하는 사람이 많아지고 군에서도 홍보하고 하니까 홍삼을 알아주기도 하지만 마이산이 제일이죠. 또 여기가 고원이다 보니까 높잖아요. 그래서 고랭지 채소가 유명하고 하니까 알아주기도 하죠.
>
> (인터뷰 30, 한○○, 50대 초반)

> 그때 기억을 해보면 위원회의(지역축제심의위원회)를 진행할 때 군에서도 의견을 냈었어요. 제안한 것이 진안고원홍삼축제였던가 그랬는데 연구결과도 주민들도 그렇고 그때 전문가들도 홍삼축제로 하는 것이 더 좋다는 의견이 많았어요. 그래서 지금 이름으로 되었어요.
>
> (인터뷰 43, 김○○, 30대 후반)

2016년부터는 진안홍삼축제라는 고유 이름으로 진행하면서 방문객 수가 2017년은 26만 명, 2018년은 21만 명으로 다소 줄었지만, 여전히 20만 명이 넘는 방문객이 찾아오고 있다(전주대학교 산학협력단 2017: 40; 이덕순 2018: 46).

축제에 투입하는 예산도 2015년은 5억 6천만 원, 2017년에는 5억

8천만 원을 투입했고, 2018년에는 2억 2천만 원이 증가한 8억 원으로 진행되었다(진안군 2019: 116). 진안군의 재정적 지원이 증가하고 있다는 점에서 대표축제로 성장시키기 위한 정책적 전략이 작용하고 있음을 알 수 있다.

진안군은 홍삼축제를 지역대표 축제로 육성하는 정책적인 전략을 세우면서 진안 인삼이 백제 삼의 최초 시배지였다는 역사적 설화를 기반으로 진안홍삼의 브랜드가치가 높다는 점을 내세우고 있다. 진안군은 인삼재배와 홍삼 가공 농가가 700가구가 넘을 정도로 많고, 고랭지 기후로 인해 인삼재배에 최적화되어 있다. 이 때문에 진안군은 환경적인 조건과 홍삼의 우수한 기능이 결합된 미래 산업으로 확장 가능성이 높다는 점을 강조하고 있다. 이러한 배경을 바탕으로 행정의 재정지원과 축제 규모 확대, 진안군민의 참여 독려 등을 적극적으로 실행하면서 진안군의 대표축제로 만들고 있다.

진안홍삼축제는 2018년 전라북도 우수축제이면서 2019년 문화체육관광부의 육성축제로 선정되었다. 전라북도는 14개 시·군을 대표하는 지역대표축제를 매년 선정하고 예산을 지원하여 활성화를 모색하고 있다. 시·군 대표축제는 시·군에서 대표성을 가진 축제를 발굴하고 신청하는 것으로 선정이 완료되기 때문에 진안군에서는 지역을 대

<그림 1> 진안홍삼축제 행사장
(필자 촬영, 2018년 10월 20일)

표할 축제 발굴이 필요했다. 따라서 진안홍삼축제는 진안군의 정책 방향에 따라 홍삼 산업을 육성하고 지원하는 흐름에 따라 시작되었다.

축제 장소 선정에서도 대표성은 나타난다. 축제는 마이산 북부에 조성된 테마파크에서 진행된다. 마이산은 오랫동안 관광지로 개발되어 편의시설과 주변 환경이 정비되었고, 대표적인 지역 이미지라는 점에서 마이산 인근에서 개최된다. 지역민 중에는 읍내상권 활성화와 지역민 참여프로그램의 확대를 위해 읍내 인근의 공설운동장에서 진행되어야 한다는 불만도 있지만 한편에서는 지역의 브랜드 가치를 높이기 위해서는 마이산을 배경으로 축제가 열려야한다는 엇갈린 의견을 내놓기도 한다. 행정에서도 축제 장소는 공간적 활용과 주변 시설의 연계 등을 고려할 때 마이산 인근을 최적의 장소로 보고 있어 지속적으로 마이산 인근을 고수하고 있다. 또한, 마이산 인근에는 역사박물관, 미로공원, 홍삼스파, 산약초 타운, 가위박물관, 명인명품관 등의 시설을 갖추고 있어 축제 장소의 최적지로 생각 한다.

진안홍삼축제가 타 축제와 차별성을 갖는 프로그램은 홍삼캔 탑쌓기, 홍삼 사포닌 버블탕, 홍삼 칵테일 쇼, 홍삼연못에서 금 거북이를 찾아라 등이다. 이러한 프로그램의 구성은 홍삼으로 특화된 체험프로그램을 통해 방문객의 축제 만족도를 높이고, 소비지출까지 연결할 수 있는 부분이다. 여기에 덧붙여 문화프로그램은 마이산신제, 금척무 공연, 진안 중평 굿 한마당 등으로 지역의 문화예술을 보여주고 있다.

야간프로그램은 홍삼 주제와 무관하게 트로트페스티벌, 청소년콘서트, 가요제, 마이산 별빛 걷기 등이 연계프로그램으로 운영된다.

트로트페스티벌은 2015년 시작하여 현재까지 진행되고 있다. 지역민에게 트로트페스티벌은 대중가수를 만날 수 있는 기회이기 때문에 선호도가 높다. 지역민 중에는 홍삼축제에서 가장 인상적인 프로그램이 트로트페스티벌이라고 인식하는 경우가 많아 축제의 주제를 경험하기에 방해가 되는 요소로 작용하기도 한다.

이러한 축제프로그램에 대한 지적은 대표 프로그램이 부재하다는 점, 진안홍삼을 부각시켜 타 지역 축제와의 차별성을 가져야 한다는 점으로 나타난다. 이를 반영하여 2018년에는 큰 경매장을 마련하고, 홍삼 사포닌 버블탕을 운영하였으며 대형 돼지복코 조형물을 제작하여 매일 가래떡 뽑기 운영으로 개선하였다(진안군 2018: 11). 타 지역 축제와의 차별화를 위해서 홍삼주제관을 신설하여 현대식 증삼 체험관을 만들어 홍삼콘텐츠를 강화하였고, 홍삼 기업 참여 확대에 대한 지적에 대해서는 다양한 홍삼 제품 판매와 홍삼 대방출도 강화하였다. 진안홍삼축제에서 매출이 높은 수삼관도 별도로 분리하고 품질을 강화하는 차원에서 진안 인삼 수매, 생산 농가 이력제를 도입하였다. 특히, 2018년에는 자립재정 강화를 위해 프로그램을 전면 유료화하였다(진안군a 2018: 12).

음식부스는 상시전시와 시식, 판매로 구분되어 있는데, 상시전시는 '홍삼밥상 한상차림'을 비롯해 홍삼으로 개발한 음식을 13종 전시하였다.[2] 이와 함께 시간별로 홍삼식혜, 홍삼약식, 홍삼카나페 등

2 홍삼 핑거푸드 전시관에는 홍삼밥상 한상차림(홍삼밥, 들깨탕, 홍삼육조림, 인삼꽃장아찌, 김치, 나박물김치, 표고연근전), 홍삼주악, 홍삼양갱, 홍삼약식, 홍삼카나페, 홍삼초밥, 홍삼식혜, 홍삼구름떡, 홍삼궁중떡복이, 홍삼모듬꽂이, 홍삼오란다, 홍삼떡케익, 홍삼꽃매작과 등 13종이다(진안군a 2018: 24).

의 시식체험과 홍삼 모둠꽃이 판매도 이루어졌다. 향토음식 운영관은 음식과 주전부리 등 28개 부스에서 운영되었다. 음식관의 참여자는 진안군 내에서 상업활동을 하는 상인을 비롯해 마을에서 참여 신청을 하고 뽑기로 선정되어야 할 수 있다.

홍삼음식관의 참여자로 선발되면 음식 종류와 맛을 가리기 위해 사전 시식품평회를 거쳐야 하고, 여기서 판매할 음식이 결정된다. 2018년은 축제가 개최되기 한 달 전인 9월에 참여 개인이나 단체 19팀이 각자 개발한 음식을 선보인다. 운영은 진안홍삼축제추진위원회의 살·먹거리 분과에서 주관하고, 관련 전문가와 군청직원이 참여하고 있다. 이후 음식이 결정되면 SNS에 홍보하고 대형 메뉴판을 설치하여 다양한 홍삼 음식이 개발되었다는 것을 알리고 있다(진안군 2018: 26).

지역축제가 지역민의 삶에 영향을 미치고 지역사회에 경제효과를 창출한다는 차원에서 각 지자체는 축제를 개최한다. 축제 성공을 위해 지자체는 재정 부담을 안고 새로운 프로그램 개발과 방문객 확대를 위해 고민하고 있다. 하지만 진안홍삼축제가 진안을 대표하는 축제로 나아가기 위해서는 행정의 주도적 운영이 아닌 위원회의 전문성 확보가 우선 선행되어야 한다. 비록 홍삼이 지역을 대표하는 브랜드로서 손색은 없지만 이를 축제로 발현하는 과정에서는 체계적이고 전문적인 기획력을 갖는

<그림 2> 2018 홍삼축제 음식부스 시식 품평회
(진안군 2018: 26)

것이 중요하기 때문이다.

3. 다양한 지역주체의 축제 참여

지역축제를 개최하는 목적 중에는 지역민의 적극적인 참여를 이끌어 사회적 통합과 지역발전을 도모하는데 있다. 지역축제는 저마다 지역적 특성과 내용의 독창성을 확보하고 있기 때문에 민중적 주체성과 문화산업으로서의 생산성을 함께 갖출 수 있는 전문성을 확보해야 한다(임재해 2000). 따라서 지역축제는 지역 특성을 기반으로 지역별 차별화를 가진 문화적 정체성을 실현하는 매개이면서 지역문화의 재생산의 기회가 된다(류정아 2006). 축제의 소재는 지역민의 생활 속에 배어있는 역사성을 담보한 지역민들의 공동체 의식을 강화하는 상호작용을 한다(김병인 2004). 그래서 축제의 실질적인 주체인 지역민은 축제에 얼마만큼 참여했느냐에 따라 소속감이나 주인의식, 마을공동체성이 차별적으로 나타난다(신현정 2011).

진안홍삼축제에 참여하는 다양한 지역주체는 축제를 만드는 축제추진위원회, 상인, 홍삼농가, 지역민, 자원봉사자 등이 있다. 주체별로 축제에 참여하는 과정과 역할은 다양하게 나타난다. 추진위원회는 홍삼분야와 문화분야로 나누어 진안군 내에서 활동하는 단체를 중심으로 조직되었다. 홍삼분야는 행정의 지원을 받는 사업단과 연구소, 진안인삼을 취급하는 대표적인 조합인 전북인삼조합, 군에서 인증한 홍삼업체 등이 위원으로 참여한다. 또한 문화 분야에서는 진안문화원, 진안예총 등 진안군의 문화 활동의 중심역할을 하는 기관과 단체의 대표가 참여하고, 축제에서 직접적으로 공연과 전시를 펼치기도 한다. 추진위원을 구성할 때, 대외적인 공모절차나 모집을 통해서 하기 보다는 지역 내에서 대표성을 가진 단체의 대표자격으로 참여하는 경우가 대부분이다. 음식분야와 방문객 서비스를 담당하는 분야의 위원도 비슷한 과정으로 위원에 위촉되어 활동하고 있다.

> 마이산 근처에서 식당을 하고 있는데, 축제위원은 명목상이고 축제 전반에 관한 사항들은 군수나 공무원들이 정해서 설명하고 우리는 거기에 따라가는 정도의 역할을 하고 있어요.
>
> (인터뷰 37, 정○○, 50대 중반)

> 다양한 봉사활동을 했죠. 지금도 진안군 △△단체회장을 맡고 있고 축제위원회 위원으로 참여하고 있어요.(중략) 음식분야 위원을 맡다보니까 홍삼을 이용한 음식개발에 많은 노력을 하고 있지만 축제장에서 어울릴까 하는 고민이 많아요.
>
> (인터뷰 49, 한○○, 50대 후반)

> 아무래도 자영업을 하다보니까 여러 단체에 가입하게 되었고 지금은 의용소방대와 자율방범대 활동을 하고 있어요. 홍삼축제위원으로 위촉된 이유는 축제를 통해 주민 일자리를 창출한다는 뜻이 담겨 있어요. 경비 인력을 외부업체에 맡기는 것이 아니라 자율방범대 대원들이 축제기간 중에 교통과 질서 유지를 위해 봉사를 하고 행정은 단체에 일정 금액의

경비를 지원해 주는 의미에서 일자리창출이라고 할 수 있죠.

(인터뷰 45, 이○○, 50대 초반)

이와 같이 진안홍삼축제추진위원회에 참여하고 있는 위원구성은 자발적인 참여보다는 축제운영에 필요한 분야를 행정이 결정하고 그에 맞는 위원을 위촉하는 형태로 구성되었다.

상인과 홍삼농가의 경우에는 자발적 참여와 행정의 요청으로 참여하는 유형이 구분된다. 행정에서 요청하는 경우는 진안군의 특산품과 홍삼축제의 주제를 담고 있는 음식부스, 놀이체험을 위한 공간을 운영하는 업체에서 나타난다. 진안읍내에 있는 홍삼한방센터에는 인삼과 홍삼판매 업체가 밀집되어 있는 상가건물이다. 진안군에서 센터를 관리하고 있어 입주해 있는 상인들이 모여 먹거리 판매와 수삼판매 그리고 홍삼제품 판매 등을 위해 의무적으로 축제에 참여하고 있다. 홍삼을 활용한 음식부스의 경우에는 행정과 조율하여 음식재료에 들어가는 홍삼의 일부금액을 지원해 주면서 참여하도록 유도한다. 홍삼구입 지원을 비롯해 다른 음식도 함께 팔수 있도록 허용하고 있어 판매품목에 따라 차별적으로 지원하고 있다. 음식부스는 참여를 원하는 상가나 단체에서 신청하면 그중에서 일부를 선발하는 방식으로 결정된다.

자발적으로 참여하는 상인은 축제기간 동안 많은 사람이 축제장을 찾기 때문에 높은 수익을 기대하는 마음으로 참여한다. 이들은 매년 축제기간 동안 평소보다 높은 수익을 내기 때문에 지속적으로 참여의지를 갖고 있다. 특히 음식부스는 가장 손쉽게 수익을 올릴 수 있는 분야이기 때문에 많은 참여자가 선호하는 분야이다. 한

<그림 3> 2018년 진안홍삼축제 홍삼 및 음식판매 부스 (필자촬영, 2018년 10월20일)

예로, 홍삼판매부스를 신청했던 상인이 생각보다 수익이 오르지 않자, 음식으로 전환하여 축제에 참여하면서 수익을 올리기도 했다. 이처럼 음식부스의 다양한 음식을 판매하는 상가, 홍삼부스 등 축제를 통해 새로운 판매처가 확보된 상인들은 참여의지가 높게 나타난다.

이렇듯 진안군은 축제프로그램을 구성하는 과정에서 부족하다고 판단되는 항목이나 축제에서 꼭 있어야하는 품목은 요청해서 참여시키고 있다. 비록 참여자를 추첨으로 결정하더라도 원하는 품목은 참여시킨다. 상인입장에서 수익이 높을 경우 자발적으로 참여하지만 수익이 낮을 경우에는 참여하고 싶지 않아도 지역사회의 보이지 않는 관계로 인해 참여할 수밖에 없는 입장이다.

> 군에서는 축제에 참여하라고 연락이 와요. 참여하고 싶지 않은데 안할 수도 없고, 제품을 원가에 판매하라고 하니까 경비를 제외하면 우리 입장은 적자 보거든요. 그래서 참여하고 싶지 않은데 군에서 요청이 오니까 어쩔 수 없이 참여하게 되었어요.
>
> (인터뷰 15, 이○○, 40대 중반)

자원봉사자와 주민은 판매를 목적으로 한 상인과 홍삼농가와는 다른 입장에서 참여한다. 진안군에는 37개의 자원봉사단체가 운영되고 있다. 진안홍삼축제를 비롯해서 진안에서 진행하는 크고 작은 행사나 축제에도 자원봉사자의 참여가 이루어지고 있다. 홍삼축제는 각 자원봉사단체에서 3~4명을 선발한 후 추진위원회의 자원봉사 분과를 통해 총괄적으로 운영된다. 자원봉사자가 축제에 배치되는 곳은 주차장과 진입로에서 질서유지를 위한 역할을 담당하고, 축제장 내에서 홍보지와 음료를 서비스하는 분야에서 주로 활동한다. 진안군 자원봉사센터는 행정의 직속 기관은 아니지만 유기적으로 긴밀한 관계를 형성하고 있기 때문에 진안의 큰 행사인 축제에 자원봉사자가 참여하는 것은 당연시 되고 있다.

축제에 참여하는 자원봉사자는 홍삼축제뿐만이 아니라 다른 축제에도 참여하고 있는데 대부분 사회활동의 성취감을 갖기 위해 활동한다. 연령은 평균적으로 50대 이상이 가장 많고 지역사회 내에서 시간적 여유가 많기 때문에 사회관계를 형성하기 위한 매개로서 자원봉사를 선택하고 있다.

> 진안에는 37개 자원봉사센터가 있어요. 축제를 할 때는 각 단체에서 3~4명씩 지원을 받아서 행사장 곳곳에 배치하고 지원을 하고 있어요. 100여명 정도가 돌아가면서 하고 있어요. 자원봉사센터에서 일하고 있는데 축제 때 자원봉사 부스를 운영하면서 참여하고 있어요.
>
> (인터뷰 40, 정○○, 40대 중반)

홍삼축제가 시작하는 해부터 매년 봉사에 참여해서 활동하고 있어요. 진안에서 열리는 가장 큰 축제인 만큼 여러 자원봉사단체에서 구역을 정해주면 그 곳에서 차나 음료를 나눠주거나 행사장 안내를 담당하고 있어요. 진안에서 열리는 다른 고로쇠축제나 수박축제도 매년 참여합니다. 자원봉사를 하면서 누군가에 도움을 줄 수 있다는 것이 좋은 것 같아요.

(인터뷰 17, 유○○, 50대 후반)

자원봉사자 중에 특이한 분야는 청소 분야이다. 청소대행업체를 운영하면서 자원봉사에 참여하는 이유를 개인적으로 축제를 즐기기 위해서라고 하지만, 행정에서 업체로 요청이 올 경우 거절할 수 없기 때문에 진안군과의 이해관계가 자원봉사의 영역에서도 작용되고 있음을 알 수 있다.

공공시설 청소를 대행하고 소독방역을 하는 업체를 운영하고 있습니다. 홍삼축제기간에 메인 행사장하고 그 주변 쓰레기를 줍는 자원봉사를 3년째(16년~18년) 하고 있어요. 우리가 하는 직업 특성이 있으니까 그렇기도 하고, 진안군에도 도움이 필요해서 시작했지만 축제장에 모인 사람들을 보면서 평소에는 느끼지 못했던 감정들을 느낄 수 있어서 즐거운 마음으로 자원봉사활동에 참여하고 있습니다.

(인터뷰 50, 구○○, 50대 초반)

축제에 참여하는 자원봉사자들은 축제를 통해 사회구성원의 일원임을 경험하는 공동체 의식을 갖는다. 이들에게 축제는 지역에 대한 자긍심과 애향심을 불러일으키는 요인으로 작용하고, 축제진행에 직접적으로 참여한다는 점에서 더욱 지역공동체는 강화된다. 또한, 자원봉사를 하면서 지역에 대한 이해와 관심사에 대해 서로 의견을 공유하고 교환함으로써 지역구성원의 공동의 목표를 설정하는 계기가 된다(류정아 2006: 20). 비록 자원봉사가 타의 반, 자의 반으로 참여되는 경우도 있지만 대부분은 자발적 참여를 통해 사회적 연대를 확인한다는 점에서 공동의 합의를 형성한다.

주민의 참여과정은 미참여 주민과 관람객으로만 참여하는 주민으로 구분할 수 있다. 참여하지 못하는 주민은 대부분 상인이 많고 농업도 일부 있다. 읍내에서 영업활동을 하는 상인들은 축제가 진행되는 낮 시간에는 참여할 수 없는 실정이다. 축제가 낮에만 진행되는 것은 아니지만 저녁시간에도 일부 상가는 운영되기 때문에 소규모 상가의 경우 축제참여는 어렵다. 또한, 품목을 볼 때, 마트, 주유소, 정육점, 농기계수리점 등 축제에 진입할 수 없는 품목은 축제를 볼 수 있는 계기를 만들기 어려워 한 번도 방문하지 않은 상인들도 있다. 농가에서도 홍삼뿐만이 아니라 일반 농업을 하는 경우 수확시기와 축제기간이 맞물려 시간적인 어려움으로 참여가 어렵다고 한다.

> 우리가 하는 일(마트운영)이 자리를 비울수가 없어요. 일이 바쁘다보니까 축제장에는 못 가봤어요.
>
> (인터뷰 6, 신○○, 40대 중반)

> 주로 혼자서 하는 일(정비소)을 하다보니까 낮에 축제장에

갈 수가 없어요. 그렇다고 축제에 관심이 아예 없는 것은 아닌데 못가게 되더라구요. 고로쇠축제는 한번 가본 적이 있고, 다른 지역 축제에도 가본 적은 있어요.

(인터뷰 26, 강○○, 60대 초반)

축제하는 것은 매년 알고 있는데 그때가 농민들한테는 가장 바쁜 시기라 축제에 갈 엄두를 못 내고 있어요.

(인터뷰 24, 안○○, 60대 초반)

주민 중에는 축제에 관심이 없어 방문하지 않는 경우도 많다. 대부분 20~30대 연령층으로 농촌지역축제이다 보니까 동네 어른들을 만나는 불편함과 차별화된 프로그램이 없어 관심을 끌지 못하는 부분이 있다. 특히 홍삼의 브랜드 이미지는 건강을 가장 중요하게 제시하기 때문에 젊은 층에게는 건강 이미지가 설득되지 않는다. 홍삼축제의 평가보고서에서도 방문객의 연령층을 살펴보면, 40~50대가 전체 방문객의 50%정도를 차지한다(이덕순 2015: 6; 이덕순 2016: 6; 전주대산학협력단 2017: 13; 이덕순 2018: 5). 이는 축제가 갖는 이미지가 젊은 층에게는 약하게 작용된다는 것을 알 수 있다.

홍삼축제가 진안을 대표하는 축제라는 것은 알고 있지만 가본적은 없어요. 사실 별 관심이 없거든요.

(인터뷰 20, 김○○, 20대 초반)

축제에 참여하는 주민은 방문하는 목적이 비슷한 유형으로 나타난다. 지역민 중 부스를 운영하는 직접적 참여자를 제외하고 방문을 목적으로 한 일반 관람객 유형을 살펴보면, 지역에서 진행하는 축제에 대한 관심과 만남의 장을 경험하기 위한 목적이 가장 많다. 세부 유형으로 구분하면 첫째는 축제를 즐기기 위한 목적, 둘째는 지인을 만나는 장이면서 놀이의 장으로서의 목적, 셋째는 교육을 위한 프로그램 경험을 목적으로 한다.

축제를 찾는 방문객 중 동반자의 유형을 보면, 가족이나 친척과 방문하는 사람이 전체의 60% 이상을 차지하고, 지인과 함께 찾는 방문객도 20% 가까이 된다(이덕순 2015: 10; 이덕순 2016: 10; 전주대산학협력단 2017: 17; 이덕순 2018: 9). 농촌지역에서 축제는 단기간에 새로운 경험을 할 수 있는 기회가 제공되는 매개체가 된다. 특히, 일상에서 만나지 못하는 친지나 지인은 축제를 통해 화합의 장으로 사용한다. 이들은 축제를 즐기면서 식음료를 소비하고, 축제에서 진행되는 프로그램에 참여하면서 축제를 통해 자신만의 문화적 정체성을 실현하고 있다. 문화매개체로서 지역축제가 갖는 의미는 한 지역을 다른 지역과 구별짓는 매체이면서 지역문화를 재생산하는 역할을 한다는 점이다(류정아 2006: 21-22).

지역주민이 참여하면서 축제에서 사용하는 지출금액은 대부분 2~5만 원 정도가 가장 많고, 10만 원 정도 소비하는 주민도 꽤 많은 편이다. 지역민의 축제 참여는 한정된 지역범위 안에서 소비의 장소가 일시적으로 이전되었다고 할 수 있다. 진안읍내에서 영업활동 하는 상인의 불만 중에서 축제장소의 이전을 요구하는 부분을 볼 때, 소비의 장이 읍내에서 축제기간에는 축제장으로 옮겨갔다는 것이 확인된다.

축제장에 가서 직접 뭘 한건 없지만 축제할 때는 매일 가서 오랜만에 친구도 만나고 구경도 하고 있어요.

(인터뷰 3, 배○○, 60대 중반)

어쩌다 노래자랑 하는 날이 쉬는 날이면 회사(버스기사) 직원들하고 저녁에 밥 먹고 술 먹고 즐기긴 해요. 대략 3~4만 원 정도 쓴다고 볼 수 있죠.

(인터뷰 36, 정○○, 50대 초반)

축제 때가 되면 (진안)군 직원이 홍보하고 곳곳에 현수막도 걸리고 진안신문에서도 알 수 있어요. 그래서 매년마다 트로트페스티벌을 보러 축제장을 가죠. 가족들이랑 가기도 하고, 친구들이랑 만나서 먹기도 하다보면 10만 원 정도 쓰는 것 같아요.

(인터뷰 7, 정○○, 60대 초반)

하지만 만남의 장으로서 축제장을 찾는 긍정적인 반응 뒤에는 지역사회 안에서 많은 사람을 만난다는 점을 불편해하기도 한다. 주민 간의 적당한 거리두기를 통해 팽팽한 사회관계를 형성하고 있는 주민은 의도하지 않은 만남이 오히려 자유로움을 방해한다고 보고 있다.

일(자영업) 때문에 축제에 관심은 있어도 낮에 하는 공연은 못가고 가수공연(트로트페스티벌)이 있는 저녁에 주변 아는 사람들하고 밥도 먹고 술도 한잔 마시면서 보고와요. 축제에

> 가면 그동안 못 만났던 사람들을 많이 보니까 좋긴 한데 너무 많은 사람들을 만나다보니까 불편하기도 해요.
>
> (인터뷰 28, 신○○, 60대 초반)

지역축제는 지역민에게 자원봉사 활동을 통한 사회적 유대감과 자부심을 경험할 수 있는 사회활동의 장을 마련해 주고, 일반 관람객에게는 새로움을 경험하게 하는 놀이의 장이 되면서 만남의 장이 되는 문화적 공간으로 작용되고 있다.

4. 지역민의 놀이장소로서의 역할

농촌지역 축제의 사회문화적 효과를 판단하는 기준은 다섯 가지로 나눌 수 있다. 축제 주제에 대한 지역사회의 관심, 지역사회의 일원으로서 소속감과 자긍심을 고취시키는 지역사회 애착심, 축제를 운영하는 위원회에 대한 신뢰감과 역할을 강화하는 지역사회 신뢰, 행정과 민간이 협력하고 교류할 수 있는 지역사회 협력, 주민의 문화활동을 증대시키는 지역민 문화활동의 촉진이다(박경철 2006: 224). 축제가 지역사회에 미치는 영향중에서 지역민의 문화 활동이 축제를 통해 발현된다는 점은 축제의 복합적인 기능이 집약적으로 발현되기 때문이다. 농촌지역은 지역민의 공동체의식이 남아있고, 지역특산물이 축제주제로 선정되면서 전통적인 수확의례의 기능을 가지고 있다. 전통사회의 축제는 오락성과 제의의 종교성이 결합된 공동체문화의 핵심이 된다. 하지만 현대사회의 축제는 지역 활성화의 과제를 달성하기 위해 이벤트와 관광개념을 도입하면서 새로운 의미의 축제를 요구하고 있다. 이러한 의미에서 진안홍삼축제는 전통사회의 축제 성격과 현대의 축제성격이 결합되어 있다고 볼 수 있다. 점차 놀이의 가능을 강조하여 축제의 전통적 의미보다는 방문객의 주목을 끄는 이벤트를 점차 확대하고 있다.

진안홍삼축제는 홍삼과 관련한 프로그램이 주요하게 운영되지만 부대행사로 트로트페스티벌을 진행한다. 방문객 중에는 홍삼이 아닌 대중가수를 보기 위해 축제장을 찾는 사례가 많다. 평소 접하기 어려운 대중가수의 노래를 직접 관람할 수 있다는 점에서 일반인에게는 큰 매력으로 작용한다. 2015년부터 시작된 트로트페스티벌은 3만 명이 넘는 관객이 집중적으로 몰리면서 축제의 관람객 집계도 높게 나타난다. 이러한 트로트페스티벌은 홍삼축제의 저녁시간 프로그램으로 인식하고 있고, 낮 시간에는 홍삼판매와 홍보 등 축제 본래의 목적을 인식하고 있다.

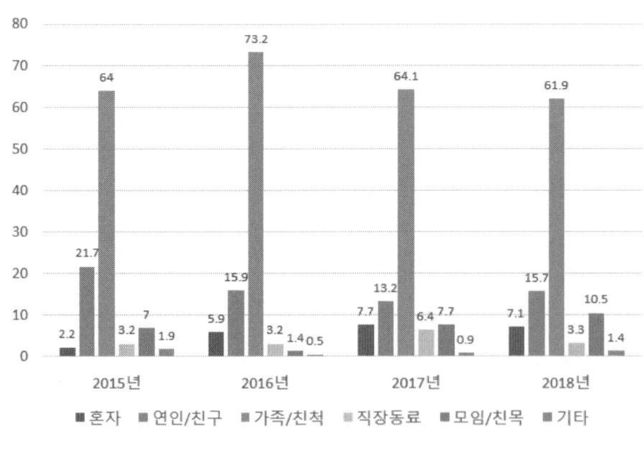

<그림 4> 축제참여 동반자 유형별 비교표(2015~2018년 평가결과보고서 재구성)

축제에 참여하는 동반자를 살펴보면, 매년 가족과 친척이 참여하는 비율이 매우 높게 나타난다. 60~70% 대를 기록할 정도이고, 연인과 친구가 참여하는 비율도 10~20%대를 차지한다. 지역민의 방문목적 중에서도 지인과 함께 식음료를 소비하고, 프로그램을 즐기기 위해 참여한다는 의견이 많다. 혼자 방문하는 사람의 비율은 2015년에는 2.2%밖에 되지 않지만 2016년에는 5.9%로 상승했다. 2017년 이후에는 7% 이상을 유지하고 있다(이덕순 2015: 6; 이덕순 2016: 6; 전주대산학협력단 2017: 13; 이덕순 2018: 5).

혼자 참여하는 방문객이 축제에 참여하고 있다는 점은 지역민이 관람객으로서 방문하는 비율이 점차 높아지고 있다는 것을 의미한다. 평가보고서에 의하면, 지역민의 방문객 수도 2015년은 9,534명, 2016년은 10,772명, 2017년은 17,010명, 2018년은 14,419명으로 나타난다(이덕순 2015: 49; 이덕순 2016: 50; 전주대산학협력단 2017: 45; 이덕순 2018: 48). 이 결과로 볼 때, 지역민의 방문이 점차 많아지고 있다는 것은 축제를 놀이의 장으로 인식하고 지인과 함께 축제 공간에서 즐기는 것으로 해석할 수 있다.

지역민 인터뷰에서도 동반자 유형은 가족, 지인과 함께 참여하고 있다는 대답이 많아 평가보고서와 비슷한 결과를 나타내고 있다. 축제에 참여하는 시간은 주말 낮 시간에는 가족단위의 체험 중심이 많고, 평일과 주말 저녁시간은 지인과 만남을 주요하게 하고 있다. 진안 읍내를 비롯한 주변 면단위 주민은 주로 농사를 짓는 사람이 많기 때문에 낮에는 경제활동을 하고 저녁시간에 지인과 식음료를 즐긴다. 특히, 트로트페스티벌은 홍삼축제의 저녁프로그램의 핵심이기 때문에 더욱 저녁시간 선호가 많다.

<그림 5> 가족단위 방문객의 축제 참여 (필자촬영, 2018년 10월20일)

> 저녁에 트로트페스티벌은 가족들하고 두 번 정도 구경했는데 생각보다 재미있었어요.
>
> (인터뷰 18, 석○○, 40대 초반)

이렇듯 진안홍삼축제는 축제장이 읍내에서 멀지 않은 마이산 입구에서 진행하기 때문에 걸어서 가거나, 차량을 이용하면 5분 이내의 거리에 있다. 또한, 축제 규모가 진안에서 제일 크고, 먹거리와 볼거리가 진안군 내 다른 축제에 비해 많고, 낮 시간 방문이 어려운 주민은 저녁 프로그램도 진행되기 때문에 지역민이 놀이의 장으로 홍삼축제를 선호하는 것은 당연한 일이다. 진안에서 진행되는 다른 축제는 진안 읍내에서 거리가 멀고 낮 시간에만 프로그램이 집중되어 즐길 수 있는 여건이 맞지 않는다.

진안홍삼축제는 행정에서 다양한 방법으로 적극 홍보하고 있고, 규모가 큰 축제이기 때문에 읍면의 주민까지 모두 참여를 독려하고 있다. 또한, 진안군이라는 지역적 특성으로 인해 지역민은 평소 문화향유의 기회가 적기 때문에 축제를 매개로 지역민 간의 사교할 수 있는 장, 즐기는 놀이의 장으로 인식하고 있다. 특히, 트로트페스티벌은 홍삼축제의 주제 프로그램과 맞지 않지만 지역민에게는 대중가수를 만날 수 있는 기회이기 때문에 공연이 진행되는 날에는 지역민 방문객이 많다. 지역민의 축제에 대한 인상적인 프로그램이 무엇인지 물었을 때, 트로트페스티벌이라는 다수의 대답이 나왔다는 것은 지역민에게 즐기고 사교하는 의미로서 홍삼축제에 참여하고 있다는 것으로 볼 수 있다.

5. 진안에 대한 정체성과 자부심

지역사회는 공간적인 영역과 사회적인 상호 연결망, 구성원의 긴밀한 유대감을 가진 사회집단이다. 지역마다 갖춰진 조건과 환경에 따라 특성적인 삶의 방식을 만들고, 함께 공유하면서 같은 문화를 만들어내고 있다. 지역사회의 특징을 잘 나타내고 있는 것이 축제라고 볼 수 있다(류정아 2006: 19-20). 지역민이 공동으로 경험하는 유대감은 축제에서 극명하게 나타나는데, 농촌지역은 도시에 비해 공동체성이 더 남아있기 때문에 축제를 방문하는 관광객과 구별하는 자신의 정체성을 확인하는 자리가 축제인 셈이다. 즉, 축제를 통해 지역민은 지역사회의 일원이라는 정체성을 확인하고 외지인은 타자의 정체성을 확인하는 기회로서 축제를 방문한다(이정덕 2003: 13).

진안군의 대외적인 이미지는 마이산이 가장 크게 인식되어 있고, 홍삼이 비등하게 대표 이미지로 인식되고 있다. 진안군은 지역 이미지를 조사한 결과에서도 '청정과 청결'이 전국 8위를 차지할 정도로 높다. 또한, 산과 계곡을 통해 진안군을 인식하는 정도도 전국 14위로 나타난다.[3] 진안군의 경제적 조건은 낮은 편이지만 지역민은 청정한 자연환경과 심리적인 여유를 누릴 수 있는 환경적 조건으로 인해 삶의 만족도가 높다. 지역민 중에는 농촌마을에서 경험할 수 있는 마을공동체를 강화하는 관계형성에서 높은 만족도를 보인다. 구체적으로 설명하면, 마을주민 간에 공동으로 음식을 준비해서 나눠먹고, 외부사람이 마을에 왔을 때 음식을 대접하는 인심이 남아 있다는 점이다. 더욱이 농촌마을의 고령화로 젊은 층이 적어 이들이 마을에 왔을 때는 더욱 후한 인심을 쓰기 때문이다. 도시에서 경험하기 어려운 마을공동체 활동은 진안군의 마을에서 아직도 남아 있고, 읍내보다는 읍내 외곽마을에서 이러한 활동이 더 잘 나타난다.

> 공기가 좋잖아요. 바쁘게 일하다가도 가끔 하늘을 볼 수 있는 여유도 있고, 더디게 움직이는 삶이 좋아서 여기(진안 연장리) 살죠. 도시에서는 이런 걸 어떻게 느끼겠어요. 마을에서 가끔 모여서 점심을 해먹는데 이런 것도 좋죠. 아직 정이 남아 있잖아요. 여기가 먹고사는 것은 별로 없어요. 그래도 농사짓고 하니까 굶지는 않으니까 좋죠.
>
> (인터뷰 58, 김○○, 50대 중반)

지역민에게 진안은 살만한 마을로 인식되고 있다. 진안군은 산간

---

3 대한민국 관광자원 정보 플랫폼 http://www.consumerinsight.co.kr/travel/recommend/research1.aspx

지역으로 도시로의 인구유출이 많지만, 지금까지 진안에서 삶을 영위하고 있는 경우에는 진안군에 대한 자부심을 강하게 느끼고 있다. ‘진안사람’이라는 자부심은 마이산과 연결되어 “마이산이 멋있다고 하면 우쭐해지죠”(인터뷰 59, 김○○, 50대 후반)라는 말처럼 마이산이 진안에 있다는 점과 마이산이 있는 진안에서 살고 있는 진안사람이라는 점에서 자부심이 나타난다. 마이산뿐만이 아니라 홍삼을 통해서도 자부심을 느낀다. 인삼을 재배하는 농가에서는 진안의 자연환경이 최적화된 재배환경이기 때문에 진안에서 재배되는 인삼의 품질이 최상이라는 자부심을 가지고 있다. 그래서 진안홍삼축제에서 방문객이 진안인삼을 모를 때는 낙심하기도 하고, 행정의 홍보 부족을 탓하기도 한다.

> 홍삼축제장에서 가끔 관광객분들이 진안에도 인삼이 있어요, 라고 하는 말을 들으면 진안인삼이 얼마나 좋은데. 거기에 나는 자부심을 갖고 있는데 이건 뭐지 라는 생각이 들어요. 행정에서 홍보를 어떻게 하길래 그런가 싶기도 하고요.
>
> (인터뷰 46, 김○○, 40대 후반)

이와 반대로 지역민의 자부심은 타 지역에서 홍보되고 있는 광고를 보면서도 경험한다. 대도시를 방문했을 때 터미널 광고판에서 진안홍삼의 광고를 보면서 진안사람으로서 긍지를 느끼고, 진안홍삼에 대한 자부심도 더욱 높아진다. 인삼을 재배하는 농가에서는 더욱 자부심을 경험하는 정도가 강하게 나타난다. 이러한 지역민의 자부심을 경험하는 대상은 변화를 가져왔다. 진안홍삼축제에 참여하는 진안 출신 향우회 인사를 보면서 경험하는 자부심이 점차 소소한 일상과 자신을 중심으로 한 주변으로 시각이 전환되었다.

> 언젠가 서울터미널에 갔는데 전광판에서 진안홍삼 광고가 나오는 거에요. 이걸 보니까 여기 사람들뿐만이 아니라 여기저기 많은 사람들이 보니까 괜히 마음이 좋더라구요. 전에는 유명한 사람들이 진안 출신이 많았잖아요. 축제에도 오고 그러는데, 그것도 뿌듯하지만 난 이런 것이 더 있어보이고 좋았어요.
>
> (인터뷰 58, 김○○, 50대 중반)

지역민이 진안사람으로서 갖는 자부심은 진안홍삼축제에서도 나타난다. 축제를 방문하는 지역민은 진안에 거주하는 주변 지인을 비롯해 타 지역의 지인을 축제 기간에 초대한다. 지역민이 축제를 통해 경험하는 자부심은 세 가지 측면에서 나타난다. 첫째는 '대접하기'를 통해 진안사람으로서의 자부심을 표현하는 것이다. 지역민 중에는 축제 기간에 타 지역에 거주하는 지인을 초청하여 마이산을 배경으로 한 축제장에서 자연스럽게 인삼과 홍삼의 우수성을 알리고, 진안이 가진 환경적인 장점을 소개한다. 또한, 이들에게는 축제장의 음식을 대접함으로써 진안의 특산물인 홍삼을 경험하게 한다. 이러한 행위를 통해 대접하기는 진안사람이라는 점을 더욱 강조하는 결과가 된다.

> 해마다 친구들을 초대해서 (중략) 금산에 있는 친구들이나

> 서울에 있는 친구들을 불러서 마이산에서 먹고 즐기다 보면 축제 기간에 100만 원이나 쓸 때가 있어요. 축제가 규모는 작지만, 많이 알려졌다고 생각해요. 그래서 친구들이 다들 좋다고 하고 가요.
>
> (인터뷰 9, 김○○, 50대 후반)

두 번째는 친척, 동료, 친구와 축제를 방문하면서 '친분 쌓기'를 위한 사회활동이다. 지역민이 축제를 방문할 때 동반자 유형은 가족이나 친척, 지인과 함께 찾는 경우가 80% 이상으로 나타난다(이덕순 2015: 6; 이덕순 2016: 6; 전주대산학협력단 2017: 13; 이덕순 2018: 5). 축제에서 주변인과 함께하는 것은 지역사회의 영역 안에서 친분 쌓기의 일환으로 볼 수 있다. 혈연과 지연이 긴밀하게 연결 되어 있는 지역사회 안에서 축제는 서로 간의 관계를 부드럽게 하고 유대감을 돈독하게 만드는 매개가 된다. 이는 축제 공간이 형성하는 축제 본질의 힘이 작용하여 자신과 연계된 사람들이 공동체의식을 갖고 있다는 것을 확인하는 것이다.

> 홍삼축제를 가보면 오랜만에 보는 얼굴들이 있어요. 평소에는 만나기도 어렵고 하잖아요. 그럴 때 좋아하는 사람도 만나고, 그들하고 먹고 마시고 하다 보면 더 가까워지잖아요. 이런 것들이 좋아요. 여기는 다들 아는 사람들이잖아요. 동네가 좁으니까 다 아는 사람들이죠.
>
> (인터뷰 60, 이○○, 50대 중반)

세 번째는 진안사람이라는 '사회적 소속감'을 강화하고 확인하는 것이다. 진안군의 대표축제인 홍삼축제는 진안군에서 정책적으로 지원하는 대표축제임과 동시에 지역민이 여러 방법으로 축제와 관계를 맺고 있기 때문에 진안사람으로서 축제를 방문하는 것은 당연한 일로 여기고 있다. 축제에 참여하지 않으면 진안사람이 아닌 것처럼 보일 수도 있고, 자신들도 진안의 일원이 될 수 없다는 인식이 있다. 지역민에게 축제는 진안이라는 울타리 안에 있는 사회적 소속감을 경험하고, 이를 경험하면 진안사람이라는 동질성을 경험할 수 있기 때문에 축제장 방문한다고 볼 수 있다.

6. 결론

진안은 지역축제가 급속하게 확장되는 시기에 개최되었다. 진안홍삼축제는 2013년에 시작하여 2014년 취소한 이후 2015년부터 현재까지 지역의 대표브랜드인 홍삼을 주제로 축제를 성장시키고 있다. 홍삼이 축제로 만들어지기까지의 배경을 살펴보면, 홍삼은 2000년대에 들어서면서 진안군의 정책적 공약으로 산업화를 위한 지원의 대상이 되었다. 2002년 진안군청에 홍삼계를 신설하는 것을 시작으로 중점사업으로 육성하려는 정책을 펼침으로써 홍삼 산업은 본격화되었다. 이 시기는 1995년 지방자치제 시행 이후 지역 활성화를 위한 성과가 요구되는 때였다. 민선 3기(2002년~2006년)에 홍삼한방특구로 지정되는 성과를 얻은 후 홍삼연구소를 비롯해 홍삼농공단지 조성, 홍삼클러스터사업단 설립까지 정책적 지원을 하면서 홍삼은 진안군을 대표하는 브랜드로 자리매김하였다. 이 시기에 인삼재배와 홍삼 가공을 하는 농가도 급증하게 된다.

진안군이 홍삼을 지역 활성화의 핵심으로 삼은 이유는 원래 백제삼의 시배지로서 농가의 소득원은 인삼재배가 대부분이었다. 그러나 인근에 있는 충남 금산이 인삼 집산지로 유명해지면서 인삼을 지역 대표작물로 삼기에는 경쟁력이 낮았다. 따라서 인삼을 가공한 홍삼으로 전향한 것이다. 또한, 90년대 중반부터 정책과제로 삼은 귀농귀촌 활성화가 진안군의 인구를 증가시키고, 지역에 활력을 불어넣는 역할은 하지만 경제 활성화에는 큰 효과를 보이지 않았기에 산업화의 대체로서 홍삼산업에 주력한 것이다.

진안홍삼축제는 각 주체별 참여 과정과 이유, 진안에 대한 정체성과 자부심, 지역민의 놀이공간으로서의 역할을 통해 사회문화적 영향을 볼 수 있다. 진안홍삼축제추진위원회는 행정에서 분야에 맞게 위촉하는 형태이기 때문에 자발적인 참여보다는 행정이 결정하는 형태이다. 인삼재배 농가와 상인의 경우에는 자발적 참여와 행정의 요청으로 참여 유형이 구분된다. 행정의 요청은 많지 않지만, 진안군의 특산품과 홍삼 주제를 담고 있는 음식부스, 놀이체험은 요청해서 참여시키고 있다. 이들에게 정치적인 영향이 작용되었지만 축제에 참여하면서 수익을 올릴 수 있는 기회가 제공되기 때문에 긍정적인 반응이 나타나기도 한다. 자발적으로 참여하는 농가와 상인은 이미 수익 창출이 높다는 것을 경험했기 때문에 매년 참여 의지가 높다.

이와 달리 주민과 자원봉사자는 진안홍삼축제 뿐만이 아니라 다른 축제에도 참여하고 있는 점을 볼 때, 사회활동의 성취감을 얻기 위한 장으로 인식하고 있다. 대부분 50대 이상이 가장 많고, 지역사회 내에서 시간적 여유가 많기 때문에 사회관계를 형성하기 위한 매개로써 자원봉사를 선택하고 있다. 지역민의 경우는 축제에 관심이 없어 전혀 방문하지 않는 경우가 20~30대에서 가장 많이 나타나고, 40~50대가 방문객의 50%를 차지할 정도로 연령별 참여 의사가 다르게 나타난다. 방문하는 목적은 축제 즐기기, 놀이의 장소, 프로그램 경험 때문이다. 농촌지역에서 축제는 단기간에 새로운 경험을 할 수 있는 기회가 제공되는 매개체이다. 일상에서 자주 만나지 못하는 친지와 지인은 축제를 통해 화합의 장으로 이용한다. 지역민의 축제 참여는 한정된 소비인구와 공간적 범위 안에서 소비의 장소가 일시적으로 이전되었다고 할 수 있다. 하지만 만남의 장으로서 축제장은 주민 간의 적당한 거리 두기가 필요할 때 의도하지 않은 만남으로 오히려 자유로움을 방해받는다. 농촌지역에 생활하는 지역민에게 축제는 대접하기, 친분쌓기, 사회적 소속감을 강화하는 매개로서 자신의 정체성과 지역에 대한 자부심을 형성할 수 있는 기회의 장으로 여긴다.

농촌지역 축제의 사회문화적 효과를 판단하는 기준은 지역사회에 대한 관심, 소속감과 자긍심, 지역사회 신뢰, 지역사회 협력, 지역민 문화 활동이다(박경철 2006: 224). 축제는 복합적인 기능이 집약적으로 발현되는 장으로서 지역사회에 미치는 영향은 크다. 특히 지역민에게는 평소 향유의 기회가 적기 때문에 축제를 매개로 지역민 간에 교류하고 즐기는 놀이의 장으로 인식하고 있다. 축제 프로그램 중 가요제 형식의 행사는 홍삼 주제와 맞지 않지만, 지역민 화합과 관광객 유입의 매개로 사용하고 있다. 지역민의 다수가 트로트페스티벌이 가장 인상적인 프로그램이라고 하는 것처럼 지역민에게는 즐기고 사교하는 의미로서 홍삼축제를 바라보고 있다.

| 참고 문헌 |

김병인, 2004, 『역사의 지역축제적 재해석 : 지역축제의 재창조와 문화활용』, 민속원.

류정아, 2006, 『한국 지역축제 조사평가 및 개선방안 연구 총괄보고서』, 한국문화관광연구원.

박경철, 2006, "지역축제의 농촌지역활성화 사례 연구 : 효석문화제를 중심으로", 『농촌사회』 16(1): 209-237.

박민규, 2013, "경상남도 거창군의 지역문화축네에 관한 연구 : 대중음악 콘텐츠를 중심으로", 단국대학교 석사학위논문.

신현정, 2011, "마을축제가 지역 커뮤니티 의식에 미치는 영향 : 진안군 마을축제 6개 마을을 대상으로", 경희대학교 석사학위논문.

심우석, 2011, "농촌지역 축제 특화와 새로운 발전방안에 관한 연구 : 장수 한우랑 사과랑 축제를 중심으로", 전북대학교 석사학위논문.

유지연, 2018, "국내 축제의 자생력 강화 방안 : 해외 축제 사례를 중심으로", 『문화예술지식 DB 문화돋보기』 62, 한국문화관광연구원.

이경화, 2016, "지속가능한 농촌마을 축제를 위한 개선방안 연구 : 나주 이슬촌 크리스마스축제를 중심으로", 동신대학교 석사학위논문.

이덕순, 2015, 『2015년 전라북도 시·군대표축제 평가보고서』, 전라북도·원광보건대학교 산학협력단.

______, 2016, 『2016년 전라북도 시·군대표축제 평가보고서』, 전라북도·원광보건대학교 산학협력단.

______, 2018, 『2018년 전라북도 시·군대표축제 평가보고서』, 전라북도·사)문화관광산업연구원.

이정덕, 2003, "지역축제가 지역정체성의 형성에 미치는 영향", 『문화관광연구』 5(2): 9-27.

임재해, 2000, "축제의 세계화", 『한국축제의 이론과 현장』 473-488.

전주대학교 산학협력단, 2017, 『2017년 전라북도 시·군대표축제 평가보고서』, 전라북도·전주대학교 산학협력단.

진안군, 2018, 『내부회의자료』.

______, 2019, 『내부회의자료』.

진안군 홈페이지, http://www.jinan.go.kr

대한민국 관광자원 정보 플랫폼, http://www.consumerinsight.co.kr

부여지역 백제 폐사지 보존과 활용방안[1]

우진영 | 전북대 고고문화인류학과 석사과정

1. 머리말
2. 사지의 정비 · 보존 문제점
3. 부여지역 백제 폐사지 현황
4. 국내 · 외 폐사지 활용 사례
5. 부여지역 백제 폐사지 보존 및 활용에 대한 방안 제시

1. 머리말

사지란 '사찰이 운영되다가 폐한 유적지'를 의미하는 것으로 종교적 전통인 신앙 행위가 구조물이 유실되는 사건에 의해 중지된 유허지라 할 수 있다. 그러므로 사지는 '절이 있었던 터'라는 단순히 유형문화재적인 의미와 함께 현존 사찰과 함께 우리나라의 역사와 문화를 알려주는 대표적인 유적 가운데 하나라고 할 수 있다(불교문화재연구원 2010).

1 이 원고는 "부여지역 백제 폐사지 보존과 활용방안"이라는 제목으로 『2019 한국지역사회학회 추계학술대회』(2019)에 게재된 논문을 수정 보완한 것이다.

지금까지 조사된 백제의 절터는 모두 사비기의 것으로 조사를 통해 사비기 도성 내외의 주요 지역에 많은 사찰이 건립되었음이 밝혀졌다. 그중 백제 사비기 수도였던 충청남도 부여군에는 백제에서 조선 시대에 이르는 많은 절터가 있지만, 그중에서도 백제시대의 절터가 가장 많은 수를 차지하고 있으며, 현재까지 확인된 백제시대 절터는 모두 25곳이다. 일부는 일제강점기 때 발굴되었지만 자료가 충분하지 않아 실상 파악에 어려움을 겪고 있고, 일부 유적들은 전면 발굴조사가 아닌 시굴조사 또는 부분 발굴조사에 지나지 않은 경우가 많아 유적의 성격이 명확하게 드러나지 않은 상태로 현재에 이르고 있다. 또한, 지표상에 가시성이 큰 유구가 남아 있지 않은 경우가 대부분이며, 발굴을 통해 나온 자료를 일반인들이 이해하거나 접근하기 어렵고, 몇 개의 유적을 제외하고는 유적이 복토 정비되어있어 더 관심을 끌기 어려운 실정이다.

이러한 상황 속에서 부여지역에 남아 있는 백제 폐사지는 충분히 가치가 있고, 중요한데도 사적 몇 곳을 제외하고는 제대로 관리되지 않거나, 문화 자원으로써 활용되지 못하고 있다. 이에 부여지역에 남아 있는 백제 폐사지 활용에 대해 생각해보고자 하였는데, 현실적으로 발굴이 안 된 유적은 수습된 유물 외에는 다른 정보를 알 수가 없고, 부분발굴이 된 곳 또한 다음 발굴이 진행되기에는 토지매입에 대한 문제가 크며, 지자체에서 투자할 가능성이 적기 때문에 활용하기 힘들 것으로 판단하였다. 그러므로 전체 25곳 중 유적과 주변이 연계되며 활용 가능성이 있는 곳, 발굴을 통해서 관람객들에게 전달할만한 자료가 있는 곳, 출토유물이 보물로 지정된 곳, 지자체에서 투자가 가능한 곳, 관람하기에 접근성, 안정성이 보장되는 곳 총 8곳

(군수리사지, 정림사지, 왕흥사지, 능산리사지, 동남리사지, 부소산사지, 전천왕사지, 외리사지)을 선정하였다. 따라서 이들 유적 관리 문제점과 활용 대한 방안을 제시하고자 한다.

2. 사지의 정비·보존 문제점[2]

현대를 사는 우리들은 옛 불교 문화재가 가진 의미와 시대적 정신을 오늘날에 배우고 느끼기 위해 발굴조사를 하고, 정비를 하게 된다. 그러나 현실적으로는 일반 국민들이 사지가 가진 의미와 공간감, 우수성을 느끼기에는 학술적인 부분이 지나치게 강조되거나, 사적 정비의 기법에 있어서 사지를 이해하기에는 표현의 제한이 있어 왔다.

첫 번째로 사지 발굴에서 정비까지 걸린 시간은 각각의 상황에 따라 차이를 보인다. 통상 정비까지 걸리는 시간은 2년에서 4년 정도가 대부분을 차지하며, 그 외 6년에서 9년 정도의 시간이 걸린 황룡사지, 거돈사지, 법천사지의 경우는 그 사역의 범위가 넓거나 학술적인 조사가 장기간에 걸친 탓에 일시적인 복토가 행해지고 전체적인 조사를 바친 후에 정비가 된 경우로 발굴조사 보고서에 의하면, 그 사이에도 유구의 훼손이 진행되고 있으며, 이렇게 발굴조사 후 바로 복토·성토가 되지 않는 이상 발굴 유구는 심각하게 훼손될 수밖에 없다. 여기에는 법률적, 행정적 문제가 상기될 수 있는데, 이는 발굴조사를 어디까지로 정의할 것인가 하는 것과 행정적으로 발굴조사

2 문화재청·불교문화재연구원, 2010, 『사지 보존·정비 관리방안 연구보고서』

내역의 범위를 어디까지 인정할 것인가 하는 문제이다. 문화재보호법에서도 발굴에 유구의 보존을 위한 복토·성토를 다루지 않고 있는데 이를 발굴조사의 범위에 포함시킬 필요가 있으며 이를 발굴 비용 내역에 포함하여 인정이 되어야 실효성이 있는 유구 보존이 될 것으로 생각된다.

두 번째로 사역의 주 진입과 현 진입 동선의 검토로서 사찰은 공간적으로 위계를 가지며 이를 통해 종교적인 승화감을 느끼도록 설계된다. 또한, 고대 사찰의 경우는 대칭적인 정연성을 가지며, 이러한 공간 속에서 규율의 엄격함을 강조하기도 한다. 이처럼 사지의 진입 동선 구성에 있어서도 주 진입로를 통한 정면 진입이 되어야 사지가 가지는 본연의 공간감을 느낄 수 있는 것이다.

사역의 주 진입로 앞이 도로이거나, 주 진입로에 별다른 시설이 없는 경우는 주 진입 방향이 지켜지고 있으나, 주변에 주차장, 전시관 등이 건설되는 경우 전시관으로서의 동선 유도와 주차장의 편의성, 또는 도로에 의한 진입 동선의 차단 등에 의해 사지의 동선이 왜곡되는 경우가 대부분을 차지하고 있다.

사지의 지정 또는 정비에 있어서는 이와 같은 점이 고려되어야 한다. 또한, 사역의 주 진입의 확보를 위해서는 사지 정면에 여유 있는 공간을 확보하고, 전시관과 주차장 등은 이렇게 확보된 공간에 위치시키거나 별도의 동선을 구성하는 것이 바람직하다고 생각된다.

세 번째로 각 사지의 정비기법을 살펴보면 대부분 발굴조사 후 석재를 드잡이하고, 복토, 성토에 의한 잔디 식재가 대부분을 차지하고 있으며, 굴산사지나 금강사지의 경우 발굴 후 바로 복토되어 유구를 보존하고 있으나, 유적의 의미는 전혀 알 수 없는 형태로 유지되고 있다.

그 외 복원에 관해서는 현재도 법등이 이어지고 있는 경우는 예외적으로 필요에 의하여 대웅전이 건립된 경우이다. 그 밖에는 정치적인 이유나 석불을 보호하기 위하여, 또는 상징적인 이유로 건축물이 복원되었다. 그러나 복원에 대한 이유나 그 고증연구가 충실하다고는 이야기하기 어려운 상태이다. 이는 사지에 대한 이해가 부족하고 정비에 있어서도 그 목표가 부정확하기 때문으로 판단된다. 각 사지가 가진 특징과 그 사지가 가진 상징적인 것이 무엇이며, 이를 부각시키기 위해 무엇을 드러내야 하는지, 어떤 방법이 적절한지에 대한 검토가 부족했었다고 판단된다.

3. 부여지역 백제 폐사지 현황

부여군에는 백제시대 절터를 비롯하여 통일신라시대, 고려시대, 조선시대의 절터와 시대 미상인 1곳을 포함하여 총 43곳의 절터가 존재하고 있다. 이 중 백제시대의 절터 및 절터로 추정되는 유적은 25곳에 해당되며, 선정된 8곳의 유적 현황을 살펴보고자 한다.

<표 1> 부여지역 폐사지 현황

연번	지정사항	절터	시대
1	사적 제44호	부여 군수리사지	백제(25곳)
2	사적 제301호	부여 정림사지	

3	사적 제427호	부여 왕흥사지	백제(25곳)
4	사적 제434호	부여 능산리사지	
5	사적 제435호	부여 금강사지	
6	시도기념물 제32호	부여 호암사지	
7	시도기념물 제34호	부여 임강사지	백제(25곳)
8	시도기념물 제48호	부여 용정리사지	
9	시도기념물 제50호	부여 동남리사지	
10	시도기념물 제53호	부여 동남리 전천왕사지	
11	시도기념물 제54호	부여 중정리백제건물지	
12	시도기념물 제161호	부여 부소산성 서복사지	
13	부여군 향토유적 제52호	부여 가탑리사지	
14	부여군 향토유적 제92호	부여 관음사지	
15	부여군 향토유적 제93호	부여 밤골사지	
16	비지정문화재	가증리사지	
17	비지정문화재	구교리사지	
18	비지정문화재	동산리사지	
19	비지정문화재	석목리사지	
20	비지정문화재	쌍북리사지1	
21	비지정문화재	쌍북리사지2	
22	비지정문화재	학리사지	
23	비지정문화재	향교밭사지	
24	비지정문화재	현북리사지	
25	비지정문화재	외리사지	
26		청룡사지	통일신라
27		노은사지	고려(11곳)
28		보광사지	
29		성림사지	
30		세탑리사지	

31		숭각사지	고려(11곳)
32		신리사지	
33		한산사지	
34		현내리사지	고려(11곳)
35		홍양리사지	
36		화성리사지	
37		화수리사지	
38		금사리사지	조선(5곳)
39		도천사지	
40		만지리사지	
41		운치리사지	
42		조왕사	

1) 군수리사지 (사적 제44호)

군수리사지는 백제 사비기에 조성되었던 사찰 터로 기록이 전혀 남아 있지 않아 절 이름이나 그 유래는 알 수 없다. 지금의 이름으로 불리게 된 것은 일제 35, 36년 이시다 시게사구와 사이또 다다시에 의한 두 차례의 발굴조사를 통해 동네 이름을 따서 붙였던 것으로 생각한다.

군수리사지의 발굴조사는 부여군 내에서 실시된 백제사찰에 대한 최초의 조사였으며 그 결과 중문, 목탑, 금당, 강당이 남북으로 일직선상에 배치된 1탑 1금당의 구조임이 밝혀졌다. 금당 터의 기단은 기와를 쌓아 만들어졌고, 유물은 절터 곳곳에서 출토되었는데 금당 터 주위와 탑 터에서는 약 1,150점의 옥과 금당 서쪽에서는 금동제 방울, 금구, 연꽃과 덩굴이 조각된 상자 보양의 벽돌이 출토되었다.

<사진 1> 군수리사지 전경

<사진 2> 군수리사지 금당 터

목탑 중심부에서는 보물 제330호인 군수리 금동미륵보살입상과 보물 제329호인 군수리 석조여래좌상이 출토되었다(국립부여문화재연구소 2008).

2005년부터 부여군에서 군수리사지에 대한 정비, 복원 계획을 수립하고 국립부여문화재연구소에서 학술발굴조사를 실시하여 2007년까지 5차례에 걸친 발굴조사를 실시(전체적인 가람배치 확인)하였고, 2011년에 6차 발굴(서회랑지 일대)을 실행하였다. 하지만 서회랑지 북서편 건물지는 그 일대가 개인이 소유한 사유지에 해당하여 전체적인 조사가 불가능하였으며, 강당지가 위치한 곳 역시 사유지로서 현재 지속적인 개간과 경작이 이루어지고 있어 유구의 훼손 및 멸실이 우려된다.

현재 유적은 금당지와 목탑지가 복토 정비된 상태로 근처에 궁남지가 자리하고 있어 전반적인 보존관리 상태가 양호하며, 도보로도 쉽게 접근할 수 있다. 처음 정비계획은 금당지의 합장식 와적기단 노출전시, 목탑지 중심의 지하 심초석과 그 경사로의 노출전시를 제시하였지만 복토 정비된 되었고, 궁남지와 연계한 유적 공원화 등의 정비방안은 아직 받아들여지지 않은 듯하다.

2) 정림사지 (사적 제301호)

정림사지는 부여의 중심부에 위치한 백제시대 대표적인 절터이며, 우뚝 서 있는 정림사지 5층 석탑 표면에 당나라가 백제를 멸망시킨 전승 기념의 내용이 새겨져 있다. 또한, 백제시대의 전형적인 가람배치를 가지고 있으며 중문, 석탑, 금당을 남북 일직선으로 배치하고, 승방과 회랑을 둘러싼 형태를 보여주고 있다. 정림사라는 이름과 존속기간에 대한 정확한 근거자료는 없지만, 강당지 발굴 시 정림사라는 사찰이 새겨진 기와가 수습되어 정림사지라는 정식 명칭이 부여되었다. 현재는 국보 제9호의 오층석탑과 보물 제108호의 고려시대 석불좌상이 남아 있으며 2015년 7월에는 백제역사유적지구로 세계유산에 등재되었다(국립문화재연구소 2009a).

금당지는 복토 정비되어있고, 회랑지는 기단부까지 복원 정비된 상태이며, 최근 정비공사가 이루어져 전체적인 보존관리 상태는 양호하다. 다른 폐사지에 비해 중심가와 가까이에 있어 관람객 수가

<사진 3> 정림사지 전경

<사진 4> 정림사지 내 초석 공원

* 출처: https://bit.ly/2ZPl16m

많은 편이며, 백제역사유적지구 등재 효과를 톡톡히 보고 있어 등재 이전보다 60만 명이 증가하였다.

부여 정림사지 유물전시관과 정림사지 사이에는 발굴 당시 수습된 초석을 모아둔 작은 공원을 조성하였다. 당시 발굴된 초석에 대한 분류를 자세히 해두었고, 부여 관북리 유적에서 출토된 초석도 정림사지 내로 옮겨놓아 전시해두었다.

3) 왕흥사지 (사적 제427호)

왕흥사지는 삼국사기와 삼국유사에 관련 기사가 수록되어 있어 그 창건연대(법왕 2년:600년)와 낙성연대(완공 시기 무왕 35년:634년)을 알 수 있는 중요한 유적이다. 1934년 이 일대에서 왕흥이라고 찍혀진 명문와가 수습되어 왕흥사의 위치로 비정하게 되었다. 국립부여문화재연구소에 의해 2000년부터 2016년까지 총15차에 걸친 학술발굴조사가 연차적으로 진행됐으며 발굴조사를 통해 백제시대 전형적인 가람구조인 1탑 1금당식으로 밝혀졌고, 2007년에 실시된 목탑지 발굴조사에서는 최초로 사리기가 봉안된 사리장치가 확인되었고, 사리기 명문을 통해 왕흥사 축조와 관련된 역사적 사실을 파악할 수 있었다. 최근 2014년도 발굴에서 고대 치미들 중에서도 가장 오래된 것으로 추정되는 백제시대 치미가 동승방터 건물지의 남북 양 끝에서 각 1점씩 출토되어 남쪽 치미는 상부만 북쪽 치미는 하부만 복원하였다(국립부여문화재연구소 2008).

현재 왕흥사지에 대하여 도로변에 많은 이정표를 설치하였지만, 도로변에서도 마을 안 외진 곳에 위치하여 도보로 이동하기는 어려우며, 관심이 있지 않는 한 찾아오는 사람의 수가 적다. 또한, 유적

<사진 5> 왕흥사지 입구

<사진 6> 왕흥사지 목탑지와 금당지

에 가면 왕흥사였음을 알려주는 작은 안내판과 복토 된 유구들은 무성한 풀로 뒤덮여서 어렴풋이 보이는 땅의 높낮이를 통해 목탑과 금당 자리임을 확인할 수 있다.

4) 능산리사지 (사적 제434호)

능산리사지는 세계유산에 등재된 능산리 고분군과 부여나성 사이에 있는 백제시대 절터 유적으로 1992~2008년까지 11차에 걸쳐 발굴조사됐다. 발굴조사 결과 국보 제287호 백제금동대향로와 사찰의 조성배경을 상세히 기록한 백제창왕명석조사리감 국보 제 288호가 출토되어 매우 중요한 유적이 되었다. 능산리사지는 일반적인 백제사찰과는 조금 다른 성격을 보이는데, 1탑 1금당식을 따르면서 다른 절에서는 거의 보이지 않는 공방시설이 사찰 내에서 확인되었고, 사리감에 절의 조성배경을 살펴보면 이 절은 단순한 사찰의 의미를 넘어 사역 동편에 있는 능산리고분과 관련된 왕실의 기원 사찰로 추정하고 있다(국립부여문화재연구소 2008).

능산리사지는 능산리고분군과 능산리고분 전시관이 옆에 있고,

<사진 7> 능산리사지 전경

* 출처: https://bit.ly/3iHuFiP

<사진 8> 능산리사지 3D 복원 액자

* 출처: https://bit.ly/3iHuFiP

넓은 주차장 시설로 접근이 쉽다. 현재 발굴조사는 완료된 상태이고 2004년에 부여군에서 발굴정비계획을 수립하여 건물지, 배수로, 조경 시설, 정비, 발굴조사지역의 정비 등 크게 4가지의 기본계획이 수립되었고, 석축 및 기단, 탐방로 등은 정비된 상태로 현재도 유적 정비공사가 진행 중이다. 또한, 백제문화단지에 능산리사지를 1대1 비율로 복원해 놓았다.

5) 동남리사지 (시도기념물 제50호)

동남리사지는 절의 이름이나 그 유래가 전해지고 있지 않은 유적이다. 1938년 일본인 이시다 시게사구의 발굴조사로 절터로 밝혀졌으며, 남북을 축으로 하여 중문, 금당, 강당만이 배치되고 탑이 없는 특이한 형태로 보고되었다. 이후 1993~4년에 충남대학교박물관에 의해 제2차 발굴조사가 시행되었는데, 발굴조사 결과 남북을 축으로 장방형의 건물지가 확인되었다. 두 차례에 걸친 발굴조사를 통해 중심사역 대부분이 조사되었으므로 추가적인 발굴조사는 시급하지 않

<사진 9> 동남리사지 전경

* 출처: https://bit.ly/32IcpA4

<사진 10> 동남리사지 안내판

* 출처: https://bit.ly/32IcpA4

은 것으로 판단되며, 전체 면적의 21%가 현재 사유지이지만 대부분이 농경지로 특별한 현상 변경될 우려는 없으나 지속적인 점검이 필요하다(국립부여문화재연구소 2008).

동남리사지는 시내 중심에서 조금 떨어진 곳에 있으며, 주변은 모두 경작지로 되어있고 건물지가 확인된 지역만 철책으로 둘러져 있다. 또한, 큰 도로에서 비교적 찾기 쉽게 이정표가 설치되어 있으나, 현재 절터 내의 안내판은 발굴조사가 이루어졌음에도 불구하고 그 내용이 부실하다. 또한, 국립 주건 물지 터에 기둥을 세워놓아 표시를 해두는 방법을 택했으나, 유적을 찾아오는 관람객의 수가 적어 딱히 활용되고 있지 않은 듯하다.

6) 전傳 천왕사지 (시도기념물 제53호)

금성산 서남쪽 하단의 대지에 있는 전傳 천왕사지는 그 주변에서 석조여래입상, 청동제소탑, 천왕명 수키와편 등 많은 유물이 발견되어 백제시대 절터로 알려져 왔다. 1944년에 일본인 후지사와 카즈오에

<사진 11> 전 천왕사지 전경

의하여 긴급조사가 이루어졌다고 하지만 발굴조사에 대한 보고서가 나오지 않아 그 위치나 규모에 대해 전혀 파악하지 못하고 있다가 국립부여박물관이 금성산의 신부지로 이전하게 되면서 1989년 이 지역에 대한 발굴조사를 하게 되었다(국립부여문화재연구소 2008).

천왕명 수키와편 등의 유물을 통해 백제시대의 절터로 추정되어 온 전 천왕사지는 발굴조사를 통해 그 윤곽을 확인하였는데 발굴조사에서는 이중기단의 건물지 1동만 발견되고 그 외에 절터로 추정할 수 있는 유구가 발견되지 않아 국립부여박물관에서도 전 천왕사지가 아닌 금성산 백제와적기단건물지라는 명칭을 붙여 보고서를 작성하였다(국립부여문화재연구소 2008).

현재 전 천왕사지는 국립부여박물관 경내에 자리하고 있으며, 발굴조사를 마친 후 정비를 하여 건물지를 중심으로 한 유적의 양상을 확인할 수 있다. 다만 아쉬운 점을 건물지의 와적기단을 노출시키지 않고 정비를 한 점이 뽑힌다.

7) 부소산사지 (시도기념물 제161호)

부소산사지는 후지사와 카즈오, 요네다 미요지에 의하여 1942년 처음으로 발굴조사가 시행되어 금당, 탑, 중문, 회랑을 갖춘 백제시

<사진 12> 부소산사지 전경

<사진 13> 부소산사지 안내판

대의 가람이라는 점을 밝혀내기도 했다. 그러나 발굴조사 내용이나 결과에 대한 자세한 보고서가 나오지 않은 관계로 정확한 절터의 규모는 물론 그 위치조차 불분명하고 유적의 근처가 막연히 백제의 절터라고만 알려오고 있었다. 그러던 중 1978년 부여박물관에서 1차 조사 때 수습한 치미편을 복원하여 공개함으로써 절터에 관한 관심이 높아져, 1980년에 2차 발굴조사를 진행하여 정확한 각 건물지의 위치를 확인하고 유구의 규모 및 성격을 학술적으로 밝힘과 동시에 차후 시행할 정비의 기초자료를 수집하기 위해 문화재관리국 문화재연구소, 충남대학교박물관, 국립부여박물관이 공동으로 담당하였다(국립부여문화재연구소 2008).

현재 금당지, 목탑지는 위치를 알 수 있도록 복토하고 잔디를 심어 그 위치를 표시하였으며, 중문지는 하부의 석부재까지 노출시켜 전시하고 있다. 부소산사지는 부소산성 내에 자리하고 있고 탐방로 옆에 위치하며 이미 정비가 완료된 상태이지만, 부소산을 찾는 사람들이 잘 모르고 지나치는 실정이다.

8) 외리사지 (비지정 문화재)

외리사지는 지난 1937년 일제시대에 조사된 유적으로 문양전의 출토로 인해 알려져 있다. 발굴조사 당시에도 사찰과 관련된 유구는 거의 파괴되어 있었고 단지 전렬과 와적렬만 확인할 수 있었다고 한다. 현재는 택지개발로 인하여 그 원형을 잃어가고 있으며 인근에 소방서와 건물이 들어서 있어 구릉이 평지화되고 유구가 사라져 가고 있다. 일제시대에도 이 일대가 경작지로 사용되고 있어 이전부터 파괴가 심한 것으로 보고, 건물지 내부에서도 초석이나 기둥 자리의 흔적은 전혀 나타나지 않았다(국립부여문화재연구소 2008).

이후 2005년 소방서를 신축하기 위해 충남역사문화원에서 시굴조사를 하였지만, 유구나 유물의 흔적이 발견되지 않아 소방서 공사가 실시되었다. 현재 추정 사역 범위에 소방서가 들어서 있고 땅이 많이 삭평되어, 사역의 범위를 확정할 수 없으며, 일반인의 와도 그 일대에서 찾아볼 수 있는 것이 없다. 외리사지에서 출토된 전은 모두 8종의 문양으로 보물 제343호로 지정되어있으며, 국립부여박물관에 전시되어 있다.

<사진 14> 외리사지 추정지역

<사진 15> 외리사지 출토 문양전 일괄

* 출처: 문화재청 공식 블로그

4. 국내 · 외 폐사지 활용 사례

이 장에서는 국내·외 폐사지 중에서 보존 후 잘 활용되고 있거나, 또 그러한 계획이 나온 곳을 살펴보고 부여지역 백제 폐사지 활용에 접목할만한 방법을 찾아보고자 한다.

〈국내〉

1) 황룡사지

황룡사는 통일신라를 대표하는 왕실사찰 가운데 하나로 목탑, 금당, 중문, 강당, 회랑, 종경루 등을 고루 갖춘 대형사찰이었다. 황룡사 복원사업은 경주역사문화 도시조성사업의 선도 사업 중 하나로 기획, 추진된 것으로, 국립문화재연구소에서 황룡사 복원 기본계획을 수립함에 있어 여타의 사적지 기본계획과는 차별성을 두고 진행되었다. 이는 황룡사 복원은 신라 문화를 대표하는 사찰의 복원사업으로 기존의 복원사업과는 차별화된 고대 문화의 총체적 복원이라는 측면에서 접근되었으며 보다 체계적인 사업 추진을 위한 기획이 병행되었기 때문이다.

황룡사지 발굴은 1966년, 1969년, 이후 1976년부터 1983까지 발굴조사 이루어져 그 실체가 드러나게 되었으며, 정비는 1981년부터 지속적인 정비사업을 통해 현재와 같은 모습이 되었다. 또한, 내부의 건물지는 기단 드잡이 후 성토하여 잔디 식재를 하였고, 초석이 있는 자리에는 노출전시하고 있다.

하지만 황룡사지는 발굴에서 정비까지 통상 2년에서 5년 정도의 시간차를 두고 있었으며, 발굴조사 후 집터와 수풀, 웅덩이에 의한 훼손이 심각하였던 것으로 나타나고 있고, 진입에 있어서 사찰의 원래 진입 방향과는 반대로 진입해야 하는 문제점을 가지게 되었다. 이 때문에 측면진입이나 역행 진입으로 인해 황룡사가 가지고 있는 중심 축선을 파악하기 어렵고, 동시에 전체 사역의 명확한 경계설정이 되지 않아 대부분 관람객이 남문지나 종루, 경루지까지 가는 경우가 드물다(불교문화재연구원 2010).

현재 진행 중에 있는 황룡사 복원정비 종합계획을 살펴보면 사적 내 정비와 함께 사찰 복원 계획이 포함되어 있다.

1단계는 복원설계 및 정비(2012년 7월~2019년)를 시행하는 단계로서 황룡사 복원을 위한 연구, 정비, 복원사업이 전개된다.

2단계에는 주요 건물 복원(2010년~2029년)을 복원할 계획이며, 목탑 및 금당 등 대규모 건물 복원을 목표로 하고 있다. 먼저, 2단계에서 진행된 복원 심화연구의 후속 과제를 지속적으로 진행하며, 중문, 목탑, 금당 등의 복원 심화연구 및 복원공사 경험을 반영하여 강당 등 기타건물의 복원 심화연구를 수행할 예정이다.

<사진 16> 황룡사지 전경

* 출처: 경주 황룡사지 - Encyves Wiki

<사진 17> 황룡사지 복원도

* 출처: https://bit.ly/2ZLGCMM

3단계는 강당 및 기타건물의 복원으로 황룡사 중심사역 내의 복원정비종합계획을 완성하고 황룡사 주변의 역사문화환경을 정비(2030년~2035년)하는 단계로 월지, 월성, 월정교 등의 주변 유적과 연계하여 관광 네트워크를 구축하면서, 사역 내 남아 있는 강당과 같은 건물을 복원할 예정이다(국립문화재연구소 2012).

2) 사천왕사지

사천왕사는 통일신라시대 사찰로 사적 제8호이다. 일제강점기에 후지시마 가이지로에 의한 측량과 수습 위주의 실측 등 가람배치 연구가 진행되었고, 해방 이후 1982~1985년 측량조사, 2006~2012년 '방치된 신라 옛 사찰 조사' 사업으로 인한 발굴조사가 실시되어 통일신라시대 목탑지의 기단 유구가 원형에 가깝게 확인되었다. 하지만 발굴조사 이후 유적 정비는 복토 후 초석 노출 등 임시방편적인 조치로 사실상 방치되어 민원 발생을 초래하고 있어 유적의 체계적인 보존·관리가 요구되고 있다.

사천왕사지의 정비계획은 먼저, 쉽게 접근할 수 있도록 유적 앞쪽

<사진 18> 2017년도 사천왕사지 모습

* 출처: https://bit.ly/32H4AuM

<사진 19> 노후화된 사천왕사지 안내판

* 출처: https://bit.ly/2RGCmcY

으로의 도로 체계를 정비하고 유적을 찾는 탐방객들의 편의를 위해 사역 북서쪽의 녹지를 휴게공간으로 조성하고, 관람로를 정비할 계획이다. 또한, 발굴성과 홍보를 위한 홈페이지 활용도 계획에 포함되어 있으며, 주변 유적과의 연계를 중요시 생각하여 주변 유적을 아우르는 통합안내센터를 조성할 계획이다. 노후화된 안내판은 유적과 관람 동선을 고려하여 사천왕사의 역사, 관련 유적 등의 이야기와 발굴 조사성과, 배치도, 복원도 등의 정보를 전달할 수 있는 키오스크를 설치할 예정이며, 대규모 시설이 아닌 간이 홍보관을 설치하여 유적을 보러오는 탐방객에게 휴게공간과 유적에 대한 정보를 제공할 계획이다(국립경주문화재연구소 2018).

〈국외〉

1) 일본 사누키 국분사 유적[3]

1984년에 사적 정비를 시작하여 발굴조사로 명확해진 유구의 성질을 도로 되묻은 후에 조경기법에 따라 지상에 복원하고, 국분사 유적을 견학자가 체험을 통해 이해할 수 있도록 정비하는 것을 고려하였다. 그러나 발굴된 유구를 잔디 식재 등의 평면적인 방법으로 표현하는 것은 특별히 전문지식을 갖고 있지 않은 일반 시민들에게 일상생활과 학교 교육, 사회교육의 장소로서 사적을 적극적으로 활용하기에 한계가 있다고 하여, 사적과 역사적 환경을 시각적으로 파악할 수 있도록 하는 정비사업을 모색하였다. 이에 따라 유구의 잔존상태가 상당히 양호한 승방지를 적극적으로 활용하기로 하고, 승방

3 국립문화재연구소, 2009b, 『사지 보존·활용을 위한 해외 조사자료집』

<사진 20> 초석 위 승방 일부 복원   <사진 21> 승려 생활상 재현

지 유구의 동쪽 절반에 보호시설을 세웠으며, 동시에 서측 회랑지에 있는 옛 회관을 개수하여 임시 자료관으로 개관하였다.

발굴조사가 진전될수록 유구가 굉장히 양호하다고 판단되어 승방지 보호시설 내부의 초석 위에 승방을 일부 복원하고, 건물 내부에는 승려의 생활상을 시각적, 직접 이해할 수 있도록 생활상을 재현하고 있다. 또 가람배치모형과 실물 크기의 판축담장을 일부 복원하였고, 가람배치모형은 1/10 크기로 석재를 사용하여 표현하였다. 판축담장은 동서 30m 길이로 판축공법을 사용하여 복원하였고, 지붕에는 발굴조사 시 출토된 기와를 복제하여 사용하였다.

2) 일본 카즈사 국분니사 유적[4]

카즈카 국분니사 유적에서 국가사적을 지정된 부분은 이치하라시가 매수하여 오래도록 보존 활용하게 되었다. 니사유적은 1983년부터 매수하기 시작하여 1986년에는 공원 용지를 인계받아 공원화는 모

4 국립문화재연구소, 2009b, 『사지 보존·활용을 위한 해외 조사자료집』

<사진 22> 복원된 금당 기단

<사진 23> 유적 전시실

두 완료하였다. 이치하라시에서는 사적의 공유화와 함께 사적을 보존하면서 현재의 시민 생활에 활용하기 위해 정비계획의 점토에 착수하여, 1990년에 기본계획을 책정하였다.

정비에는 사적의 성격을 상징하고, 그 공간적 특색을 체감할 수 있게 하도록 금당원의 중문, 회랑 등을 유적 위에 원래의 크기로 복원하는 것이 계획되었다. 1990년부터 3년간은 문화청의 고향역사광장 사업으로서 사적의 안내 시설인 전시관을 건립하고, 중문을 복원하여 1993년 8월부터 공개하고 있다. 게다가 1993년부터 4년간은 같은 문화청의 지역 중심 사적 등 정비 특별사업으로서 회랑을 복원하고, 1997년 7월부터 이들을 시민에게 공개하고 있다. 이후는 종루의 복원과 그 외 건물의 기단표시 등이 예정되어 있다.

〈기타〉

여기서는 폐사지 활용 사례는 아니지만, 유구를 보존하고 활용한 방법이 잘 이루어졌다고 생각되어 소개하고자 한다.

1) 중국 지엔캉공청[5]

<사진 24> 도서관 지하 유구 복원 모습

지엔캉은 중국 위진남북조시대 난징의 수도로 진나라의 왕궁이었다. 하지만 수에 의해 진이 멸망할 때 궁실과 성 등이 대부분 파괴되어 확인이 어려운 상황이었다. 그러다 2002년 중국 난징도서관 신관 건립 신축공사 현장에서 육조문물이 발견되어 공사가 중단되었고 발굴조사가 시작되었다. 유적은 지엔캉궁궐 동남부 모서리의 한 지점이었던 것으로 밝혀졌으며, 당시 발굴조사 시 학술 고문으로 참여한 전문가들에 건의 때문에 주요 도로, 성벽, 우물 등을 난징도서관 신관 지하에 복원하여 전시구역을 만들고 집중적으로 전시하게 되었다.

2) 일본 평성궁 유적[6]

평성궁 유적의 보존정비는 토지의 공유화 및 발굴조사의 진전과 함께 1963년 이후 본격적이고 지속적으로 행해져 왔다. 현재는 1978년의 문화청에 의해 특별사적 평성궁 유적보존정비 기본구상

5 국립문화재연구소, 2009b, 『사지 보존·활용을 위한 해외 조사자료집』

6 국립문화재연구소, 2009b, 『사지 보존·활용을 위한 해외 조사자료집』

<사진 25> 반 입체 건물 복원 모습

<사진 26> 식재를 이용한 정비

에 기초해서 유적 정비 및 건물의 복원이 진행되었다. 건물 유구의 정비에서도 성토와 식재를 통하여 그 기둥과 벽을 지상 약 1m까지 세운 상태로 보여주는 반 입체상태의 복원까지 건물 유구의 다양한 조건에 따라 다양한 정비수법을 사용하였다(국립문화재연구소 2009b).

건물의 복원으로는 1998년 스자쿠몬, 쿠나이쇼우 지구, 토우이테이엔 지구의 복원이 완료되었고, 가장 중요한 건물인 대극전의 복원은 2010년에 완성되었다. 이외에도 발굴성과를 보다 알기 쉽게 하기 위해 여러 가지 방법으로 유적의 정비를 진행하고 있다. 평성궁 전시관과 유구 전시관에서는 발굴을 통해 발견된 유구와 유물을 볼 수 있도록 하였다. 현재에도 평성궁 유적은 야외 유적 박물관을 목표로 정비가 계속 이루어지고 있다.

4. 부여지역 백제 폐사지 보존 및 활용방안에 대한 방안 제시

지금까지 부여지역 백제 폐사지 현황과 국내·외 폐사지 보존·활용 및 기타 사례를 살펴보았다. 부여지역 백제 폐사지는 정림사지, 능산리사지는 관리와 활용이 다른 곳에 비해 이루어지고 있지만, 나머지는 대체로 관리가 잘 이루어지지 않거나, 관람객을 위한 편의시설과 볼거리가 상당히 부족하고 활용도 되지 않고 있다.

먼저 이러한 문제가 발생하는 이유를 살펴보고자 한다. 첫 번째는 사지 보존·정비 문제점에서 이야기한 사지에 적용된 정비에 문제가 있다고 생각한다. 한 예로 부여 군수리사지 같은 경우 고고학자들이 발굴조사가 완료된 후 목탑지 중심의 지하 심초석과 그 경사로의 노출전시, 금당지의 합장식 와적기단 노출전시, 궁남지와 연계한 유적 공원화 등을 정비방안으로 제시하였다. 하지만 발굴조사 결과가 전혀 반영되지 않고 정비되어 현재는 전부 복토되어 관람객이 가면 볼 수 있는 것은 복토된 유구와 안내판이 전부이며, 지나가면서 유적인지도 인지를 못 하는 사람이 대부분이다. 이처럼 발굴조사 결과가 제대로 반영되지 않고 석재를 드잡이거나, 복토, 성토에 의한 잔디 식재가 대부분을 차지하고 있다. 때문에 복토 후 유구를 보존하고 있으나, 유적의 의미는 전혀 알 수 없는 형태로 유지되고 있다.

두 번째는 유적 정비 그 이후의 문제인데, 이렇게 복토, 성토 등의 방법을 통해 보존된 유적들은 정비 후 그 뒤로 지속적인 관리가 되고 있지 않다는 점이다. 사리기가 출토된 왕흥사지의 경우는 사적으로 지정되어있음에도 불구하고 유구 복토 정비 후 관리가 되고 있지 않아 풀이 우거져 그 형태를 거의 알아보지 못할 정도이다. 몇 곳을 제외하고는 유적에 대한 안내판의 경우 내용이 부실하거나 오래되어 내용이 잘 보이지 않고 주변의 시설물도 오래되어 경관을 해치고 있다. 이처럼 제대로 된 관리 없이 복토만 되어 유적이 의미를 알 수 없다면 더 이상 보존된 유적이라고 할 수 없다.

세 번째로 더 크게 나아가서는 대부분 유적이 민간 소유지가 많아 토지매입과 예산의 문제로 더 이상 조사가 진행되지 못한 점이다. 때문에 부여지역 백제시대 절터 중 일부는 조사가 이루어졌지만, 부분 발굴조사나 시굴 조사만 시행된 경우가 많고, 전면 발굴조사가 진행된 유적은 적은 편이다. 연차적으로 발굴이 진행되어 유적의 성격과 규모가 정확히 파악된다면 지금보다 더 유적의 중요성을 알리고 관광자원으로 활용할 수 있다고 생각되는데, 자료가 불충분한 곳이 많아 아쉬운 점이 많다.

따라서 유적 보존·활용에 대한 문제점을 보완하기 위해서 어떠한 노력을 해야 하는지 방안을 제시하고자 한다.

먼저 유적이 복토, 성토, 복원 등의 방법으로 보존되었다고 해도 그 이후의 지속적인 관리가 중요하다. 유적 내 시설물 및 안내판, 도로에서 유적임을 알려주는 이정표 등 안내 시설은 수시로 점거되어야 하며 유적과 그 주변은 쓰레기가 없이 깨끗하게 관리가 되어 관람객들이 방문하였을 때 불편함을 느끼지 않도록 해야 한다. 하지만 유적을 찾는 사람의 수가 적은데 비용을 들여 관리하기란 어렵다. 따라서 지속적인 관리가 되려면 유적에 지속해서 인원이 유입되어야 한다. 그렇다면 이제 유적을 찾아오게 하도록 유적을 홍보하고 활용하여야 하는 것이다.

따라서 먼저 유적이 잘 보존되고, 활용까지 이어지려면 보존과 활용이 서로 상호·보완되어 이뤄져야한다.

대부분의 부여지역 백제 폐사지는 정림사지를 제외하고는 모두 평면적으로 정비가 되어있어 건물의 형태나 공간감을 느끼기가 어려운 것은 사실이다. 이때 안내판의 활용이 중요한 사항이 된다. 기존의 안내판이 문장 중심이었다면 평면적인 정비를 한 발굴지에서는 발굴 유구의 사진이나 도면 등을 표기하고 그것이 어떤 의미가 있는지를 설명하는 것이 중요한 포인트가 될 것이다. 이러한 안내판이 적용된 지는 꽤 오래되었다고 생각하지만, 개인적으로 어느 유적을 가서 안내판에 발굴 유구의 사진이나 도면을 넣고 자세히 설명한 곳을 쉽게 찾아볼 수 없었다. 부여지역 백제 폐사지 유적은 현장 답사를 갔다 온 결과 안내판 내용이 부실하거나, 없거나 하였는데, 이러한 방법이 좀 더 적극적으로 적용되었으면 한다. 경주 사천왕사지의 경우 첨단기술이 발전하면서 키오스크(전자 안내판)를 도입하여 관람객들에게 더 쉽게 사진과 영상 자료를 이용해서 유적 설명을 전달하려는 계획을 하고 있었는데, 백제 폐사지 유적도 단순한 안내판이 아닌 발굴 사진, 유구 도면, 발굴 당시 영상 등을 더 활용할 수 있는 키오스크의 도입을 생각해보았다.

다음은 각 유적마다 소규모 전시실의 설치이다. 대규모 전시실 설치가 공간이나 예산의 문제로 적용될 수 없는 유적에는 컨네이너형 소규모 전시실 설치가 적합하다고 생각된다. 소규모 전시실에 출토된 대표적인 유물과 발굴조사과정 등을 설명하면서 휴게공간과 화장실 등의 최소한 편의시설을 갖추는 것은 방문한 관람객들에게도 그냥 유적과 안내판만 보고 가는 것보다는 더 쉽게 이해하고, 볼거리도 있다는 측면에서 가장 좋은 방법이라고 생각된다.

또한, 주변에 있는 유적들과 적극적으로 연계하여 유적을 활용하는 것이다. 그리고 그 유적을 모두 아우르는 통합안내센터와 휴게공간 등을 조성하여 방문한 관람객들에게 편의성을 높이고, 서비스를 제공할 수 있는 것이다. 따라서 군수리사지, 동남리사지 등 화지산 유적, 궁남지 같은 주변에 연계할 수 있는 유적이 있는 경우는 주변 유적과의 적극적인 연계를 통해 관람객을 이끄는 방법을 생각해야 한다.

여태까지는 유적을 방문한 관람객들에게 편의성과 정보를 제공해 주는 방법을 말했다면 이제는 유적을 시각적으로 볼 수 있는 방안에 대해 말하고자 한다. 해외 폐사지 보존·활용 사례를 살펴보았을 때 일본 사누키 국분사 유적의 경우 발굴을 통해 유구가 굉장히 양호하다고 판단된 승방지를 적극적으로 활용하여 보호시설을 세우고, 그 내부 초석 위에 승방을 일부 복원하였다. 더 나아가 승려의 생활상을 재현하여 직접적으로 이해할 수 있도록 하였다. 이처럼 우리도 발굴 통해 그 성격이 확실히 확인된 유구의 경우 보호각을 설치하고 그 내부에 일부를 복원하여 관람객들에게 유적에 대해 더 직접적인 보여주는 것이다. 실제로 일반인이 폐사지 유적을 방문하면 놓여있는 초석 등을 보고서 건물을 상상하기는 어렵다. 어린아이들이 오면 부모님께 물어보기 바쁘지만 남아 있는 유구만을 보고 제대로 설명해주는 부모님이 그렇게 많지는 않을 것이다. 하지만 사찰이든 왕궁이든 당시의 건물이 복원되면 고증에 대한 문제로 비판이 많은 것이 현실이다. 그렇기 때문에 전체를 복원하자는 것이 아닌 사누키 국분사 유적처럼 초석 위에 기둥을 세우거나 기둥과 기둥 사이 벽을 표현하여 건물이 이렇게 생겼다는 모습을 보여주는 것은 꼭 필요하다고 생각한다. 또 다른 예로 폐사지는 아니지만, 일본 평성궁도 건물의 기둥과 벽을 1m 정도로 세워 관람객들에게 건물의 대략적인 형태를 보여주고있다.

하지만 이러한 방법이 쉽게 적용되지 않는다면 최근에는 능산리 사지처럼 3D 기술로 전체적인 복원 모습을 액자에 적용하여 보여주는 모습도 있는데, 훨씬 저렴한 예산으로 적용될 수 있다는 장점이 있다.

이렇게 입체적인 방법과 평면적인 방법이 어우러진다면 사지가 갖는 공간감, 문화체험, 지식 향유라는 정비의 목표를 얻을 수 있지 않을까 생각한다.

5. 맺음말

지금까지 사지 정비·보존의 문제점과 국내·외 폐사지 보존·활용 사례를 통해 부여지역 백제 폐사지 보존·활용방안에 대해서 살펴보았다.

개인적으로 유적 발굴조사와 유적 정비가 따로 진행되다 보니 그로 인해 발생하는 문제로 인해 이후 유적 활용에 어려움이 이어진다고 생각한다. 자료 조사를 하면서 일본의 나라문화재연구소에서는 발굴과 유적 정비가 독자적으로 진행된다는 점을 알 수 있었다. 우리나라에도 유적 정비를 독자적으로 진행할 수 있는 기관이 생겨서 이러한 문제를 줄여야 한다. 또한, 일본의 경우는 전문지식을 갖고 있지 않은 일반 시민들에게 일상생활과 학교 교육, 사회교육의 장소로서 사적을 적극적으로 활용하도록 정비사업을 진행하는 모습을 볼 수 있었다. 우리도 일반인들을 위한 유적 정비가 이루어져 교육의 장, 휴식의 공간 등으로 적극적으로 이용되었으면 하는 바람이다. 문화재의 보존과 활용은 지자체 또는 국가의 지원이 중요하기 때문에 유적에 대해 지역민뿐만 아니라 국민의 지속적인 관심도 요구된다.

| 참고 문헌 |

국립문화재연구소, 2009a, 『부여정림사지 정비복원고증 기본조사』.

국립문화재연구소, 2009b, 『사지 보존·활용을 위한 해외 조사자료집』.

문화재청·불교문화재연구원, 2010, 『사지 보존·정비 관리방안 연구 보고서』.

국립문화재연구소, 2012, 『황룡사 복원정비 종합계획』.

국립경주문화재연구소, 2018, 『경주 사천왕사지 보존 정비와 활용』.

국립부여문화재연구소, 2008, 『백제폐사지 학술조사보고서』.

국립부여문화재연구소, 2013, 『백제 사찰 연구』.

부여군, 2014, 『부여 고도보존사업 기본계획 적정성 재검토 조사』.

전북대 고고문화인류학과 BK21플러스 사업단 총서시리즈 2020_1
문화자원과 지역사회

지은이 임경택, 조성실, 김은정, 문예은, 조나영, 김미숙, 김진오, 유상춘, 우진영
펴낸이 김동원
펴낸곳 전북대학교출판문화원

초판 1쇄 인쇄 2020. 8. 25.
초판 1쇄 발행 2020. 8. 31.

전북대학교출판문화원 전라북도 전주시 완산구 어진길 32 (풍남동2가)
전화 (063) 219-5321~2
FAX (063) 219-5323
출판등록 2012년 8월 20일 제465-2012-000021호

값 15,000원

ISBN 979-11-6372-096-6 93300

이 도서의 국립중앙도서관 출판예정도서목록(CIP)은 서지정보유통지원시스템 홈페이지(http://seoji.nl.go.kr)와 국가자료공동목록시스템(http://www.nl.go.kr/kolisnet)에서 이용하실 수 있습니다. (CIP제어번호 : CIP2020034960)